**educamos·sm**

Caro aluno, seja bem-vindo à sua plataforma do conhecimento!

A partir de agora, você tem à sua disposição uma plataforma que reúne, em um só lugar, recursos educacionais digitais que complementam os livros impressos e são desenvolvidos especialmente para auxiliar você em seus estudos. Veja como é fácil e rápido acessar os recursos deste projeto.

1 Faça a ativação dos códigos dos seus livros.

Se você NÃO tiver cadastro na plataforma:

- Para acessar os recursos digitais, você precisa estar cadastrado na plataforma educamos.sm. Em seu computador, acesse o endereço <br.educamos.sm>.
- No canto superior direito, clique em "**Primeiro acesso? Clique aqui**". Para iniciar o cadastro, insira o código indicado abaixo.
- Depois de incluir todos os códigos, clique em "**Registrar-se**" e, em seguida, preencha o formulário para concluir esta etapa.

Se você JÁ fez cadastro na plataforma:

- Em seu computador, acesse a plataforma e faça o *login* no canto superior direito.
- Em seguida, você visualizará os livros que já estão ativados em seu perfil. Clique no botão "**Adicionar livro**" e insira o código abaixo.

Este é o seu código de ativação! → **DFTAL-4XZBR-AKJQP**

2 Acesse os recursos.

Usando um computador

Acesse o endereço <br.educamos.sm> e faça o *login* no canto superior direito. Nessa página, você visualizará todos os seus livros cadastrados. Para acessar o livro desejado, basta clicar na sua capa.

Usando um dispositivo móvel

Instale o aplicativo **educamos.sm**, que está disponível gratuitamente na loja de aplicativos do dispositivo. Utilize o mesmo *login* e a mesma senha da plataforma para acessar o aplicativo.

Importante! Não se esqueça de sempre cadastrar seus livros da SM em seu perfil. Assim, você garante a visualização dos seus conteúdos, seja no computador, seja no dispositivo móvel. Em caso de dúvida, entre em contato com nosso canal de atendimento pelo **telefone 0800 72 54876** ou pelo *e-mail* **atendimento@grupo-sm.com**.

Aprender juntos

5
5º ano

MATEMÁTICA
ENSINO FUNDAMENTAL

ANGELA LEITE
- Licenciada em Matemática pelo Instituto de Matemática e Estatística (IME) da Universidade de São Paulo (USP).
- Mestra em Educação Matemática pelo Instituto de Geociências e Ciências Exatas da Universidade Estadual Paulista "Júlio de Mesquita Filho" (Unesp).
- Professora do Ensino Superior.

ROBERTA TABOADA
- Licenciada em Matemática pelo IME-USP.
- Mestra em Educação Matemática pelo Instituto de Geociências e Ciências Exatas da Unesp.
- Coordenadora da área e professora do Ensino Fundamental.

ORGANIZADORA: EDIÇÕES SM
Obra coletiva concebida, desenvolvida e produzida por Edições SM.

São Paulo, 6ª edição, 2017

Aprender Juntos **Matemática 5**
© Edições SM Ltda.
Todos os direitos reservados

Direção editorial	M. Esther Nejm
Gerência editorial	Cláudia Carvalho Neves
Gerência de *design* e produção	André Monteiro
Edição executiva	Andrezza Guarsoni Rocha
	Edição: Alice Kobayashi, Andrezza Guarsoni Rocha, Carla Naíra Milhossi, Cármen Matricardi, Cristiane Boneto, Diana Maia, Erika Di Lucia Bártolo, Isabella Semaan, Luciana Moura, Marcelo Augusto Barbosa Medeiros, Patricia Nakata, Stella Camargo, Tomas Masatsugui Hirayama
	Colaboração técnico-pedagógica: Mariane Brandão, Millyane M. Moura Moreira
Suporte editorial	Alzira Bertholim, Fernanda Fortunato, Giselle Marangon, Talita Vieira, Silvana Siqueira
Coordenação de preparação e revisão	Cláudia Rodrigues do Espírito Santo
	Preparação e revisão: Angélica Lau P. Soares, Cecília Farias, Eliana Vila Nova de Souza, Eliane Santoro, Fátima Valentina Cezare Pasculli, Izilda de Oliveira Pereira
	Apoio de equipe: Beatriz Nascimento, Camila Durães Torres
Coordenação de *design*	Gilciane Munhoz
	***Design*:** Tiago Stéfano
Coordenação de arte	Ulisses Pires, Juliano de Arruda Fernandes, Melissa Steiner Rocha Antunes
	Edição de arte: Vitor Trevelin, Elizabeth Kamazuka Santos
Coordenação de iconografia	Josiane Laurentino
	Pesquisa iconográfica: Beatriz Micsik
	Tratamento de imagem: Marcelo Casaro
Capa	João Brito, Gilciane Munhoz
	Ilustração da capa: A mascoteria
Projeto gráfico	Estúdio Insólito
Editoração eletrônica	Setup Bureau, Essencial Design
Ilustrações	Al Stefano, AMj Studio, Danillo Souza, Douglas Franchin, Estúdio Brambilla, Estúdio ILUSTRANET, Estudio Mil, Ilustra Cartoon, João Picoli, Jótah Ilustrações, Marco A. Cortez, Marina Ueno, Michel Ramalho, Setup Bureau
Cartografia	João Miguel A. Moreira
Pré-impressão	Américo Jesus
Fabricação	Alexander Maeda
Impressão	PifferPrint

Dados Internacionais de Catalogação na Publicação (CIP)
(Câmara Brasileira do Livro, SP, Brasil)

Taboada, Roberta
 Aprender juntos matemática, 5º ano : ensino fundamental / Roberta Taboada, Angela Leite ; organizadora Edições SM, obra coletiva concebida, desenvolvida e produzida por Edições SM ; editora responsável Andrezza Guarsoni Rocha. — 6. ed. — São Paulo : Edições SM, 2017. — (Aprender juntos)

Suplementado pelo manual de professor.
Bibliografia.
ISBN: 978-85-418-1897-1 (aluno)
ISBN: 978-85-418-1898-8 (professor)

1. Matemática (Ensino fundamental) I. Leite, Angela.
II. Rocha, Andrezza Guarsoni. III. Título. IV. Série.

17-09304   CDD-372.7

Índices para catálogo sistemático:
1. Matemática : Ensino fundamental 372.7

6ª edição, 2017
3ª impressão, 2020

Edições SM Ltda.
Rua Tenente Lycurgo Lopes da Cruz, 55
Água Branca 05036-120 São Paulo SP Brasil
Tel. 11 2111-7400
edicoessm@grupo-sm.com
www.edicoessm.com.br

Apresentação

Caro aluno,

Este livro foi cuidadosamente pensado para ajudá-lo a construir uma aprendizagem sólida e cheia de significados que lhe sejam úteis não somente hoje, mas também no futuro. Nele, você vai encontrar estímulos para criar, expressar ideias e pensamentos, refletir sobre o que aprende, trocar experiências e conhecimentos.

Os temas, os textos, as imagens e as atividades propostos neste livro oferecem oportunidades para que você se desenvolva como estudante e como cidadão, cultivando valores universais como responsabilidade, respeito, solidariedade, liberdade e justiça.

Acreditamos que é por meio de atitudes positivas e construtivas que se conquistam autonomia e capacidade para tomar decisões acertadas, resolver problemas e superar conflitos.

Esperamos que este material didático contribua para seu desenvolvimento e para sua formação.

Bons estudos!

Equipe editorial

Conheça seu livro

Conhecer seu livro didático vai ajudar você a aproveitar melhor as oportunidades de aprendizagem que ele oferece.

Este volume contém oito capítulos. Veja como cada capítulo está organizado.

Abertura de capítulo

Nesse momento, você vai fazer os primeiros contatos com alguns temas que serão estudados no capítulo, explorando a grande ilustração de abertura.

Desenvolvimento do assunto

Os textos, as imagens e as atividades dessas páginas vão permitir que você compreenda o conteúdo que está sendo apresentado.

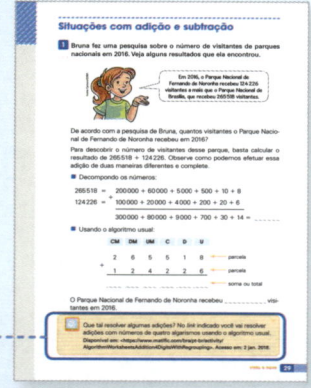

Sugestão de *site*

Você vai encontrar sugestões de *sites* relacionados aos temas estudados.

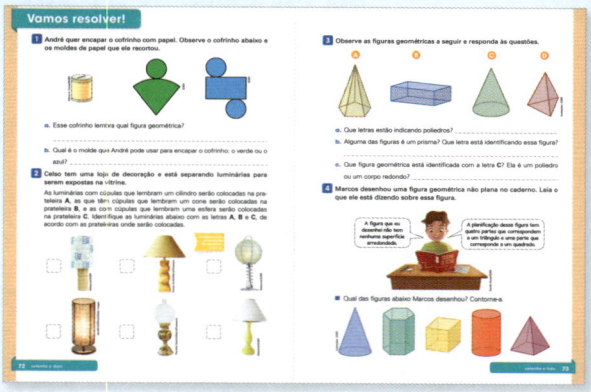

A seção **Vamos resolver!** aparece ao longo dos capítulos e apresenta atividades de retomada e aplicação de alguns conteúdos estudados até o momento.

Finalizando o capítulo

Ao final de cada capítulo, há seções que buscam ampliar seus conhecimentos.

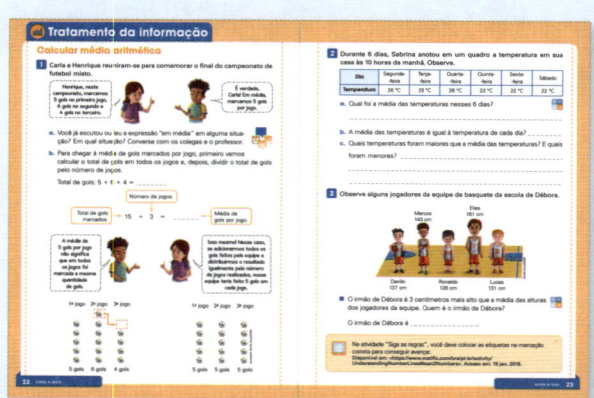

As atividades da seção **Tratamento da informação** desenvolvem a leitura, a interpretação e o registro de dados em tabelas e gráficos, além de trabalhar com a Estatística e a probabilidade.

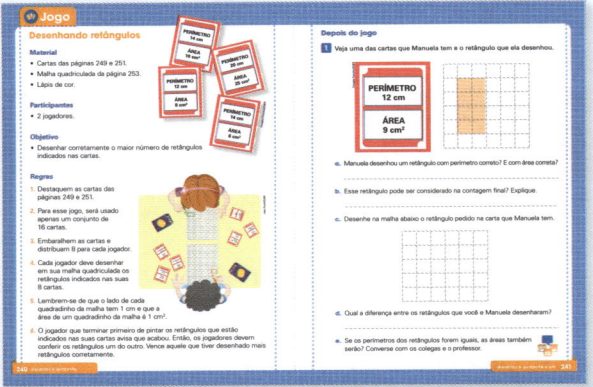

Na seção **Jogo**, você e os colegas vão aprender e se divertir com jogos e brincadeiras.

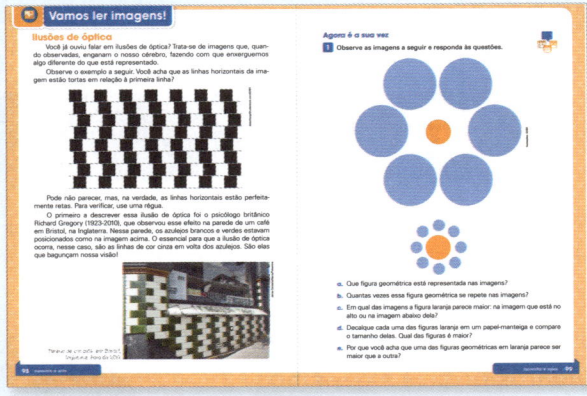

A seção **Vamos ler imagens!** propõe a análise de uma ou mais imagens e é acompanhada de atividades que vão ajudar você a desenvolver essa habilidade.

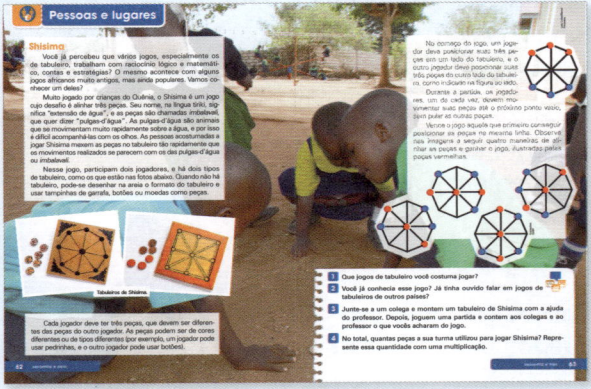

Na seção **Pessoas e lugares** você vai conhecer algumas características culturais de diferentes comunidades.

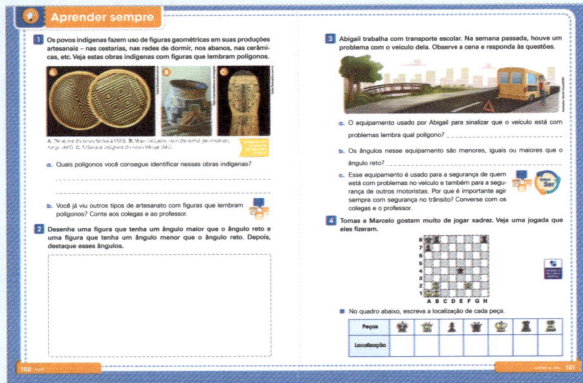

As atividades da seção **Aprender sempre** são uma oportunidade para você verificar e analisar o que aprendeu e refletir sobre os assuntos estudados.

Material complementar

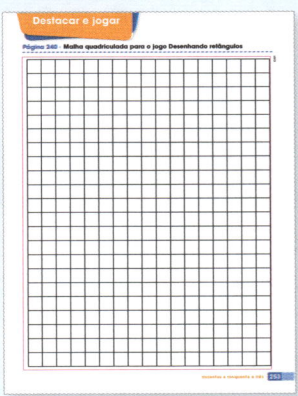
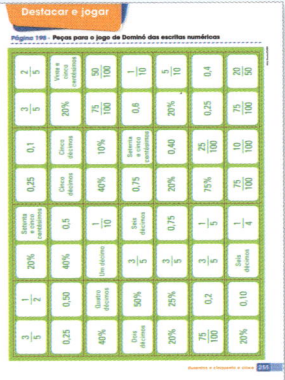

No final do livro, você vai encontrar material complementar para usar em algumas atividades.

Ícones usados no livro

 Cálculo mental

 Atividade em dupla

 Calculadora

 Recurso digital

 **Saber ser**
Sinaliza momentos propícios para professor e alunos refletirem sobre questões relacionadas a valores.

 Atividade oral

Imagens sem proporção de tamanho entre si.

cinco 5

Sumário

CAPÍTULO 1 — Números › 8

Sistema de numeração decimal › 9
Valor dos algarismos em um número › 11
Os números naturais › 13
Centenas de milhar inteiras › 14
Números de seis algarismos › 16
Comparação › 20
Arredondamento › 21

Tratamento da informação
Calcular média aritmética › 22

Jogo
Sudoku › 24

Aprender sempre › 26

CAPÍTULO 2 — Adição e subtração › 28

Situações com adição e subtração › 29
Relacionando a adição e a subtração › 34
Arredondamento e resultado aproximado › 36
Mais adição e subtração › 38

Tratamento da informação
Gráfico de barras duplas › 40

Aprender sempre › 42

CAPÍTULO 3 — Multiplicação › 44

Ideias da multiplicação › 45
Combinando possibilidades › 48
Vamos resolver! › 52
Diferentes maneiras de multiplicar › 54
Mais multiplicação › 58
Regularidades nas multiplicações › 59

Tratamento da informação
Interpretar gráfico de linhas › 60

Pessoas e lugares
Shisima › 62

Aprender sempre › 64

CAPÍTULO 4 — Geometria › 66

Planificações › 67
Corpos redondos › 68
Poliedros › 70
Vamos resolver! › 72
A ideia de giro e ângulo › 74
Ângulo reto › 76
Polígonos › 78
Classificando polígonos › 80
Círculo e circunferência › 82
Ampliação e redução de figuras › 84
Simetria › 86
Vamos resolver! › 88
Localização › 90
Coordenadas cartesianas › 94

Jogo
Jogo da corrente › 96

Vamos ler imagens!
Ilusões de óptica › 98

Aprender sempre › 100

CAPÍTULO 5 — Divisão › 102

Ideias da divisão › 103
Divisões exatas ou não exatas › 106
Situações com divisão › 108
Diferentes maneiras de dividir › 110
Vamos resolver! › 112
Divisão com milhares › 114
Multiplicação e divisão: operações inversas › 120
Mais divisões › 122

Tratamento da informação
Construir um gráfico de linhas › 126

Aprender sempre › 128

CAPÍTULO 6 — Frações › 130

- Revendo as frações › 131
- Fração de quantidade › 134
- Comparação de frações › 136
- Adição de frações › 138
- Subtração de frações › 140
- Frações e divisão › 142
- Classificando frações › 144
- Número misto › 146
- Vamos resolver! › 148
- Multiplicação de fração por número natural › 150
- Divisão de fração por número natural › 152
- Frações equivalentes › 154
- Porcentagem › 158
- Tratamento da informação
  Probabilidade › 162
- Vamos ler imagens!
  Poemas visuais › 164
- Aprender sempre › 166

CAPÍTULO 7 — Decimais › 168

- Números decimais › 169
- O sistema de numeração e os decimais › 172
- Comparando números decimais › 174
- Vamos resolver! › 176
- Adição com decimais › 178
- Subtração com decimais › 181
- Multiplicação com decimais › 184
- Multiplicação com decimais por 10, por 100 e por 1 000 › 186
- Quociente decimal › 188
- Divisão com decimais › 190
- Divisão com decimais por 10, por 100 e por 1 000 › 192
- Calculadora e operações com decimais › 194
- Tratamento da informação
  Pesquisa › 196
- Jogo
  Dominó das escritas numéricas › 198
- Aprender sempre › 200

CAPÍTULO 8 — Grandezas e medidas › 202

- Medidas de comprimento › 203
- Medidas de massa › 208
- Medidas de capacidade › 211
- Medidas de temperatura › 214
- Hora, minuto e segundo › 216
- Década, século e milênio › 218
- O dinheiro › 220
- Vamos resolver! › 222
- Perímetro e área › 224
- Centímetro quadrado › 228
- Metro quadrado › 230
- Ideia de volume › 232
- Vamos resolver! › 236
- Tratamento da informação
  Pesquisas › 238
- Jogo
  Desenhando retângulos › 240
- Pessoas e lugares
  Diferentes calendários › 242
- Aprender sempre › 244

Douglas Franchin/ID/BR

- Sugestões de leitura › 246
- Bibliografia › 248
- Material complementar › 249

CAPÍTULO 1

Números

Tamires e seu irmão Marcos foram a um estádio assistir a um jogo beneficente com seus pais.

JOGO DA AMIZADE
TOTAL DE LUGARES: 36 000
INGRESSOS VENDIDOS: 25 736
PÚBLICO TOTAL: 30 102

▶ Qual é o total de lugares disponíveis nesse estádio?

▶ Tamires disse ao irmão que o número que indica o público total é maior que o número que indica a quantidade de ingressos vendidos. Você concorda com o que ela disse a Marcos?

▶ Observando as informações do telão, você acha que todos os lugares serão ocupados?

▶ Você já foi a um evento beneficente? Caso tenha ido, conte sua experiência aos colegas e ao professor.

Sistema de numeração decimal

1 Leia o texto abaixo.

Em agosto de 2016, no Rio de Janeiro, ocorreu a 31ª edição dos Jogos Olímpicos. Participaram do evento 11237 atletas de 207 países diferentes, disputando em 42 modalidades olímpicas, e em 306 provas que valeram medalhas.

Cerimônia de abertura dos Jogos Olímpicos Rio 2016, no estádio do Maracanã, Rio de Janeiro, RJ. Foto de 2016.

Fonte de pesquisa: Rio 2016. Disponível em: <https://www.olympic.org/rio-2016>. Acesso em: 27 nov. 2017.

■ Escreva por extenso os números que aparecem no texto acima.

_____

_____

_____

2 Leia o texto abaixo e responda às questões.

O sistema de numeração que usamos é chamado de **sistema de numeração indo-arábico**. Nesse sistema, podemos representar qualquer número usando dez símbolos, que são chamados de **algarismos** ou **dígitos**:

0, 1, 2, 3, 4, 5, 6, 7, 8 e 9

Nosso sistema de numeração é decimal porque, nele, os agrupamentos são feitos de 10 em 10.

a. Para formar uma centena, quantas unidades são necessárias? E quantas dezenas? _____

b. Quantas dezenas são necessárias para formar uma unidade de milhar? E uma dezena de milhar? _____

c. Em uma dezena de milhar há quantas unidades? E há quantas centenas? _____

3 Complete os quadros com o que se pede e, depois, represente os números dos quadros nos ábacos.

a.
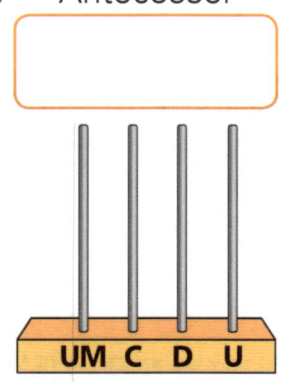 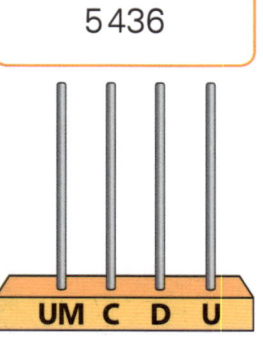 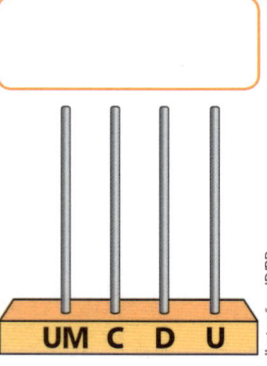

Antecessor — 5 436 — Sucessor

b.
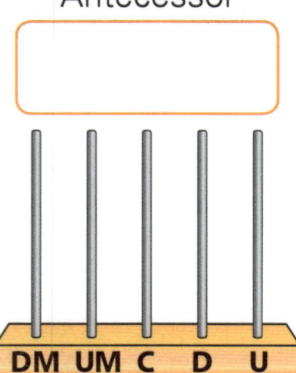 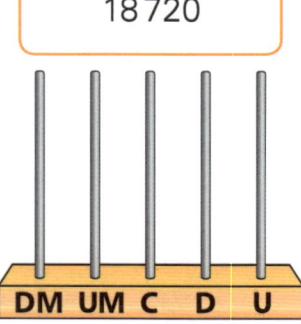 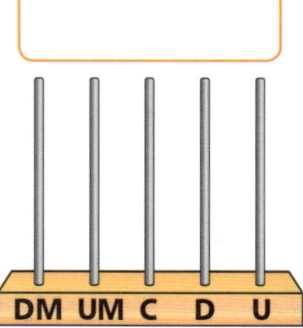

Antecessor — 18 720 — Sucessor

4 Decomponha os números de acordo com o exemplo abaixo.

43 615 = 40 000 + 3 000 + 600 + 10 + 5

a. 3 769 = _____

b. 15 921 = _____

c. 34 172 = _____

d. 97 894 = _____

5 Escreva os números indicados abaixo usando algarismos.

a. Doze mil, trezentos e setenta e um: _____

b. Vinte e sete mil e oitenta e quatro: _____

c. Noventa e três mil, quatrocentos e cinco: _____

d. Setenta mil e sete: _____

Valor dos algarismos em um número

1 No nosso sistema de numeração, cada algarismo de um número assume um valor de acordo com a posição que ele ocupa nesse número. Desse modo, cada algarismo tem um **valor posicional**.

Observe o número 52 873 representado no quadro abaixo e depois complete as frases.

DM	UM	C	D	U
5	2	8	7	3

a. O valor posicional do algarismo 5 é _____ dezenas de milhares, 50 unidades de milhar, 500 centenas, 5 000 dezenas ou _____ unidades.

b. O valor posicional do algarismo 2 é _____ unidades de milhar, 20 centenas, _____ dezenas ou _____ unidades.

c. O valor posicional do algarismo 8 é _____ centenas, _____ dezenas ou _____ unidades.

d. O valor posicional do algarismo 7 é _____ dezenas ou _____ unidades.

e. O valor posicional do algarismo 3 é _____ unidades.

2 Complete com o valor que cada algarismo representa no número 82 325.

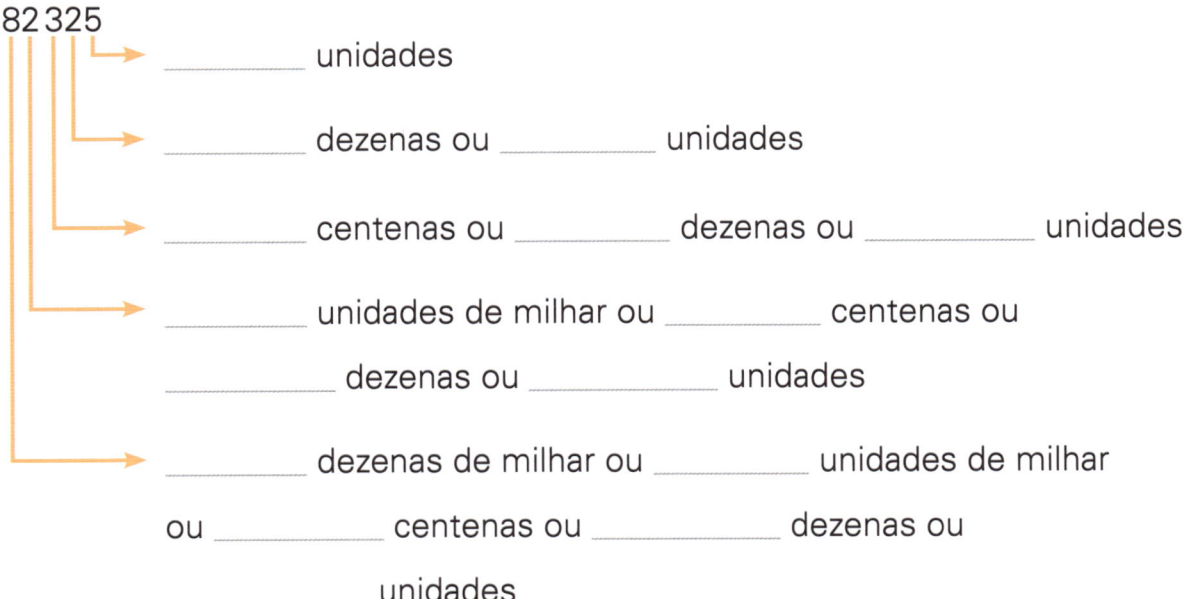

3 Decomponha os números como no exemplo abaixo.

> 63 502 = 6 × 10 000 + 3 × 1 000 + 5 × 100 + 0 × 10 + 2 × 1

a. 21 344

b. 58 391

4 Leia as pistas, descubra qual é o número e marque-o com um **X**.

- O número é par.
- O valor posicional do algarismo das dezenas de milhar é 10 000.
- A soma de todos os algarismos desse número é 17.

10 032   16 579   39 866

12 446   54 697

5 Escreva, usando algarismos, o que é pedido em cada caso.

a. Um número com três algarismos em que o algarismo 1 tenha valor posicional 10.

b. Um número com cinco algarismos em que o algarismo 2 tenha valor posicional 20 000.

c. Um número em que o algarismo 9 tenha valor posicional 900 e seja maior que 15 871.

d. Um número de cinco algarismos em que o algarismo 4 tenha valor posicional 40 000 e cuja soma dos algarismos seja 9.

Os números naturais

1 Observe a sequência de números abaixo e responda às questões.

> 0, 1, 2, 3, 4, 5, 6, 7, 8, 9, 10, 11, 12, ...

Os três pontinhos (as reticências) no final dessa sequência indicam que ela continua indefinidamente.

Os números que formam essa sequência são chamados **números naturais**.

a. Qual é o primeiro número dessa sequência? _____

b. Como você descreveria a sequência dos números naturais? Converse com os colegas e o professor.

c. Qual é o próximo número da sequência mostrada acima? _____

2 Siga as dicas e descubra o número.

- É um número natural de 4 algarismos.
- Nesse número só há os algarismos 2, 4, 5 e 7.
- O algarismo 4 vale 4 dezenas.
- O número é maior que 6 mil.

3 Complete as frases com os números que estão faltando.

a. O número _____ é o sucessor do sucessor de 635.

b. O número _____ é o antecessor do sucessor de 1 000.

c. O número _____ é o sucessor do antecessor de 23 320.

4 Converse com os colegas e o professor sobre as questões abaixo.

a. Quantos números naturais maiores que 90 000 é possível escrever?

b. Na sequência dos números naturais, todos os números têm sucessor? E antecessor?

Centenas de milhar inteiras

1 Hodômetro é um instrumento que mede distâncias percorridas. O hodômetro de um veículo indica quantos quilômetros ele já percorreu. Agora, observe a imagem ao lado. Após percorrer mais um quilômetro, que número o hodômetro ao lado vai indicar?

Para responder à pergunta acima, vamos representar essa situação usando o ábaco de pinos. Observe a sequência de trocas.

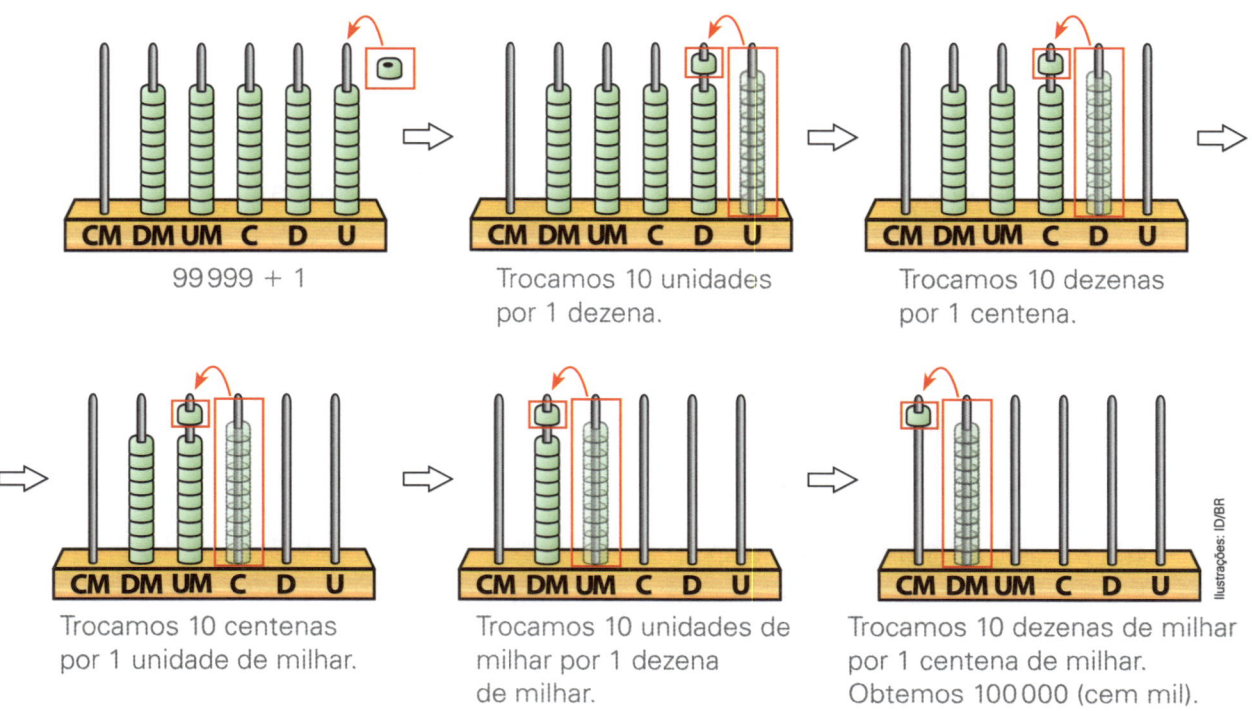

99 999 + 1

Trocamos 10 unidades por 1 dezena.

Trocamos 10 dezenas por 1 centena.

Trocamos 10 centenas por 1 unidade de milhar.

Trocamos 10 unidades de milhar por 1 dezena de milhar.

Trocamos 10 dezenas de milhar por 1 centena de milhar. Obtemos 100 000 (cem mil).

Agora, complete: Após o carro percorrer mais um quilômetro, o hodômetro vai indicar o número _____.

2 Veja como representamos em um quadro as duas últimas marcações registradas pelo hodômetro da atividade **1**.

Centena de milhar (CM)	Dezena de milhar (DM)	Unidade de milhar (UM)	Centena (C)	Dezena (D)	Unidade (U)
	9	9	9	9	9
1	0	0	0	0	0

■ Complete a frase abaixo usando os termos **sucessor** ou **antecessor**.

O número 100 000 (cem mil) é o _____ de 99 999.

3 Observe o ábaco abaixo e responda às questões.

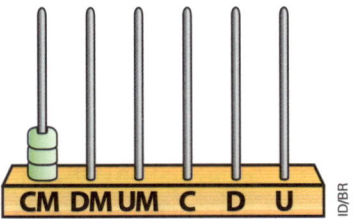

a. Nesse ábaco, quantas argolas há no pino das centenas de milhar?

_____

b. Que número está representado nesse ábaco? _____

c. Se quisermos representar o número 400 000 no ábaco, quantas argolas devemos colocar no pino das centenas de milhar? _____

4 Registre os números abaixo usando algarismos.

a. 6 centenas de milhar: _____

b. 8 centenas de milhar: _____

c. Novecentos mil: _____

d. Setecentos mil: _____

5 Complete a sequência abaixo.

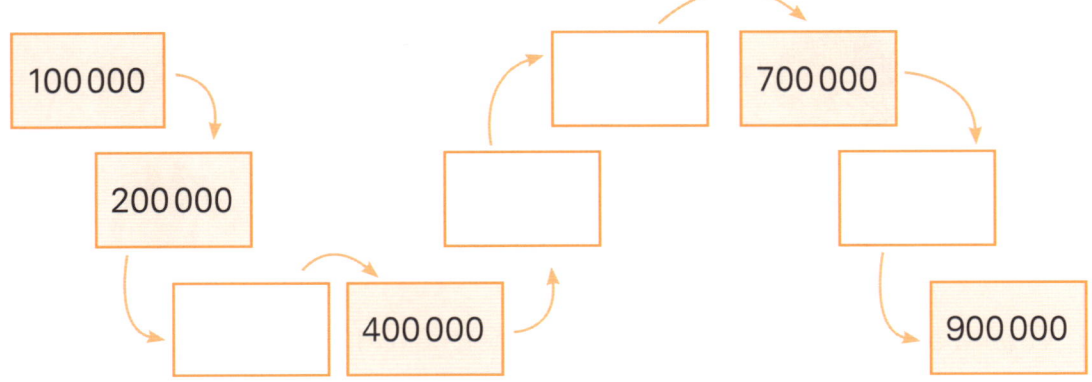

■ Os números dessa sequência são as **centenas de milhar inteiras**. Entre eles, quais são maiores que 400 000 e menores que 700 000?

_____

Números de seis algarismos

1 Leia o trecho da reportagem abaixo.

O Parque Nacional do Iguaçu, no Paraná, recebeu em janeiro [de 2017] o maior número de visitantes desde sua criação, há 78 anos. Ao todo, 216 465 pessoas foram ao parque para visitar as Cataratas do Iguaçu, que, desde 2011, são consideradas uma das sete maravilhas da natureza. [...]

Cataratas do Iguaçu, Foz do Iguaçu, PR. Foto de 2015.

Governo do Brasil. Disponível em: <http://www.brasil.gov.br/meio-ambiente/2017/02/parque-nacional-do-iguacu-bateu-recorde-de-visitantes-em-janeiro>. Acesso em: 12 jan. 2018.

Observe como podemos representar em um quadro de ordens e classes o número de visitantes do Parque Nacional do Iguaçu em janeiro de 2017.

2ª classe ou classe dos milhares			1ª classe ou classe das unidades simples		
6ª ordem	5ª ordem	4ª ordem	3ª ordem	2ª ordem	1ª ordem
CM	DM	UM	C	D	U
2	1	6	4	6	5

Cada algarismo do número corresponde a uma ordem, que é numerada da direita para a esquerda.

A ordem do primeiro algarismo da esquerda indica a **ordem de grandeza** do número.

Além disso, para facilitar a leitura de um número, nós o separamos em classes, agrupando os algarismos de três em três, da direita para a esquerda.

a. Qual é a ordem de grandeza do número 216 465? _____

b. Quantas classes ele tem? _____

c. Escreva como lemos esse número.

_____

2 Complete o quadro com os números das fichas.

> Novecentos e seis mil, duzentos e dez

> Cinquenta e três mil e vinte e nove

Classe dos milhares			Classe das unidades simples		
CM	DM	UM	C	D	U

3 Escreva, usando algarismos, os números representados nos ábacos.

a.

b.

c.

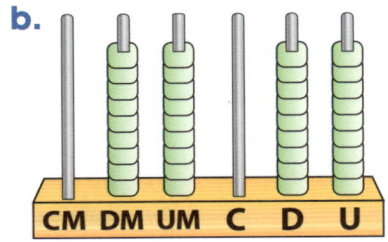

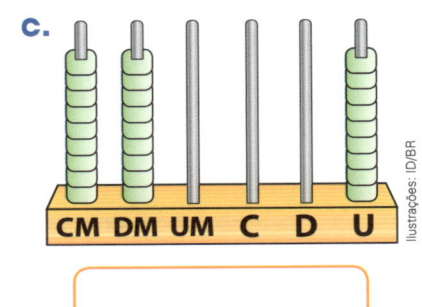

4 Escreva a ordem de grandeza e como se lê cada número abaixo.

a. 5 609

Ordem de grandeza: _____

Como se lê: _____

b. 52 137

Ordem de grandeza: _____

Como se lê: _____

c. 645 734

Ordem de grandeza: _____

Como se lê: _____

5 Qual é a ordem que o algarismo 3 ocupa nos números a seguir?

a. 346 817: _____

b. 768 143: _____

c. 643 187: _____

d. 468 317: _____

e. 817 436: _____

f. 134 678: _____

6 Escreva os números a seguir usando algarismos e por extenso.

a. 800 000 + 20 000 + 6 000 + 50 + 7

_____

_____

b. 1 centena de milhar, 9 unidades de milhar, 3 centenas e 2 unidades.

_____

_____

c. 2 centenas de milhar, 7 unidades de milhar e 6 centenas.

_____

_____

7 Responda às questões.

a. Qual é o menor número natural de seis algarismos que pode ser formado com os algarismos 7, 5, 9, 4, 3 e 2 sem repeti-los? _____

b. Qual é o menor número natural de seis algarismos? _____

c. Qual é o maior número natural de seis algarismos? _____

d. Qual é o maior número natural de seis algarismos sem repetir nenhum algarismo? _____

8 Observe as decomposições do número 618 323.

> Em ordens: 618 323 = 600 000 + 10 000 + 8 000 + 300 + 20 + 3
>
> Em classes: 618 323 = 618 000 + 323

Agora, faça como no exemplo e decomponha os números a seguir em suas ordens e em suas classes.

a. 725 549

   Em ordens: _____

   Em classes: _____

b. 278 153

   Em ordens: _____

   Em classes: _____

c. 906 478

   Em ordens: _____

   Em classes: _____

d. 452 030

   Em ordens: _____

   Em classes: _____

9 Escreva **V** para as frases verdadeiras e **F** para as falsas.

☐ O número trezentos e quarenta e dois mil e sessenta e seis tem apenas uma classe.

☐ A ordem de grandeza do número quinhentos e trinta mil, cento e noventa e quatro é centena de milhar.

☐ O número três mil, duzentos e treze pertence à classe dos milhares.

☐ A ordem de grandeza do número quatrocentos e cinquenta e sete é unidade de milhar.

☐ O número cinco mil e trinta e um pertence à classe das unidades simples.

☐ O número setecentos e quarenta e um pertence à classe das unidades simples.

Comparação

1 Observe a tabela abaixo.

Número de alunos matriculados em 2015 no Ensino Fundamental em alguns estados do Brasil

Estado	Número de alunos matriculados
Goiás (GO)	886 246
Mato Grosso (MT)	461 713
Mato Grosso do Sul (MS)	400 432

Dados obtidos em: IBGE Cidades. Disponível em: <https://cidades.ibge.gov.br/>. Acesso em: 29 dez. 2017.

a. Complete a frase abaixo com os termos **crescente** ou **decrescente**.

Os números de alunos matriculados nesses estados foram organizados na tabela em ordem _____.

b. Como você pensou para responder o item **a**? Conte aos colegas e ao professor.

Para saber qual é o maior número entre dois números de mesma ordem de grandeza, comparamos os algarismos de mesma ordem, da esquerda para a direita, até encontrar dois algarismos diferentes. Observe.

Como 5 é maior que 4, então 129 356 é maior que 129 346. Podemos representar essa comparação usando o símbolo > (maior que): 129 356 > 129 346.

2 Compare os números a seguir usando os símbolos > (maior que), < (menor que) ou = (igual a).

a. 37 895 _____ 37 435

b. 125 157 _____ 125 157

c. 65 720 _____ 65 723

d. 275 682 _____ 275 437

3 Escreva os números a seguir em ordem crescente.

| 975 431 | 134 579 | 247 284 | 242 361 | 103 493 |

Arredondamento

1 Em jornais e revistas, os números geralmente são arredondados para facilitar a leitura. Por exemplo, se pelo pedágio de uma rodovia passaram 618 323 veículos, pode-se arredondar esse número para o número mais próximo com unidade de milhar inteira e escrever 618 000 ou 618 mil.

Para fazer esse arredondamento, observamos que 618 323 está entre 618 000 e 619 000, porém está mais próximo de 618 000. Veja a representação na reta numérica.

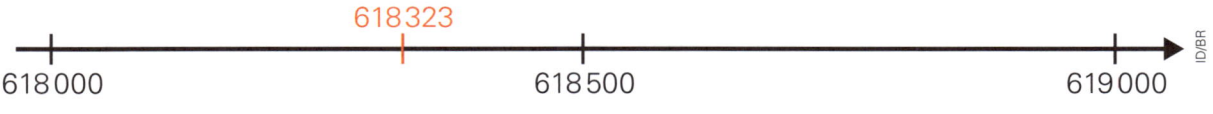

■ Agora, observando a reta abaixo, responda à questão.

Qual é o arredondamento do número 618 323 para a dezena de milhar inteira mais próxima? _____

2 Arredonde cada número a seguir para a dezena de milhar inteira mais próxima.

a. 879 456: _____

b. 232 987: _____

c. 176 426: _____

d. 488 596: _____

e. 321 945: _____

f. 964 890: _____

3 Arredonde cada número a seguir para a unidade de milhar inteira mais próxima.

a. 725 847: _____

b. 189 127: _____

c. 536 325: _____

d. 237 421: _____

e. 395 698: _____

f. 634 222: _____

Tratamento da informação

Calcular média aritmética

1 Carla e Henrique reuniram-se para comemorar o final do campeonato de futebol misto.

Henrique, neste campeonato, marcamos 5 gols no primeiro jogo, 6 gols no segundo e 4 gols no terceiro.

É verdade, Carla! Em média, marcamos 5 gols por jogo.

a. Você já escutou ou leu a expressão "em média" em alguma situação? Em qual situação? Converse com os colegas e o professor.

b. Para chegar à média de gols marcados por jogo, primeiro vamos calcular o total de gols em todos os jogos e, depois, dividir o total de gols pelo número de jogos.

Total de gols: 5 + 6 + 4 = _____

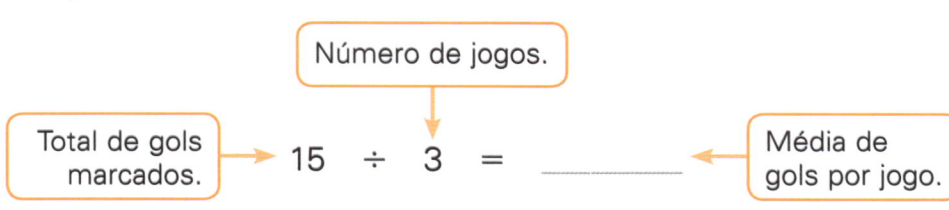

A média de 5 gols por jogo não significa que em todos os jogos foi marcada a mesma quantidade de gols.

Isso mesmo! Nesse caso, se adicionarmos todos os gols feitos pela equipe e distribuirmos o resultado igualmente pelo número de jogos realizados, nossa equipe teria feito 5 gols em cada jogo.

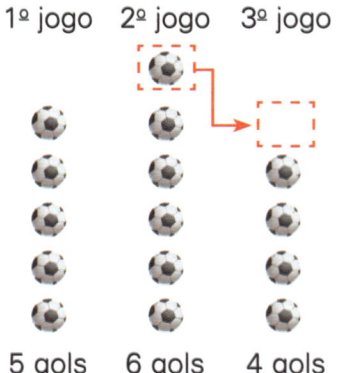

2 Durante 6 dias, Sabrina anotou em um quadro a temperatura em sua casa às 10 horas da manhã. Observe.

Dia	Segunda--feira	Terça--feira	Quarta--feira	Quinta--feira	Sexta--feira	Sábado
Temperatura	26 °C	25 °C	26 °C	23 °C	22 °C	22 °C

a. Qual foi a média das temperaturas nesses 6 dias?

_____

b. A média das temperaturas é igual à temperatura de cada dia? _____

c. Quais temperaturas foram maiores que a média das temperaturas? E quais foram menores? _____

_____

_____

3 Observe alguns jogadores da equipe de basquete da escola de Débora.

Marcos 143 cm
Elias 161 cm
Danilo 137 cm
Ronaldo 128 cm
Lucas 131 cm

■ O irmão de Débora é 3 centímetros mais alto que a média das alturas dos jogadores da equipe. Quem é o irmão de Débora?

O irmão de Débora é _____.

 Na atividade "Siga as regras", você deve colocar as etiquetas na marcação correta para conseguir avançar.
Disponível em: <https://www.matific.com/bra/pt-br/activity/UnderstandingNumberLinesMean2Numbers>. Acesso em: 19 jan. 2018.

Jogo

Sudoku

Você conhece o *sudoku*? Leia o texto a seguir, que conta um pouco da história desse jogo.

> O *sudoku* é um quebra-cabeça de números. Acredita-se que tenha sido inventado por um matemático suíço chamado Euler, que viveu entre 1707 e 1783.
>
> Esse quebra-cabeça foi encontrado em 1997 pelo neozelandês Wayne Gould, um juiz aposentado que vivia em Hong Kong, em uma revista japonesa, com o nome de *sudoku* ("número solitário"). Gould apaixonou-se pelo quebra-cabeça e criou um programa de computador que gera milhares de *sudokus*, com diferentes níveis de dificuldade, porém todos com apenas uma solução.
>
> Desde essa época, o *sudoku* é publicado em jornais e tem desafiado milhares de pessoas em todos os continentes.

Informações obtidas em: *Revista do Professor de Matemática*, São Paulo, Sociedade Brasileira de Matemática, n. 59, p. 16, 2006. Disponível em: <http://rpm.org.br/cdrpm/59/4.htm>. Acesso em: 19 jan. 2018.

Na página seguinte, há quatro tabuleiros para você jogar *sudoku*, mas antes leia o objetivo e as regras desse jogo!

Objetivo

- Completar todos os quadrinhos de um tabuleiro utilizando os algarismos de 1 a 9.

Regras

1. Não repetir nenhum algarismo em uma mesma linha ou coluna.
2. Não usar o mesmo algarismo duas ou mais vezes em um quadrante (região com 9 quadrinhos cercados pelo fio mais grosso).
3. Veja exemplos do que você **não** pode fazer no *sudoku*.

Algarismo repetido em um quadrante:

Algarismo repetido em uma coluna:

Algarismo repetido em uma linha:

4. Vamos jogar? Descubra a solução de cada tabuleiro de *sudoku*.

A

8	9	6	3	4		5	7	1
	4	1	7	6	5	8	3	9
5	7	3	1	8	9	6		4
6	8	5		7	1	2	4	3
3	1	9	4	2	6	7	8	
	2	7	8	5	3	1	9	6
9	3	2	6	1		4	5	7
1	5	4	2	3		9	6	8
7	6	8	5	9	4	3	1	

C

	9	7	6	1	3	4	2	
1	4	6	5	2	8	9	7	3
2	3	5		9	4	6	8	1
6		1	8	4	2		9	7
9	7	2	1	3	6	5	4	8
4	8	3	9		5	2	1	6
5	1	8	4	6	9	7		
3	6	4	2	8	7	1	5	9
7	2		3	5		8	6	4

B

1		2	8	4	9	6	3	7
6	9	8	1	7	3	2		4
4	3	7	5		2	1	8	9
	8	4	6	2	7	3	9	
3	2	1	9	8	4	7	6	5
9	7	6	3	5		8	4	2
7	1		4	9	8	5	2	
8	6	9		1	5		7	3
2	4	5	7	3	6	9	1	8

D

3	1	7	5	6		4	8	9
2	5	4	3	8	9	1		6
	6	8	1	7	4	5	3	2
6		2	7	1	8	3	9	
1	7	3	4	9	5	6	2	8
5	8	9		2	3	7	1	4
7	9		8	3	6	2	4	1
8	3	6	2		1	9	5	
4	2	1	9	5	7		6	3

Depois do jogo

1 Converse com os colegas e o professor sobre as questões a seguir.

a. Como você pensou para descobrir o algarismo que faltava na primeira linha do tabuleiro **A**?

b. E como pensou para descobrir os algarismos que faltavam na sétima linha do tabuleiro **C**?

2 Escolha um dos tabuleiros do jogo e escreva, no caderno, como você pensou para completá-lo. Depois, compare suas anotações com as de um colega que tenha escolhido o mesmo tabuleiro que você.

Aprender sempre

1 Leia a seguir um trecho de uma reportagem sobre o lixo produzido no Brasil.

> [...] A cada 24 horas, o Brasil produz 240 mil toneladas de lixo – sujeira que seria suficiente para lotar 1 160 aviões cargueiros do tipo Boeing 747. Em 1982, cada brasileiro jogava fora meio quilo de lixo por dia. [...] Em 2012, o valor atingiu 1 kg. Ainda é pouco comparado com o Japão, onde cada habitante produz 2 quilos de lixo ao dia.
> [...] São Paulo é a cidade brasileira que mais produz lixo. São 56 mil toneladas geradas todos os dias, quantidade que preencheria um prédio de 30 andares.

O guia dos curiosos. Disponível em: <http://guiadoscuriosos.uol.com.br/categorias/3104/1/lixo.html>.
Acesso em: 29 dez. 2017.

a. Escreva o número correspondente a:

240 mil: _____   56 mil: _____

b. Qual é o valor posicional do algarismo 2 no número 240 mil?

_____

c. Você já parou para refletir sobre a quantidade de lixo que produzimos em um dia? Converse com os colegas e o professor e elaborem uma lista com possíveis atitudes que podemos tomar para contribuir para diminuir a produção do lixo nas cidades.

2 Podemos representar quantidades usando códigos. Observe a legenda e escreva o número representado em cada quadro.

♣ 100 000   ▲ 10 000   ■ 1 000   ● 100   ♥ 10   ♠ 1

a. Com esse código, a posição do símbolo interfere no número que está sendo representado? _____

b. Pense em um número e represente-o usando esse código.

3 Observe o exemplo e escreva o valor posicional dos algarismos destacados nos números a seguir.

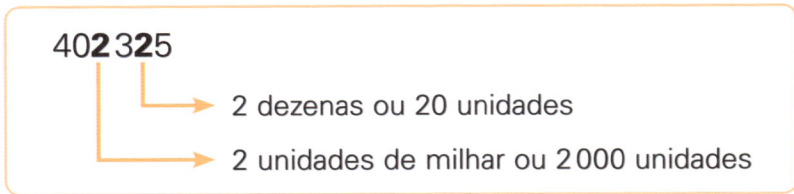

a.
 8**1**0 25**8**

b.
 3**62 6**14

4 O Brasil é um país que recebe turistas do mundo todo e durante o ano inteiro. A tabela abaixo mostra quantos turistas chegaram ao Brasil por alguns estados em 2015. Observe-a e responda às questões.

Chegadas de turistas no Brasil por alguns estados em 2015

Estado	Número de turistas
Bahia	151 660
Santa Catarina	149 133
Paraná	758 973
Pernambuco	66 232

Dados obtidos em: Ministério do Turismo. Disponível em: <http://www.dadosefatos.turismo.gov.br/2016-02-04-11-53-05/item/download/440_268262d9bdef3912cbdea85a0599e997.html>. Acesso em: 19 jan. 2018.

a. Que centena de milhar inteira está mais próxima do número de turistas que chegaram ao Brasil pelo Paraná? _____

b. Qual é a ordem de grandeza do número de turistas que chegaram ao Brasil por Pernambuco?

_____

c. Escreva os números da tabela em ordem decrescente.

_____

CAPÍTULO 2

Adição e subtração

Ana e Pablo fizeram uma pesquisa para descobrir a quantidade de automóveis e motocicletas que existiam em 2016 em alguns estados brasileiros e elaboraram uma tabela para organizar os dados.

FROTA DE VEÍCULOS EM 2016

Estado	Automóvel	Motocicleta
Acre	80 355	105 766
Espírito Santo	900 623	421 358
Paraíba	483 927	448 904
Roraima	66 722	75 528

Dados obtidos em: IBGE. Acesso em: 2017.

▶ Quantos automóveis existiam em 2016 no Acre e em Roraima juntos?

▶ Quantos automóveis havia a mais que motocicletas na Paraíba em 2016? Como você pensou para responder?

▶ Você já fez alguma pesquisa pela internet? Em que *sites* você entrou para encontrar os dados que procurava? Conte sua experiência aos colegas e ao professor.

Situações com adição e subtração

1 Bruna fez uma pesquisa sobre o número de visitantes de parques nacionais em 2016. Veja alguns resultados que ela encontrou.

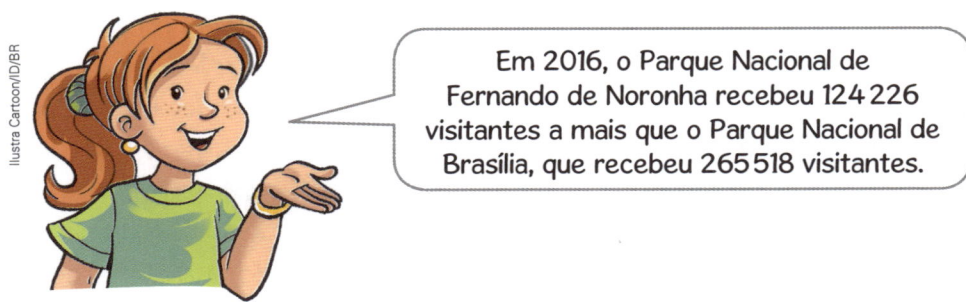

Em 2016, o Parque Nacional de Fernando de Noronha recebeu 124 226 visitantes a mais que o Parque Nacional de Brasília, que recebeu 265 518 visitantes.

De acordo com a pesquisa de Bruna, quantos visitantes o Parque Nacional de Fernando de Noronha recebeu em 2016?

Para descobrir o número de visitantes desse parque, basta calcular o resultado de 265 518 + 124 226. Observe como podemos efetuar essa adição de duas maneiras diferentes e complete.

■ Decompondo os números:

265 518 =   200 000 + 60 000 + 5 000 + 500 + 10 + 8
          +
124 226 =   100 000 + 20 000 + 4 000 + 200 + 20 + 6
          ───
             300 000 + 80 000 + 9 000 + 700 + 30 + 14 = _____

■ Usando o algoritmo usual:

CM	DM	UM	C	D	U	
2	6	5	5	1	8	← parcela
+ 1	2	4	2	2	6	← parcela
						← soma ou total

O Parque Nacional de Fernando de Noronha recebeu _____ visitantes em 2016.

 Que tal resolver algumas adições? No *link* indicado você vai resolver adições com números de quatro algarismos usando o algoritmo usual.
Disponível em: <https://www.matific.com/bra/pt-br/activity/AlgorithmWorksheetsAddition4DigitsWithRegrouping>. Acesso em: 2 jan. 2018.

2 Calcule o resultado de 124 226 + 265 518 usando o algoritmo usual abaixo.

CM	DM	UM	C	D	U
	1	2	4	2	2	6
+	2	6	5	5	1	8

- Você chegou ao mesmo resultado da atividade **1**? O que você observou? Converse com os colegas e o professor.

> Em qualquer adição, quando trocamos a ordem das parcelas, a soma não se altera. Essa é a **propriedade comutativa** da adição.

3 Veja o número de visitantes de dois outros Parques Nacionais em 2016.

Parque Nacional da Chapada dos Guimarães: 158 365 visitantes

Vale do Rio Claro, no Parque Nacional da Chapada dos Guimarães, no Mato Grosso. Foto de 2017.

Parque Nacional de Aparados da Serra: 111 778 visitantes

Cânion Itaimbezinho, no Parque Nacional de Aparados da Serra, no Rio Grande do Sul. Foto de 2016.

- Qual foi a diferença entre o número de visitantes desses dois parques?

Podemos calcular essa diferença fazendo uma subtração. Complete o algoritmo usual abaixo e, em seguida, responda à questão.

CM	DM	UM	C	D	U
	1	5	8	3	6	5	← minuendo
−	1	1	1	7	7	8	← subtraendo

← resto ou diferença

A diferença do número de visitantes entre esses dois parques foi de _____ visitantes.

4 Observe como Bruna e Caio pensaram para calcular o resultado de 263 290 + 218 124 + 137 512.

Primeiro, calculo o resultado de 263 290 + 218 124. Em seguida, adiciono 137 512 ao resultado encontrado.

(263 290 + 218 124) + 137 512 =
= 481 414 + 137 512 =
= 618 926

263 290 + (218 124 + 137 512) =
= 263 290 + 355 636 =
= 618 926

Eu pensei de outra maneira. Primeiro, calculo o resultado de 218 124 + 137 512. Em seguida, adiciono 263 290 ao resultado encontrado.

Quando existe mais de uma operação em um cálculo, usam-se parênteses para indicar qual delas deve ser feita primeiro.

- É possível calcular o resultado de 263 290 + 218 124 + 137 512 agrupando as parcelas de um modo diferente de como Bruna e Caio fizeram? Converse com os colegas e o professor.

Em qualquer adição, quando associamos as parcelas de formas diferentes, a soma não se altera. Essa é a **propriedade associativa** da adição.

5 Calcule o resultado de 315 871 + 148 127 + 287 674 de duas maneiras diferentes.

1ª maneira

CM	DM	UM	C	D	U

+ _____

CM	DM	UM	C	D	U

+ _____

2ª maneira

CM	DM	UM	C	D	U

+ _____

CM	DM	UM	C	D	U

+ _____

trinta e um

6 Calcule mentalmente as adições a seguir.

493 442 + 0 = _____   0 + 900 000 = _____

0 + 888 888 = _____   111 111 + 0 = _____

- O que você observa quando adicionamos zero a qualquer número? Converse com os colegas e o professor.

> Quando realizamos uma adição de duas parcelas e uma das parcelas é zero, a soma será igual à outra parcela. Por isso, dizemos que o zero é o **elemento neutro** da adição.

7 Em cada ábaco de pinos abaixo, está indicada uma etapa de cálculo de uma operação. Observe os ábacos e escreva a operação representada em cada item.

a.

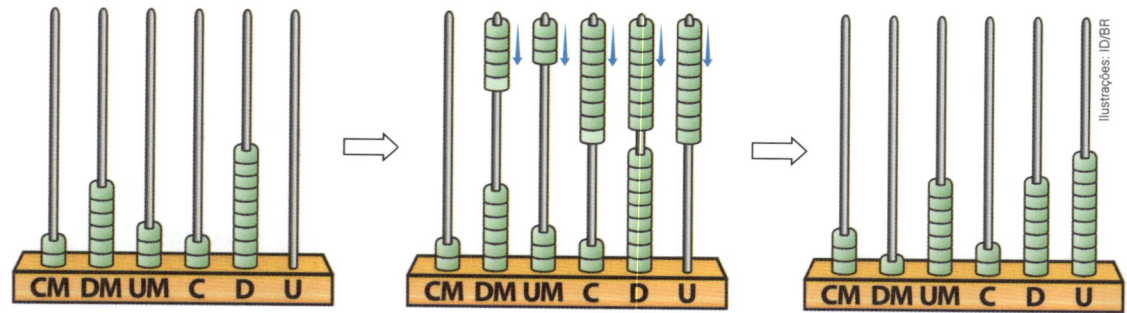

_____

b.

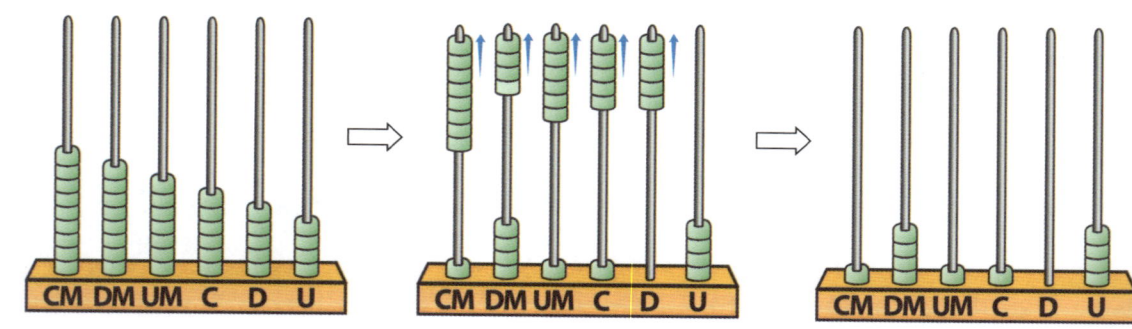

_____

8 Calcule o resultado das operações abaixo da maneira que preferir.

a. 170 296 + 536 648 = _____

b. 375 148 − 297 695 = _____

9 Elabore um problema envolvendo pelo menos uma operação de adição ou de subtração. Depois, troque de livro com um colega. Peça a ele que resolva o problema que você elaborou, enquanto você resolve o dele e, em seguida, confiram as soluções um do outro.

_____
_____
_____
_____
_____

Resposta: _____

Relacionando a adição e a subtração

1 Faça os cálculos a seguir usando uma calculadora e registre os resultados.

a. 5 789 + 2 987 = _____

b. 2 987 + 5 789 = _____

c. 8 776 − 5 789 = _____

d. 8 776 − 2 987 = _____

2 Com base nos itens da atividade **1**, classifique cada afirmação a seguir em verdadeira (**V**) ou falsa (**F**). Depois, corrija as falsas.

☐ O resto da subtração do item **d** é uma das parcelas da adição do item **a**.

_____

_____

☐ O minuendo da subtração do item **c** é uma das parcelas da adição do item **b**.

_____

_____

3 Observe como João e Talita estão conferindo se o resultado da adição 23 909 + 99 456 = 123 365 está correto.

a. Use a calculadora para calcular o resultado de:

123 365 − 23 909 = _____   123 365 − 99 456 = _____

b. As operações que João e Talita estão fazendo podem auxiliá-los na conferência do resultado da adição 23 909 + 99 456 = 123 365? Converse com os colegas e o professor.

4 Agora, observe como João e Talita estão conferindo se o resultado da subtração 777 030 − 309 077 = 467 953 está correto.

a. Use a calculadora para calcular o resultado de:

467 953 + 309 077 = _____   777 030 − 467 953 = _____

b. As operações que João e Talita estão fazendo podem auxiliá-los na conferência da subtração 777 030 − 309 077 = 467 953? Converse com os colegas e o professor.

5 Faça como Talita e João: verifique se o resultado das subtrações está correto escrevendo uma adição e uma subtração. Faça os cálculos das operações que você escrever.

a. 507 405 − 299 809 = 207 596

b. 704 958 − 310 019 = 394 939

Arredondamento e resultado aproximado

1 Observe o gráfico abaixo, que mostra a média de público por partida nas Copas do Mundo Fifa de 2002 a 2014.

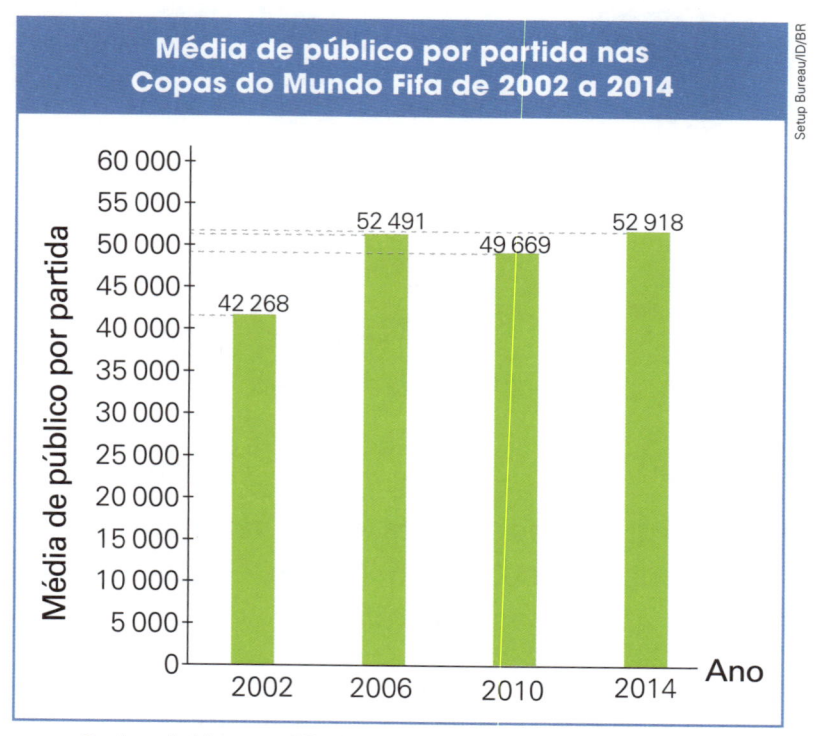

Média de público por partida nas Copas do Mundo Fifa de 2002 a 2014

- 2002: 42 268
- 2006: 52 491
- 2010: 49 669
- 2014: 52 918

Dados obtidos em: Fifa. Disponível em: <http://www.fifa.com/fifa-tournaments/statistics-and-records/worldcup/index.html>. Acesso em: 20 jan. 2018.

Veja como Fernanda calculou a diferença aproximada entre as médias de público por partida de 2002 e 2006.

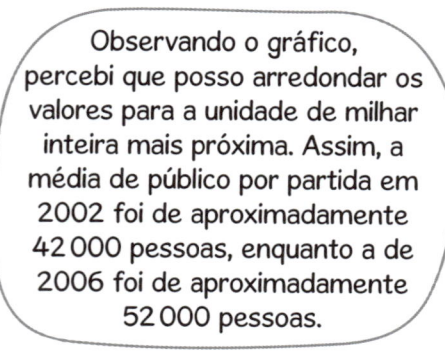

> Observando o gráfico, percebi que posso arredondar os valores para a unidade de milhar inteira mais próxima. Assim, a média de público por partida em 2002 foi de aproximadamente 42 000 pessoas, enquanto a de 2006 foi de aproximadamente 52 000 pessoas.

> 52 − 42 = 10, então: 52 000 − 42 000 = 10 000. Logo, a diferença entre as médias de público por partida de 2002 e de 2006 foi de aproximadamente 10 000 pessoas.

- Agora, calcule mentalmente a diferença aproximada entre as médias de público por partida de 2010 e de 2014 arredondando os valores para a unidade de milhar inteira mais próxima.

2 Observe o que o repórter está dizendo.

> O festival de música que aconteceu no fim de semana teve um público de 147 324 pessoas, das quais 94 647 pessoas compareceram no sábado.

Em cada item, arredonde os números para a ordem pedida e calcule o resultado da subtração para estimar quantas pessoas foram ao festival no domingo.

a. Dezena de milhar.

147 324 − 94 647 ⟶ _____

b. Unidade de milhar.

147 324 − 94 647 ⟶ _____

c. Centena.

147 324 − 94 647 ⟶ _____

d. Dezena.

147 324 − 94 647 ⟶ _____

3 Calcule o resultado exato de 147 324 − 94 647 no caderno. Depois, compare o resultado obtido com as estimativas que você fez na atividade **2**. O que você observa? Conte aos colegas e ao professor.

4 Em cada item, arredonde os números para a mesma ordem e calcule o resultado aproximado de cada operação.

a. 124 914 + 247 376 ⟶ _____

b. 391 583 + 528 827 ⟶ _____

c. 719 207 + 178 415 ⟶ _____

d. 947 210 − 680 856 ⟶ _____

Mais adição e subtração

1 Veja o que Juliana está dizendo.

> Será que se eu adicionar 14 unidades a 150 + 835,...

$150 + 835 = 985$

$150 + 835 = 985$

> ...vou obter o mesmo resultado que se eu adicionar 14 unidades a 985?

a. Calcule o resultado de 150 + 835 + 14 e de 985 + 14 e responda à pergunta de Juliana.

_____

b. Se Juliana tivesse subtraído 14 unidades de 150 + 835 e subtraído 14 unidades de 985, ela teria obtido resultados iguais ou diferentes? Converse com os colegas e com o professor.

2 Pedro e Carla saíram para comprar roupas. Pedro comprou uma calça de 41 reais e uma camiseta de 27 reais, e Carla comprou uma blusa de 35 reais e uma camiseta de 33 reais.

a. Quantos reais cada um gastou? _____

b. Pedro e Carla gastaram a mesma quantia em suas compras. Então, podemos escrever a seguinte **igualdade**: 41 + 27 = 35 + 33, em que 41 + 27 é o **primeiro membro** da igualdade, e 35 + 33 é o **segundo membro** da igualdade. Complete o esquema calculando o resultado de cada membro dessa igualdade.

$$41 + 27 = 35 + 33$$

_____ = _____

3 Observe o que Jéssica está falando.

Sei que
74 + 20 = 50 + 44.
Subtraindo 15 unidades de cada um dos membros dessa igualdade, tenho:

74 + 20 − 15 = 50 + 44 − 15
94 − 15 = 94 − 15
79 = 79

Então, a igualdade se manteve verdadeira.

Também sei que
88 + 12 = 137 − 37.
Adicionando 26 unidades a cada um dos membros dessa igualdade, tenho:

88 + 12 + 26 = 137 − 37 + 26
100 + 26 = 100 + 26
126 = 126

Então, a igualdade se manteve verdadeira.

Complete as igualdades abaixo para que elas se mantenham verdadeiras.

a. 70 + 15 = 55 + 30

70 + 15 + 20 = 55 + 30 + _____

_____ + 20 = _____ + _____

_____ = _____

b. 98 − 48 = 25 + 25

98 − 48 + 13 = 25 + 25 + _____

_____ + 13 = _____ + _____

_____ = _____

c. 87 − 11 = 98 − 22

87 − 11 + _____ = 98 − 22 + 24

_____ + _____ = _____ + 24

_____ = _____

d. 42 + 50 = 60 + 32

42 + 50 − 22 = 60 + 32 − _____

_____ − 22 = _____ − _____

_____ = _____

e. 56 + 14 = 93 − 13

56 + 14 − 35 = 83 − 13 − _____

_____ − 35 = _____ − _____

_____ = _____

f. 32 + 23 = 14 + 41

32 + 23 − _____ = 14 + 41 − 15

_____ − _____ = _____ − 15

_____ = _____

> Uma igualdade se mantém verdadeira quando adicionamos ou subtraímos de cada membro o mesmo número.

Tratamento da informação

Gráfico de barras duplas

1 Alessandra entrevistou uma pessoa de cada família de um bairro para descobrir a quantidade de televisões e de celulares que há nos domicílios. Todos os entrevistados tinham de 1 a 4 aparelhos de televisão e de 1 a 4 aparelhos celulares. Observe o gráfico que ela elaborou e responda às questões com base nessas informações.

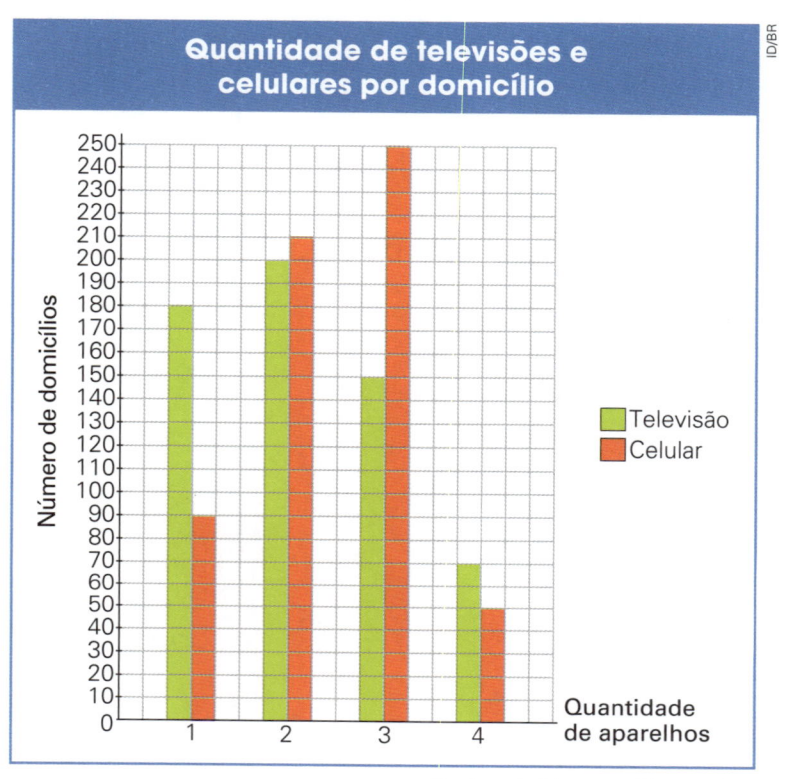

Quantidade de televisões e celulares por domicílio

(Televisão / Celular)

Dados obtidos por Alessandra.

a. Quantos domicílios têm 2 televisões? _____

b. Quantos domicílios têm 4 celulares? _____

c. Há mais domicílios com quantos celulares? E com quantas televisões?
_____

d. Escreva um pequeno texto com as suas conclusões sobre esse gráfico.
_____
_____
_____

2 O Instituto Tempo Livre fez uma pesquisa para saber o que estudantes e não estudantes gostam de fazer em seu tempo livre. Observe, na tabela abaixo, os dados obtidos.

Atividades preferidas no tempo livre

Atividade	Estudante	Não estudante
Ver televisão	75	70
Ler jornais, livros, revistas ou notícias	60	60
Escrever	70	40
Reunir-se com amigos ou família	50	45
Acessar internet	65	30
Escutar música	25	20
Outros	35	50

Dados fornecidos pelo Instituto Tempo Livre.

■ Agora, construa um gráfico de barras duplas verticais com os dados da tabela acima.

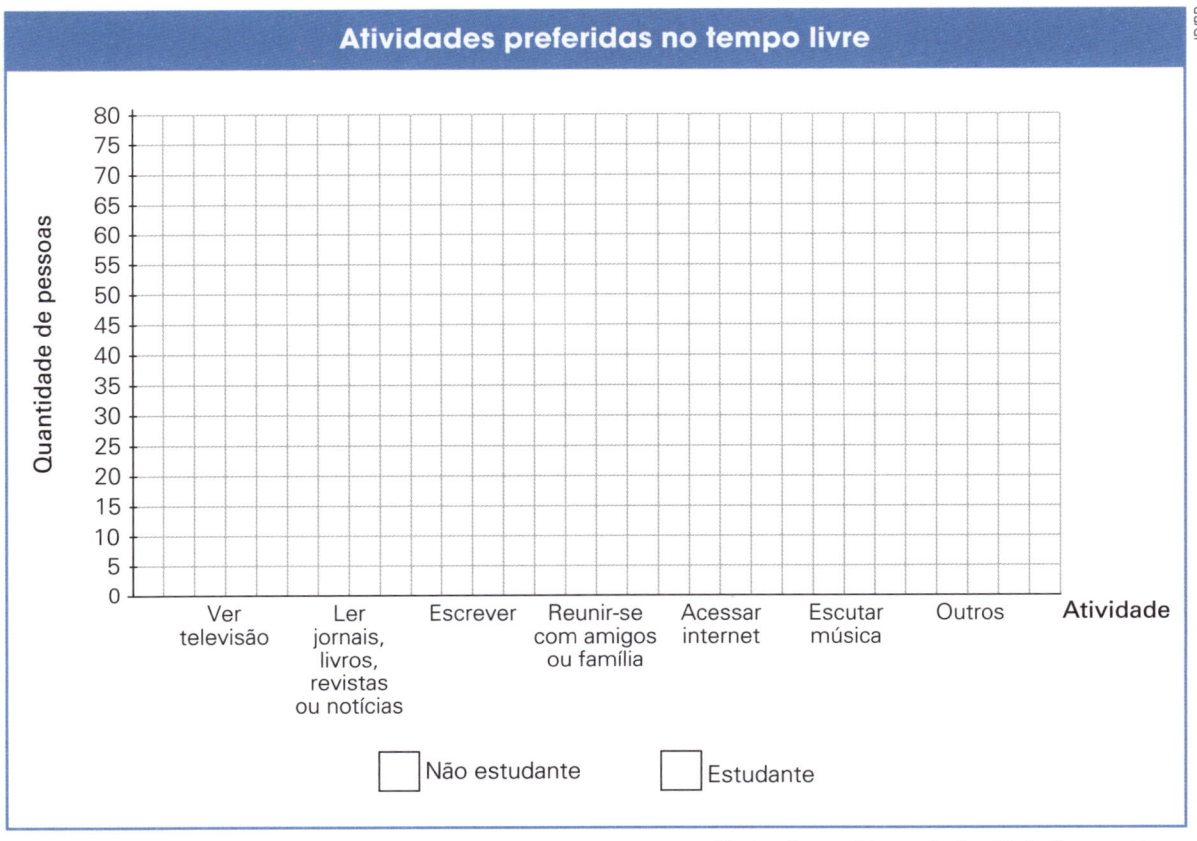

Atividades preferidas no tempo livre

(Gráfico em branco para ser preenchido. Eixo vertical: Quantidade de pessoas, de 0 a 80. Eixo horizontal: Atividade — Ver televisão, Ler jornais, livros, revistas ou notícias, Escrever, Reunir-se com amigos ou família, Acessar internet, Escutar música, Outros. Legenda: ☐ Não estudante ☐ Estudante)

Dados fornecidos pelo Instituto Tempo Livre.

Aprender sempre

1 A derrubada das florestas, as queimadas, a poluição dos rios e o tráfico de animais estão entre os fatores que ameaçam a **biodiversidade** do nosso país. A tabela abaixo mostra a quantidade de espécies de animais conhecidas e ameaçadas do Brasil.

> **Biodiversidade:** diversidade de seres vivos de uma região.

Quantidade de espécies brasileiras conhecidas e ameaçadas por grupo (2014)

Grupo	Espécies conhecidas	Espécies ameaçadas
Mamíferos	732	110
Aves	1980	234
Répteis	732	80
Anfíbios	973	41
Peixes	4507	409

Dados obtidos em: ICMBio. Disponível em: <http://www.icmbio.gov.br/portal/faunabrasileira/2741-lista-de-especies-ameacadas-saiba-mais.html>. Acesso em: 20 jan. 2018.

a. De acordo com a tabela, quantas são as espécies da fauna brasileira conhecidas? E quantas dessas espécies estão ameaçadas de extinção?

_____

_____

b. Qual é a diferença entre o número total de espécies conhecidas e o número total de espécies ameaçadas de extinção?

_____

c. Em sua opinião, o que pode ser feito para preservar a biodiversidade do país? Converse com os colegas e o professor.

2. Descubra o número que falta em cada item. Utilize a calculadora para fazer os cálculos e escreva as respostas.

a. 45 668 + _____ = 83 447

b. 386 546 − _____ = 168 465

c. _____ − 181 919 = 167 943

d. _____ + 16 746 = 256 958

3. A soma de três números é 9 382. O primeiro deles é 2 853, e o segundo é 3 869. Qual é o terceiro número?

_____

4. Elabore um problema parecido com o da atividade 3 e que envolva uma subtração. Em seguida, troque seu livro com o de um colega. No caderno, você resolve o problema que ele criou, e ele resolve o problema que você elaborou.

_____
_____
_____
_____

5. Escreva uma igualdade em que o primeiro membro seja uma adição com soma igual a 18 e o segundo membro seja uma subtração com resto igual a 18. Depois, adicione 25 unidades em cada um dos membros e verifique se a igualdade se mantém verdadeira.

ACESSE O RECURSO DIGITAL

CAPÍTULO 3

Multiplicação

Rosana vai reformar a casa e precisa comprar uma porta-balcão. Ela está decidindo as cores dos vidros da porta. Ela quer que os vidros da parte de fora sejam cinza, roxo, verde ou azul e que os vidros da parte de dentro sejam vermelho, laranja ou amarelo.

▶ Quais são as possibilidades de montar a porta utilizando as cores de vidro que Rosana escolheu?

▶ Quantas opções existem para montar a porta?

▶ Que multiplicação você efetuaria para calcular o número de opções para montar a porta?

Ideias da multiplicação

1 Elisângela está guardando dinheiro para fazer uma viagem. Observe abaixo a quantia que ela guarda a cada mês.

a. Quantos reais Elisângela guarda a cada mês? _____

b. Escreva uma adição e uma multiplicação que representem a quantia que Elisângela guardou em 3 meses.

Adição: _____

Multiplicação: _____

2 Observe o painel de azulejos quadrados e complete.

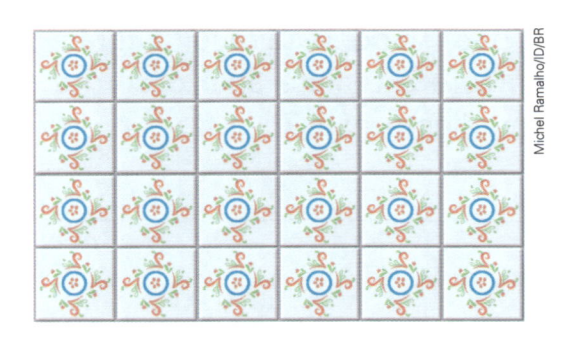

6 × _____ = _____ ou _____ × 6 = _____

Há _____ azulejos no painel.

3 Alícia vai fazer um painel retangular usando 21 pastilhas. Complete o painel, sabendo que ele deve ter 3 linhas com a mesma quantidade de pastilhas.

- Quantas colunas tem o painel de Alícia? Conte aos colegas e ao professor como você fez para descobrir.

quarenta e cinco **45**

4 Túlio vai fazer um bolo de chocolate usando a receita a seguir. Veja.

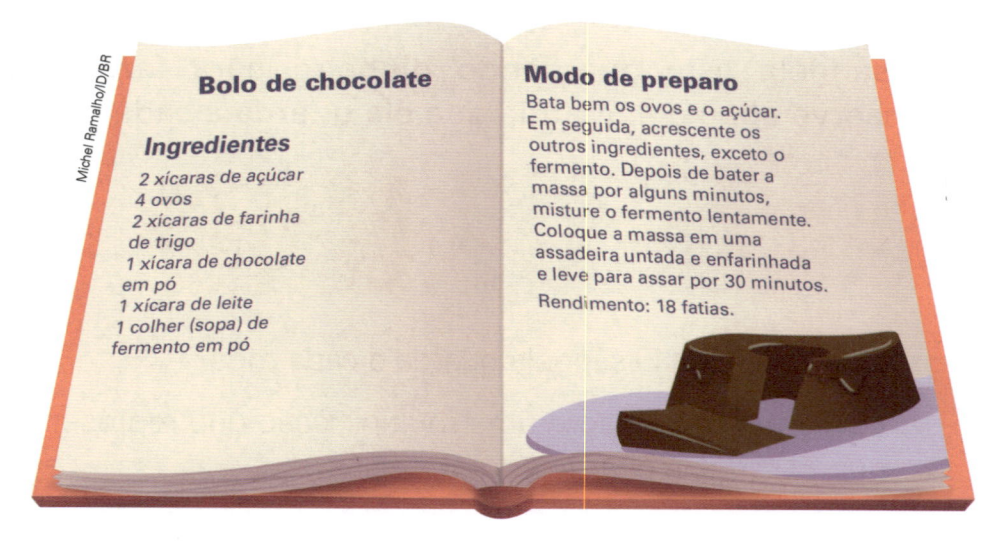

Bolo de chocolate

Ingredientes
2 xícaras de açúcar
4 ovos
2 xícaras de farinha de trigo
1 xícara de chocolate em pó
1 xícara de leite
1 colher (sopa) de fermento em pó

Modo de preparo
Bata bem os ovos e o açúcar. Em seguida, acrescente os outros ingredientes, exceto o fermento. Depois de bater a massa por alguns minutos, misture o fermento lentamente. Coloque a massa em uma assadeira untada e enfarinhada e leve para assar por 30 minutos.

Rendimento: 18 fatias.

a. Túlio vai receber 12 amigos para comemorar o aniversário dele e gostaria de servir 3 fatias de bolo para cada amigo. Quantas fatias de bolo ele vai servir no total? _____

b. Túlio percebeu que, se dobrar a receita, terá a quantidade suficiente de fatias. Complete a receita abaixo com a quantidade necessária de cada ingrediente para Túlio fazer o dobro da receita do bolo de chocolate.

- _____ xícaras de açúcar
- _____ ovos
- _____ xícaras de farinha de trigo
- _____ xícaras de chocolate em pó
- _____ xícaras de leite
- _____ colheres (sopa) de fermento em pó

5 José costura bonecos de pano. Para cada boneco, ele usa 8 botões. Complete o quadro ao lado com a quantidade de botões que ele vai usar para fazer a quantidade de bonecos indicada em cada linha.

■ Quando aumenta a quantidade de bonecos, aumenta ou diminui a quantidade de botões? _____

Quantidade de bonecos	Quantidade de botões
1	8
10	
20	
50	
100	

6 Tamara vai fazer uma viagem de carro e sabe que, se dirigir 120 quilômetros a cada hora, ela chegará ao seu destino em 3 horas.

a. Quantos quilômetros tem o percurso que Tâmara vai fazer?

_____

b. Se Tamara decidir dirigir 60 quilômetros a cada hora, ou seja, se ela percorrer metade da distância no mesmo tempo, você acha que ela vai levar mais tempo ou menos tempo para chegar ao destino dela? Por quê? Converse com os colegas e o professor.

c. Complete o quadro abaixo para descobrir quanto tempo Tamara vai demorar para chegar ao destino dela se dirigir 60 quilômetros a cada hora.

Distância percorrida (em quilômetro)	Tempo gasto (em hora)
60	1
120	2
	3
	4

Tamara vai demorar _____ horas para chegar ao destino dela se dirigir 60 quilômetros a cada hora.

d. Quando queremos chegar a um mesmo lugar partindo de um mesmo ponto, mas diminuímos a distância percorrida a cada hora, o tempo de viagem aumenta ou diminui? _____

Combinando possibilidades

1 Fernando e Marcos são irmãos e foram à sorveteria com o pai deles.

a. Observe quantos tipos e sabores de sorvete há para escolher na sorveteria e pinte as diferentes opções oferecidas por essa sorveteria, de acordo com o exemplo.

	Morango	Limão	Chocolate	Maracujá
🍦(palito)	🟥			
🍨(casquinha)				

b. Agora, complete.

A sorveteria oferece _____ sabores de sorvete (morango, limão, chocolate e maracujá) e _____ tipos de sorvete (palito e casquinha). Então, a sorveteria oferece _____ opções de escolha.

c. Aos sábados, a sorveteria serve mais um sabor de sorvete: pitanga. Nesse dia, o número de opções que a sorveteria oferece aumenta ou diminui? Por quê? _____

d. Como você faria para descobrir quantas são, no total, as opções que a sorveteria oferece aos sábados? Converse com os colegas e o professor.

2 Complete e descubra como Marcos calculou a quantidade de opções de sorvete para cada sabor.

a.

1 sabor e 2 tipos de sorvete.

1 × 2 = _____ ou 2 × 1 = _____

Há _____ opções de sorvete.

b.

2 sabores e 2 tipos de sorvete.

_____ × _____ = _____

Há _____ opções de sorvete.

c.

3 sabores e 2 tipos de sorvete.

3 × 2 = _____ ou

_____ × _____ = _____

Há _____ opções de sorvete.

■ Qual foi a operação que Marcos usou para calcular as opções de sorvete?

_____

3 Nos feriados, os clientes da sorveteria podem escolher 2 tipos de sorvete (casquinha ou palito) e 7 sabores diferentes. Faça como Marcos e descubra quantas opções de sorvete são oferecidas nos feriados.

Os frequentadores da sorveteria podem escolher entre _____ tipos de sorvete e _____ sabores.

Podemos escrever: _____ × _____ = _____ ou

_____ × _____ = _____

São oferecidas _____ opções diferentes de sorvete nos feriados.

4 Dênis está se arrumando para sair. Veja as camisetas e bermudas que ele tem e pinte as combinações possíveis que ele pode fazer com essas opções de camiseta e bermuda.

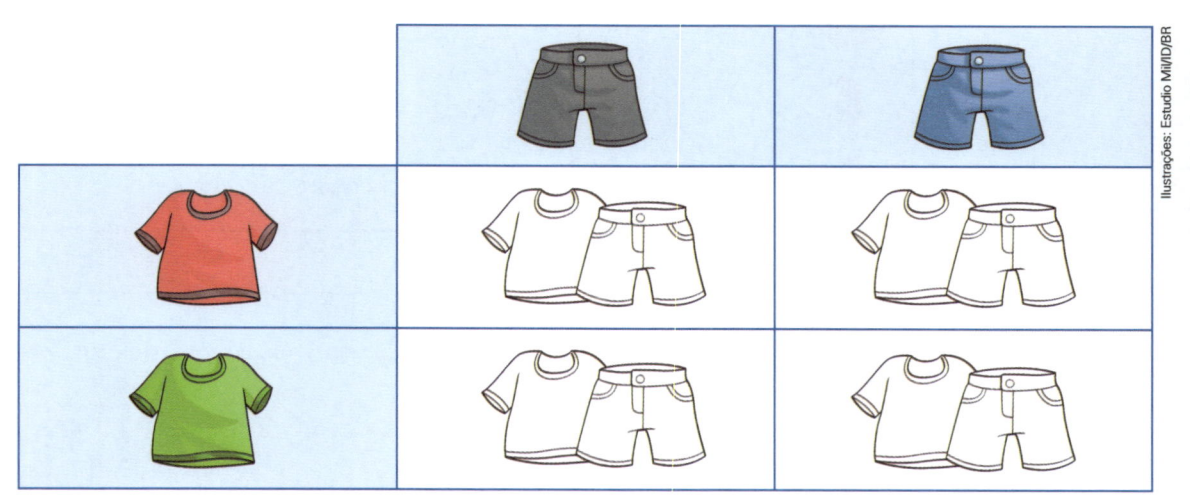

Dênis tem _____ opções de camisetas (vermelha e verde) e _____ opções de bermudas (cinza e azul). Ele pode combinar uma camiseta com uma bermuda de _____ maneiras diferentes.

5 Dênis montou uma **árvore de possibilidades** para descobrir todas as combinações possíveis de camiseta e bermuda que ele pode fazer. Observe e complete.

camiseta vermelha com _____

_____ com bermuda azul

camiseta verde com _____

_____ com _____

6 Responda às perguntas abaixo considerando as peças de roupa que Dênis tem para escolher.

a. Para cada opção de camiseta, há quantas opções de bermuda?

_____

b. Para calcular o total de possibilidades, podemos fazer uma multiplicação. Que multiplicação é essa? _____

7 Tiago criou uma senha de três dígitos para seu cadeado usando os algarismos 1, 5 e 9, sem repeti-los. Escreva as possíveis senhas que ele criou.

_____

8 Observe a cena a seguir.

a. De acordo com a imagem, elabore um problema que envolva as possibilidades que o garoto tem para pintar as bandeiras.

_____
_____
_____
_____
_____

b. Troque o livro com um colega. No caderno, você resolve o problema que ele elaborou e ele resolve o problema que você criou.

Vamos resolver!

1 Veja como Renata calculou o resultado de 6 × 12 e calcule as multiplicações abaixo da mesma maneira que ela fez.

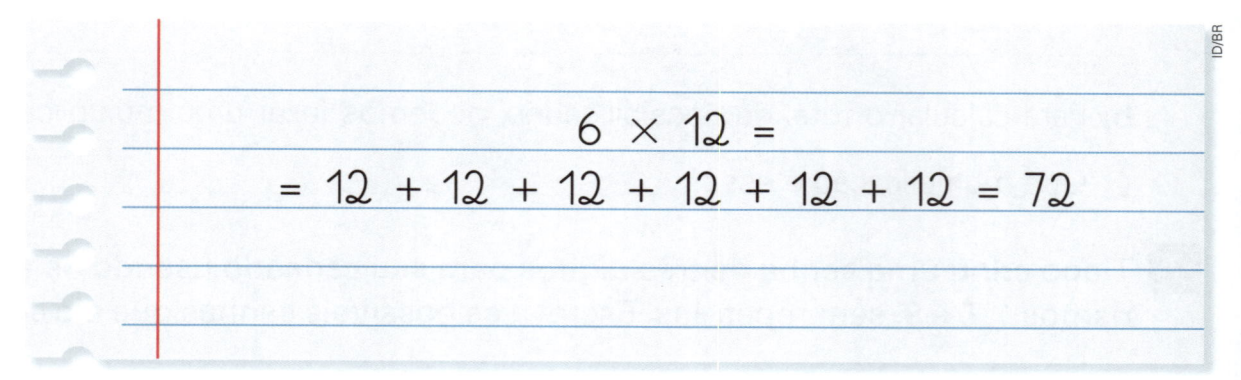

> 6 × 12 =
> = 12 + 12 + 12 + 12 + 12 + 12 = 72

a. 4 × 25 = _____

b. 7 × 15 = _____

c. 5 × 200 = _____

2 Rogério vai viajar 9 semanas a trabalho e decidiu fazer um quadro para marcar quantos dias vai ficar fora. Ajude Rogério a completar o quadro.

Lembre-se: 1 semana tem 7 dias.

Número de semanas	1	2	3	4	5	6	7	8	9
Número de dias	7								

- Quantos dias Rogério ficará fora? _____

3 Observe o cartaz abaixo e responda às questões.

PROMOÇÃO!
2 caixas de lenços por
13 reais

a. Se uma pessoa comprar 4 caixas de lenços, quanto vai pagar? _____

b. Se comprar 6 caixas de lenços, quanto ela vai pagar? _____

c. E se ela comprar 8 caixas de lenços, quanto vai pagar? _____

4 Para a festa junina, a professora Inês está formando pares para dançar a quadrilha com alguns alunos do 5º ano. Cada par é formado por uma menina e um menino. Por enquanto, os alunos que querem dançar são os seguintes: Maria, Flora, Ana, Carlos, Otávio e Roberto. Ajude a professora Inês a terminar de montar a árvore de possibilidades para descobrir quais são os possíveis pares que ela pode formar até o momento.

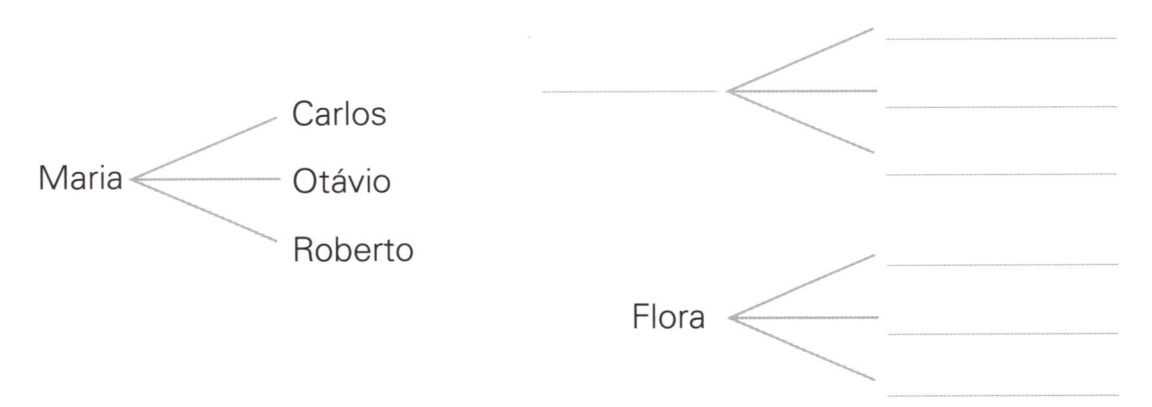

Maria — Carlos
     — Otávio
     — Roberto

Flora

- Quantos pares diferentes é possível formar com os alunos que se interessaram em dançar a quadrilha até o momento? _____

5 Veja a banca de revista de Romeu.

R$ 9,00

a. Na segunda-feira, Romeu vendeu 4 revistas de moda. Quantos reais ele recebeu por essas revistas? _____

b. Em uma semana foram vendidas apenas 12 revistas de moda. Quantos reais, no total, a banca arrecadou nessa semana?

Diferentes maneiras de multiplicar

1 Observe como calcular 15 × 13 na malha quadriculada fazendo a decomposição dos dois fatores.

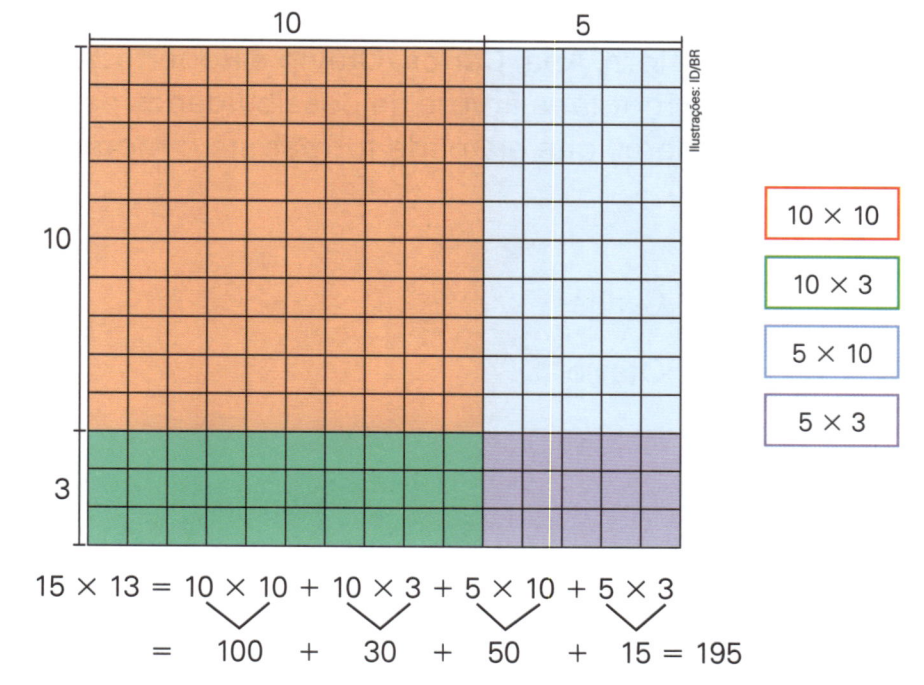

10 × 10

10 × 3

5 × 10

5 × 3

$$15 \times 13 = 10 \times 10 + 10 \times 3 + 5 \times 10 + 5 \times 3$$
$$= 100 + 30 + 50 + 15 = 195$$

■ Agora, utilizando a malha quadriculada abaixo, calcule o resultado de 19 × 18.

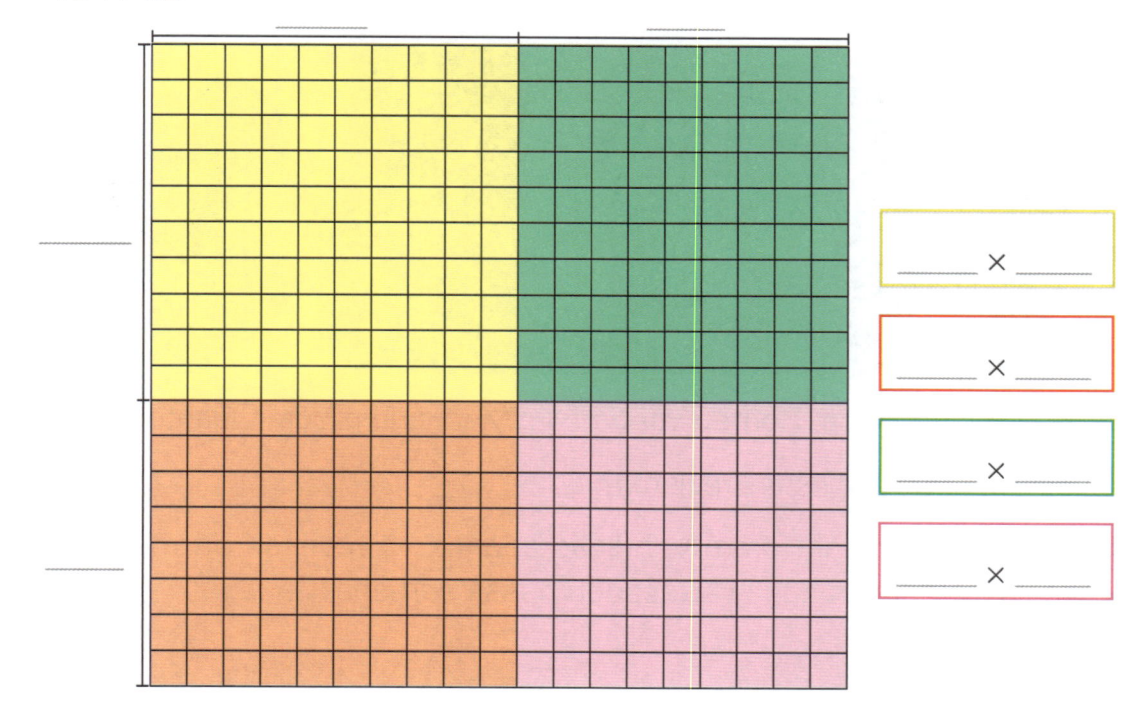

_____ × _____

_____ × _____

_____ × _____

_____ × _____

2 Veja como Irineu e Raquel fizeram para calcular o resultado de 252 × 16.

Cálculo de Irineu (decompondo um dos fatores):

252 × 16 = 252 × 10 + 252 × 6 =

= 2520 + 1512 = 4032

Cálculo de Raquel (decompondo os dois fatores):

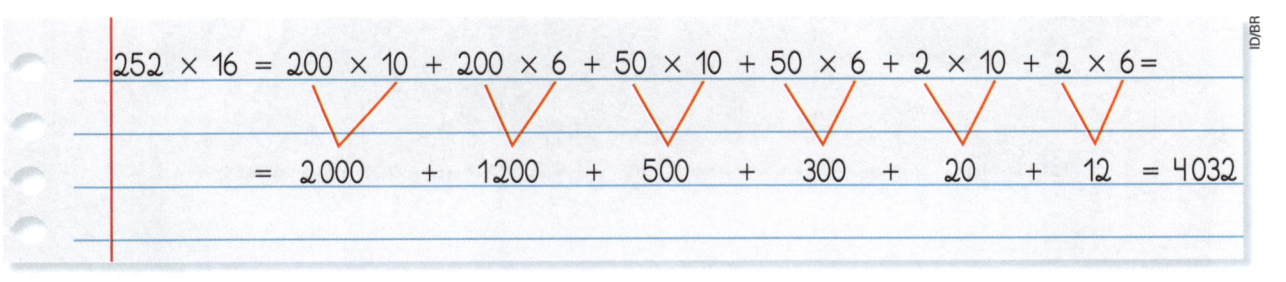

252 × 16 = 200 × 10 + 200 × 6 + 50 × 10 + 50 × 6 + 2 × 10 + 2 × 6 =

= 2000 + 1200 + 500 + 300 + 20 + 12 = 4032

Agora, em cada item, faça como Irineu e Raquel e calcule o resultado das multiplicações.

a. 435 × 29

b. 711 × 62

3 Veja como Daniel e Laura resolveram a multiplicação 1 238 × 27.

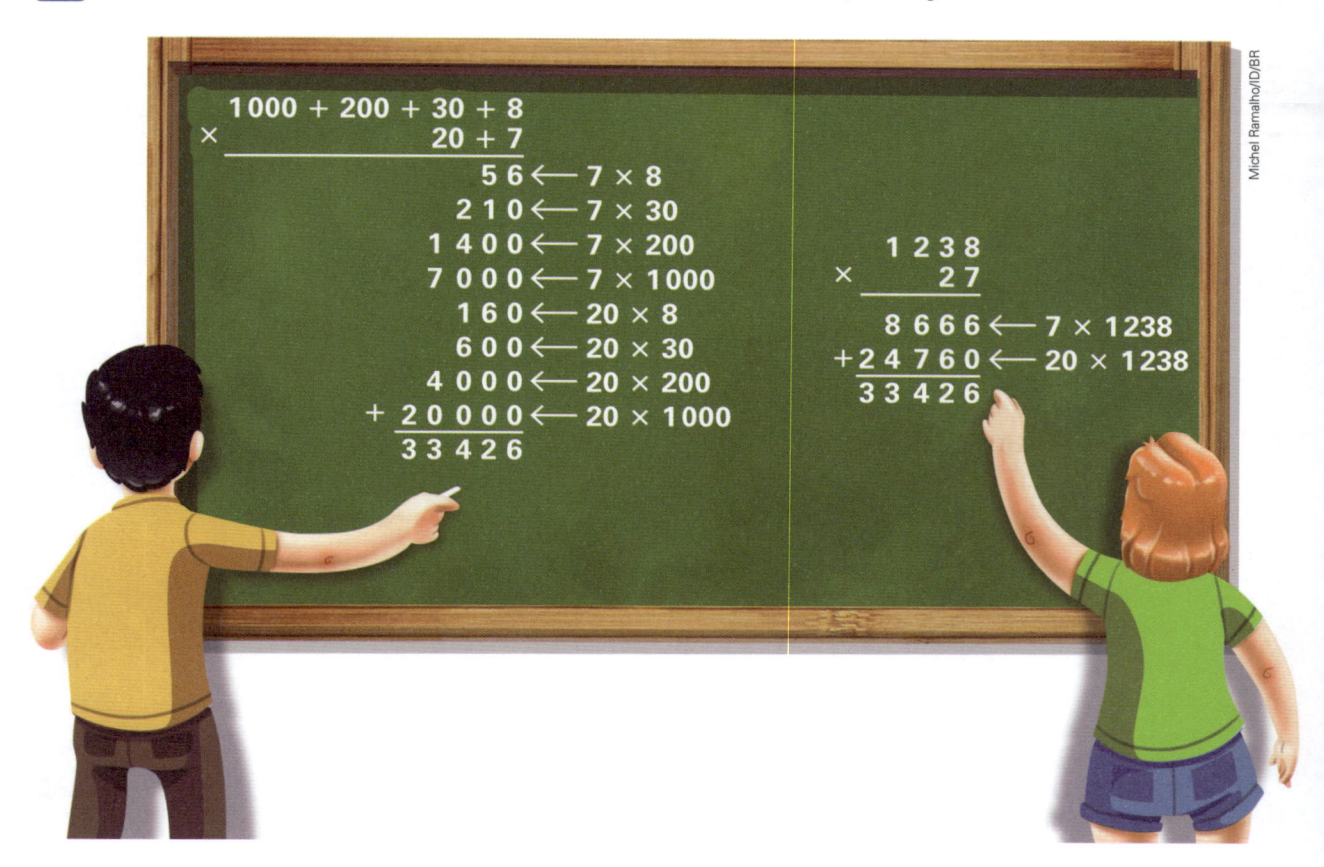

```
    1000 + 200 + 30 + 8
×              20 + 7
    ─────────────────────
              5 6  ← 7 × 8
            2 1 0  ← 7 × 30
          1 4 0 0  ← 7 × 200
          7 0 0 0  ← 7 × 1000
            1 6 0  ← 20 × 8
            6 0 0  ← 20 × 30
          4 0 0 0  ← 20 × 200
        + 2 0 0 0 0 ← 20 × 1000
        ───────────
          3 3 4 2 6
```

```
        1 2 3 8
    ×       2 7
    ───────────
        8 6 6 6  ← 7 × 1238
    + 2 4 7 6 0  ← 20 × 1238
    ───────────
      3 3 4 2 6
```

Agora é com você! Calcule os produtos a seguir da forma que preferir.

a. 2469 × 73 = _____

b. 3006 × 19 = _____

4 Calcule mentalmente e escreva o resultado de cada multiplicação abaixo.

a. 50 × 40 × 2 = _____

b. 80 × 20 × 10 = _____

c. 200 × 30 × 5 = _____

d. 300 × 800 × 0 = _____

e. 4 000 × 2 × 3 = _____

f. 2 × 4 × 3 000 = _____

5 Veja como Marília estimou o intervalo em que se encontra o resultado da multiplicação 16 × 5 500.

> Como 20 é maior que 16, o resultado dessa multiplicação é menor que o resultado de 20 × 5 500. Ou seja, menor que 110 000.

> Como 16 é maior que 10, o resultado dessa multiplicação é maior que o resultado de 10 × 5 500. Ou seja, maior que 55 000.

> Então, o resultado da multiplicação 16 × 5 500 está no intervalo de 55 000 a 110 000.

Michel Ramalho/ID/BR

a. Com uma calculadora, calcule 16 × 5 500. Que valor você encontrou?

_____

b. Você acha que a estimativa que Marília fez foi boa? Conte aos colegas e ao professor.

c. Quando você acha que podemos usar estimativas para fazer cálculos? Converse com os colegas e o professor.

d. Utilizando a mesma estratégia de Marília, estime o intervalo em que se encontra o resultado das seguintes multiplicações:

37 × 2 200

58 × 3 300

cinquenta e sete

Mais multiplicação

1 Observe o que Luiz está dizendo e, em seguida, complete.

> Sei que 495 × 4 = 330 × 6.
> Multiplicando cada membro dessa igualdade por 8, tenho:
> 495 × 4 × 8 = 330 × 6 × 8
> 1980 × 8 = 1980 × 8
> 15 840 = 15 840

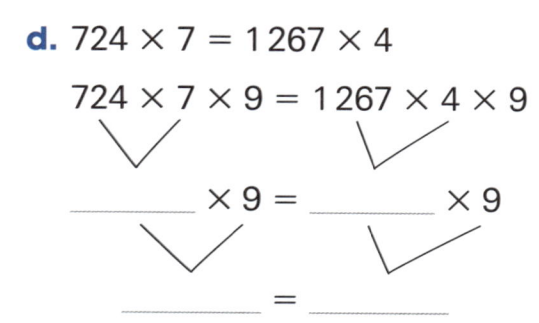

a. 640 × 5 = 400 × 8
640 × 5 × 7 = 400 × 8 × 7
_____ × 7 = _____ × 7
_____ = _____

b. 572 × 2 = 286 × 4
572 × 2 × 3 = 286 × 4 × 3
_____ × 3 = _____ × 3
_____ = _____

c. 312 × 4 = 416 × 3
312 × 4 × 5 = 416 × 3 × 5
_____ × 5 = _____ × 5
_____ = _____

d. 724 × 7 = 1 267 × 4
724 × 7 × 9 = 1 267 × 4 × 9
_____ × 9 = _____ × 9
_____ = _____

> Uma igualdade se mantém verdadeira quando multiplicamos cada membro por um mesmo número.

2 Escreva uma igualdade em que os dois membros sejam multiplicações com produto 32. Depois, multiplique cada um dos membros por 4 e verifique se a igualdade se mantém verdadeira.

Regularidades nas multiplicações

1 O quadro com tabuadas abaixo é conhecido como Tábua de Pitágoras.

×	0	1	2	3	4	5	6	7	8	9	10
0	0	0	0	0	0	0	0	0	0	0	0
1	0	1	2	3	4	5	6	7	8	9	10
2	0	2	4	6	8	10	12	14	16	18	20
3	0	3	6	9	12	15	18	21	24	27	30
4	0	4	8	12	16	20	24	28	32	36	40
5	0	5	10	15	20	25	30	35	40	45	50
6	0	6	12	18	24	30	36	42	48	54	60
7	0	7	14	21	28	35	42	49	56	63	70
8	0	8	16	24	32	40	48	56	64	72	80
9	0	9	18	27	36	45	54	63	72	81	90
10	0	10	20	30	40	50	60	70	80	90	100

Veja como usar esse quadro: para fazer a multiplicação 4 × 6, por exemplo, siga a linha horizontal onde está o número 4 e a coluna vertical onde se encontra o número 6. O número encontrado no local onde elas se cruzam é o resultado da multiplicação: 4 × 6 = 24.

Agora, observe novamente a Tábua de Pitágoras e marque com um **X** as afirmações verdadeiras.

a. ☐ Quando se multiplica um número por 2, calcula-se a metade desse número.

b. ☐ Multiplicar um número por 4 é o mesmo que multiplicá-lo por 2 e novamente por 2. Assim, os resultados da tabuada do 4 são o dobro dos resultados da tabuada do 2.

c. ☐ Multiplicar um número por 9 é o mesmo que multiplicá-lo por 3 e novamente por 3. Assim, os resultados da tabuada do 9 são o triplo dos resultados da tabuada do 3.

d. ☐ Quando se multiplica um número por 1, o resultado é o próprio número.

2 Localize os números destacados em verde na Tábua de Pitágoras e converse com os colegas e o professor sobre uma regularidade que pode ser observada em relação a esses números.

Tratamento da informação

Interpretar gráfico de linhas

1 José é o responsável pela locadora Tudo de Bom. Ele fez um **gráfico de linhas** sobre a situação da empresa no segundo semestre de 2018. Veja.

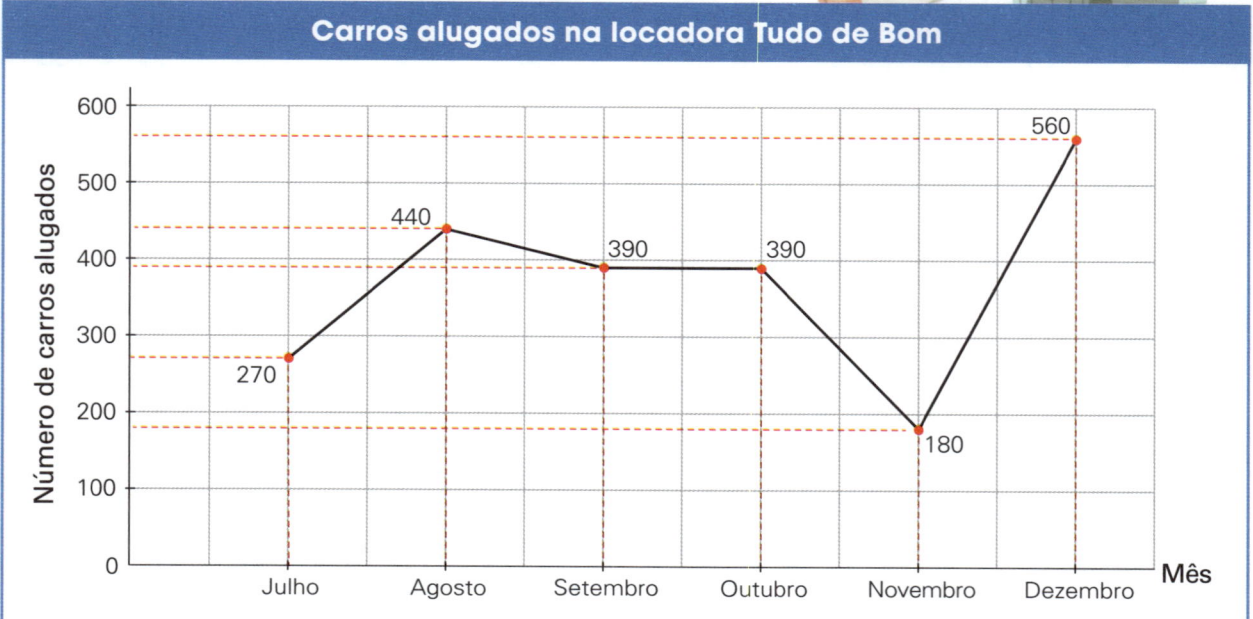

Carros alugados na locadora Tudo de Bom

Gráfico de linhas — Número de carros alugados por mês:
- Julho: 270
- Agosto: 440
- Setembro: 390
- Outubro: 390
- Novembro: 180
- Dezembro: 560

Dados obtidos por José.

Nesse gráfico, representamos por pontos o número de carros alugados. Depois, para facilitar a visualização da variação do número de carros alugados de mês para mês, ligamos os pontos com um segmento de reta. Observe o gráfico e responda aos itens.

a. Em que mês essa locadora de automóveis alugou mais carros?

_____

b. E em que mês essa locadora alugou menos carros? _____

c. O que aconteceu com a quantidade de carros alugados nos meses de setembro e outubro? _____

d. No caderno, elabore uma questão sobre o gráfico acima para um colega responder. Em seguida, troque o caderno com ele. Você responde à questão que ele elaborou e ele responde à questão que você elaborou.

2 Vanessa está preocupada com o consumo de água da casa dela. Veja o gráfico que ela construiu com as informações obtidas nas contas de água de janeiro a dezembro de 2018.

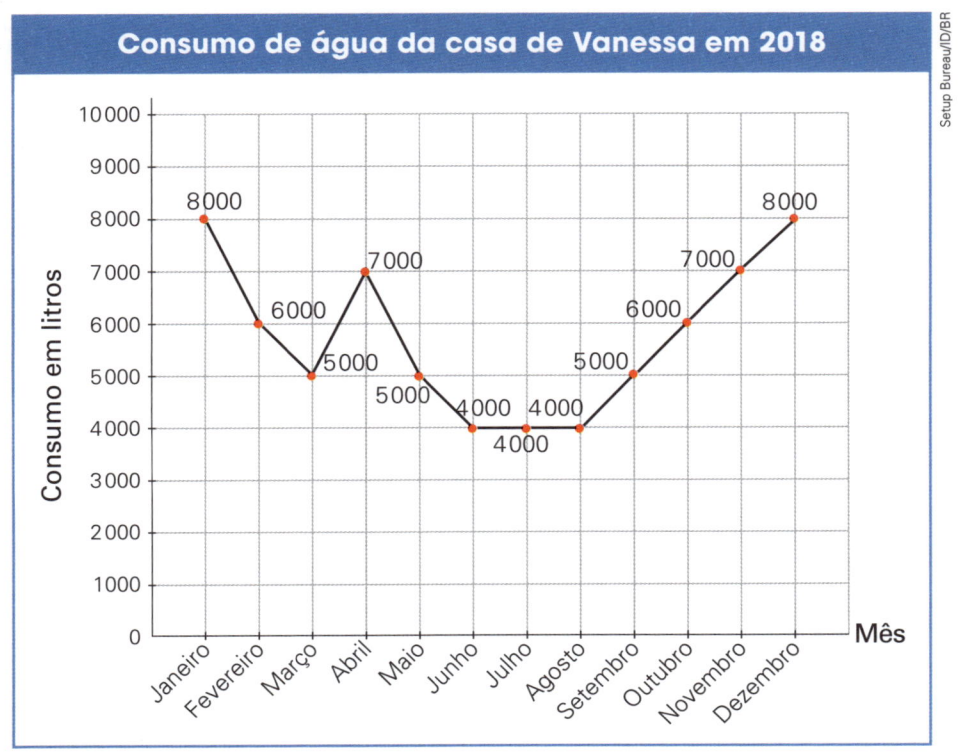

Consumo de água da casa de Vanessa em 2018

Consumo em litros / Mês

- Janeiro: 8000
- Fevereiro: 6000
- Março: 5000
- Abril: 7000
- Maio: 5000
- Junho: 4000
- Julho: 4000
- Agosto: 4000
- Setembro: 5000
- Outubro: 6000
- Novembro: 7000
- Dezembro: 8000

Dados obtidos por Vanessa.

a. Em que meses o consumo foi maior? E em quais meses foi menor?

_____

_____

b. Em que meses o consumo de água se manteve estável?

_____

c. De setembro a dezembro o consumo de água aumentou ou diminuiu? Quantos litros?

_____

d. Com base no gráfico, elabore no caderno um pequeno texto sobre a variação do consumo de água da casa de Vanessa nesse período.

e. Você acha importante a preocupação de Vanessa com o consumo de água? Por quê? Converse sobre esse assunto com os colegas e o professor.

Saber Ser

sessenta e um **61**

Pessoas e lugares

Shisima

Você já percebeu que vários jogos, especialmente os de tabuleiro, trabalham com raciocínio lógico e matemático, contas e estratégias? O mesmo acontece com alguns jogos africanos muito antigos, mas ainda populares. Vamos conhecer um deles?

Muito jogado por crianças do Quênia, o Shisima é um jogo cujo desafio é alinhar três peças. Seu nome, na língua tiriki, significa "extensão de água", e as peças são chamadas *imbalavali*, que quer dizer "pulgas-d'água". As pulgas-d'água são animais que se movimentam muito rapidamente sobre a água, e por isso é difícil acompanhá-las com os olhos. As pessoas acostumadas a jogar Shisima mexem as peças no tabuleiro tão rapidamente que os movimentos realizados se parecem com os das pulgas-d'água ou *imbalavali*.

Nesse jogo, participam dois jogadores, e há dois tipos de tabuleiro, como os que estão nas fotos abaixo. Quando não há tabuleiro, pode-se desenhar na areia o formato do tabuleiro e usar tampinhas de garrafa, botões ou moedas como peças.

Tabuleiros de Shisima.

Cada jogador deve ter três peças, que devem ser diferentes das peças do outro jogador. As peças podem ser de cores diferentes ou de tipos diferentes (por exemplo, um jogador pode usar pedrinhas, e o outro jogador pode usar botões).

No começo do jogo, um jogador deve posicionar suas três peças em um lado do tabuleiro, e o outro jogador deve posicionar suas três peças do outro lado do tabuleiro, como indicado na figura ao lado.

Durante a partida, os jogadores, um de cada vez, devem movimentar suas peças até o próximo ponto vazio, sem pular as outras peças.

Vence o jogo aquele que primeiro conseguir posicionar as peças na mesma linha. Observe nas imagens a seguir quatro maneiras de alinhar as peças e ganhar o jogo, ilustradas pelas peças vermelhas.

1 Que jogos de tabuleiro você costuma jogar?

2 Você já conhecia esse jogo? Já tinha ouvido falar em jogos de tabuleiros de outros países?

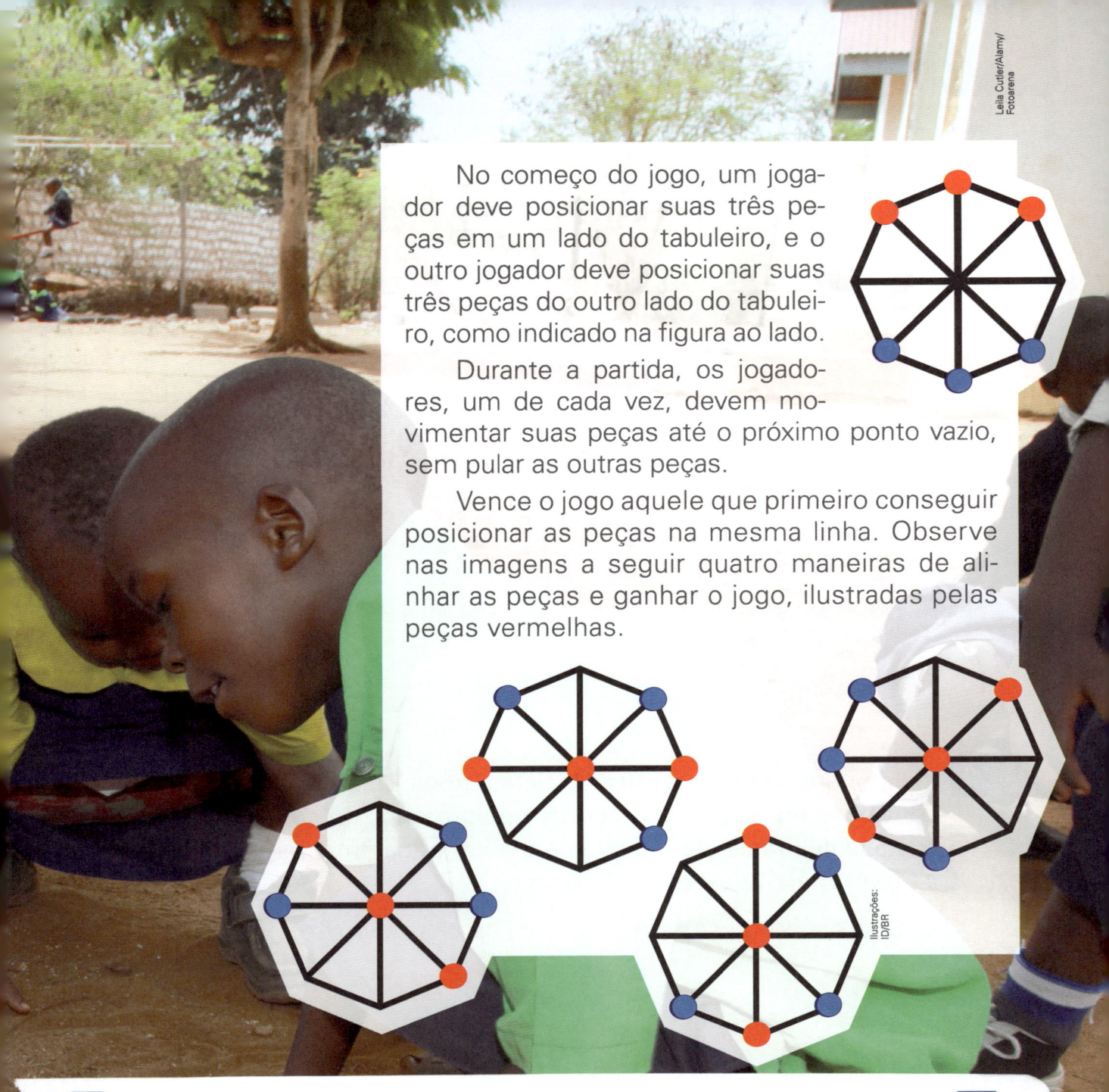

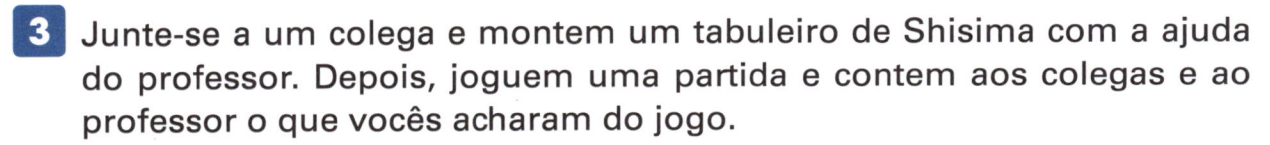

3 Junte-se a um colega e montem um tabuleiro de Shisima com a ajuda do professor. Depois, joguem uma partida e contem aos colegas e ao professor o que vocês acharam do jogo.

4 No total, quantas peças a sua turma utilizou para jogar Shisima? Represente essa quantidade com uma multiplicação.

Aprender sempre

1 Complete o quadro abaixo e, depois, responda às questões.

×	3	4	5	6	7	8	9
3							
6							
9							

a. Observe os resultados da linha do 3 e da linha do 6. O que é possível concluir?

_____

_____

b. Observe os resultados da linha do 3 e da linha do 9. O que é possível concluir?

_____

_____

2 Juliana queria comprar uma bicicleta nova. Depois de pesquisar, ela encontrou o modelo que procurava pelo menor preço. À vista, a bicicleta custava 469 reais, e a prazo poderia ser paga em 1 pagamento inicial de 47 reais mais 12 vezes de 47 reais.

a. Qual é a diferença entre o valor da bicicleta à vista e o valor a prazo?

_____

b. Muitas vezes, o valor de um produto a prazo é maior que o valor do produto à vista. Você sabe por quê? Converse com os colegas e o professor.

3 Em um conjunto habitacional serão construídos 16 prédios. Cada prédio terá 15 andares, com 4 apartamentos por andar. No total, quantos apartamentos haverá nesse conjunto habitacional?

a. Complete os cálculos que o engenheiro e o mestre de obras fizeram para responder à pergunta do problema.

O engenheiro calculou assim:

$16 \times 15 \times 4 =$

$= 16 \times$ _____ = _____

O mestre de obras calculou assim:

$16 \times 15 \times 4 =$

$=$ _____ $\times 4 =$ _____

b. O engenheiro e o mestre de obras encontraram o mesmo resultado? Por quê? _____

_____

4 Leia o que está escrito no cartaz na entrada de um parque florestal.

> O parque funcionou no ano passado:
> 58 dias do ano – 8 horas por dia,
> 280 dias no ano – 12 horas por dia e
> 27 dias no ano – permaneceu fechado.

No total, quantas horas o parque funcionou no ano passado?

a. Responda à dúvida de Carlos, usando uma calculadora.

_____

b. As florestas abrigam grande parte da nossa fauna e flora, além de grande parte da água doce do nosso planeta. Mesmo com toda a sua importância, as florestas vêm sendo desmatadas. Em sua opinião, o que podemos fazer para diminuir o desmatamento? Converse com os colegas e o professor.

CAPÍTULO 4

Geometria

Uma das festas preferidas de Isabel é a festa junina. Ela adora as comidas típicas e as barracas de brincadeiras.

▶ Observe as formas das prendas que estão na barraca da pescaria. Que figuras geométricas não planas elas lembram?

▶ Você consegue identificar um eixo de simetria no rosto do palhaço?

▶ Se Isabel der um giro de um quarto de volta, ela ficará de frente para a barraca da pescaria. Você concorda com essa afirmação?

Planificações

1 Observe as planificações abaixo.

a. Escreva o nome da figura geométrica correspondente à planificação:

- azul. _____

- vermelha. _____

- verde. _____

- laranja. _____

b. Agora, escreva quais figuras geométricas planas compõem cada planificação.

- Planificação azul: _____

- Planificação vermelha: _____

- Planificação verde: _____

- Planificação laranja: _____

sessenta e sete

Corpos redondos

1 Mara está na cozinha da casa dela e vai preparar um suco. Observe.

Escreva o nome dos objetos da cozinha de Mara que lembram as figuras geométricas não planas mostradas abaixo.

a.

cilindro

b.

cone

c.

esfera

_____   _____   _____

_____   _____   _____

_____   _____   _____

O cilindro, o cone e a esfera são chamados de **corpos redondos**, pois essas figuras geométricas não planas têm **superfícies arredondadas**. Observe o exemplo ao lado.

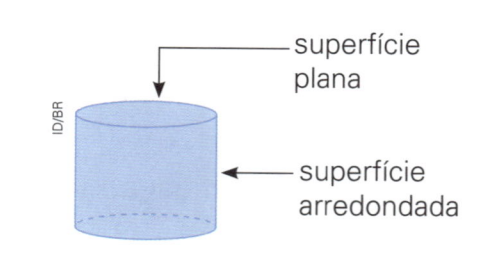

superfície plana

superfície arredondada

2 Observe as figuras abaixo e responda às questões.

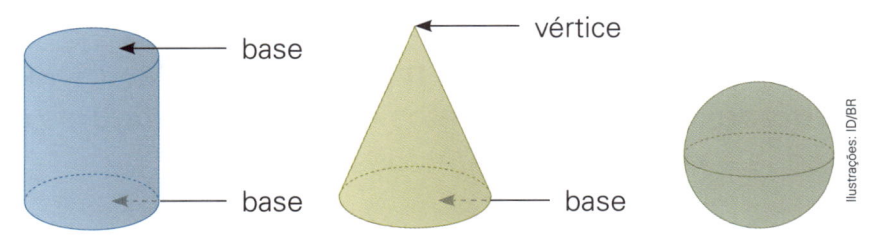

a. Qual desses corpos redondos não tem base? _____

b. A base do cilindro corresponde a qual figura geométrica plana?
_____

c. A base do cone corresponde a qual figura geométrica plana?
_____

d. Quais desses corpos redondos não têm vértice?
_____

e. Quantos vértices tem o cone? _____

3 Observe as figuras abaixo.

a. Qual é a cor da superfície arredondada do cilindro? E das superfícies planas?
_____

b. Qual é a cor da superfície arredondada do cone? E da superfície plana?
_____

4 Indique qual das figuras abaixo, em sua opinião, não se encaixa no grupo porque apresenta uma característica diferente das outras figuras. Explique o motivo da sua escolha.

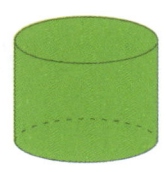

Ⓐ   Ⓑ   Ⓒ

_____

Poliedros

1 O centro cultural da cidade onde moram Sara e Maurício fica em um edifício decorado com alguns objetos que lembram figuras geométricas. Observe a cena e responda às questões.

a. Onde está o objeto que lembra a forma de uma esfera?
_____

b. A lata de lixo lembra a forma de qual figura geométrica?
_____

2 Classifique cada figura geométrica não plana representada a seguir em **prisma** ou **pirâmide**.

a.

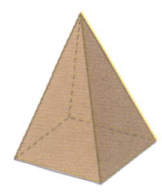

c.

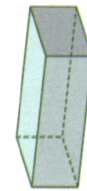

e.

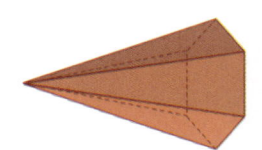

b.

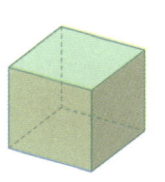

d.

f.

3 Leia o texto e faça o que se pede.

> Os prismas e as pirâmides são exemplos de figuras geométricas não planas não arredondadas. Essas figuras são chamadas de **poliedros** e todas as faces dessas figuras são **superfícies planas**. Observe o exemplo:

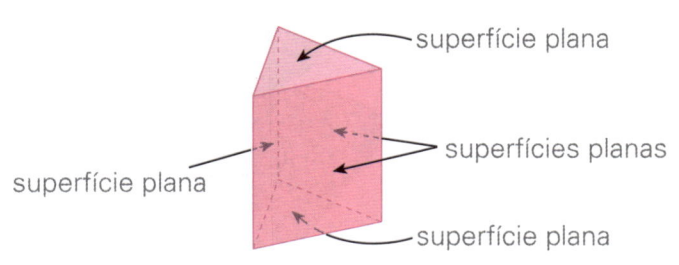

Classifique cada uma das figuras a seguir em **poliedro** ou **corpo redondo**.

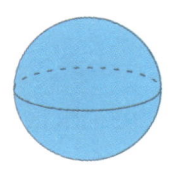

a. _____

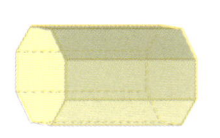

b. _____

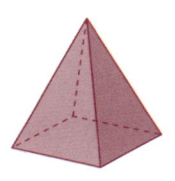

c. _____

d. _____

e. _____

f. _____

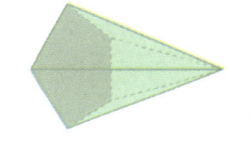

4 Classifique cada afirmação abaixo em verdadeira ou falsa. Depois, reescreva as afirmações falsas, corrigindo-as.

a. Os poliedros são figuras geométricas não planas que não têm nenhuma face plana.

_____

b. Os corpos redondos têm superfícies arredondadas.

_____

Vamos resolver!

1 André quer encapar o cofrinho com papel. Observe o cofrinho abaixo e os moldes de papel que ele recortou.

a. Esse cofrinho lembra qual figura geométrica?

_____

b. Qual é o molde que André pode usar para encapar o cofrinho: o verde ou o azul? _____

2 Celso tem uma loja de decoração e está separando luminárias para serem expostas na vitrine.

As luminárias com cúpulas que lembram um cilindro serão colocadas na prateleira **A**, as que têm cúpulas que lembram um cone serão colocadas na prateleira **B**, e as com cúpulas que lembram uma esfera serão colocadas na prateleira **C**. Identifique as luminárias abaixo com as letras **A**, **B** e **C**, de acordo com as prateleiras onde serão colocadas.

Imagens sem proporção de tamanho entre si.

3 Observe as figuras geométricas a seguir e responda às questões.

A   B   C   D

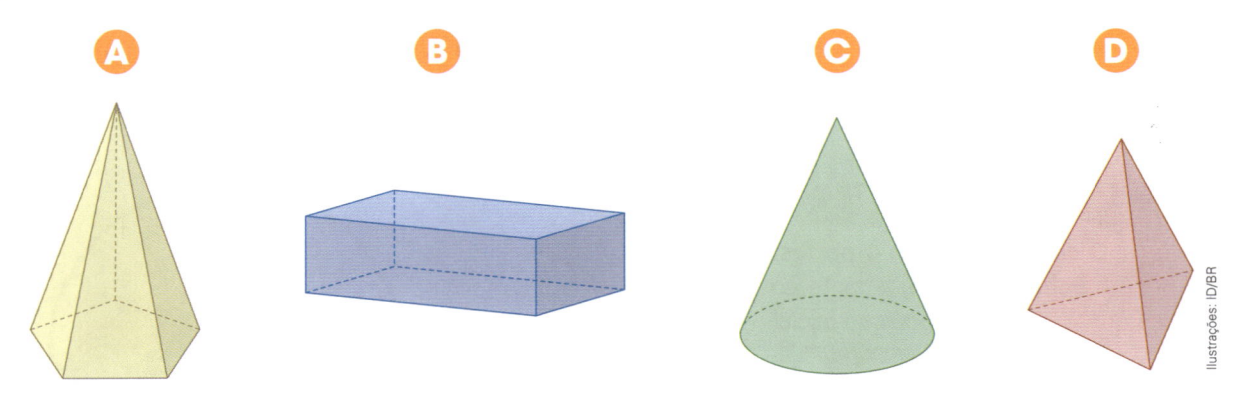

a. Que letras estão indicando poliedros? _____

b. Alguma das figuras é um prisma? Que letra está identificando essa figura?
_____

c. Que figura geométrica está identificada com a letra **C**? Ela é um poliedro ou um corpo redondo? _____

4 Marcos desenhou uma figura geométrica não plana no caderno. Leia o que ele está dizendo sobre essa figura.

A figura que eu desenhei não tem nenhuma superfície arredondada.

A planificação dessa figura tem quatro partes que correspondem a um triângulo e uma parte que corresponde a um quadrado.

■ Qual das figuras abaixo Marcos desenhou? Contorne-a.

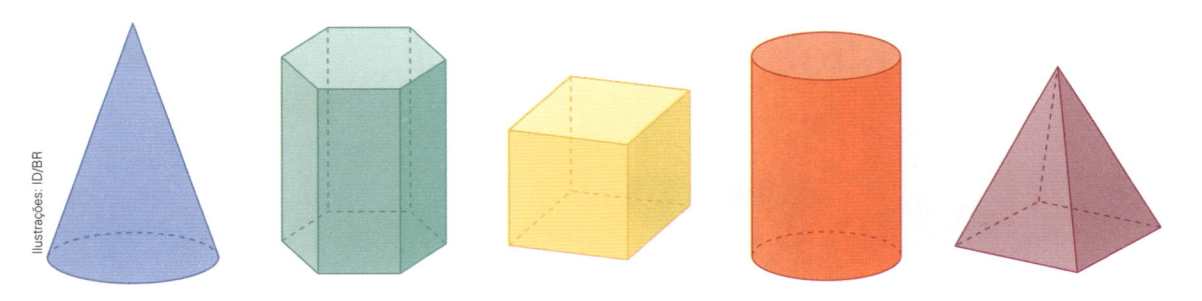

A ideia de giro e ângulo

1 Mateus ganhou um cata-vento do avô e ficou observando como o cata-vento girava. Analise as conclusões que Mateus tirou e complete-as.

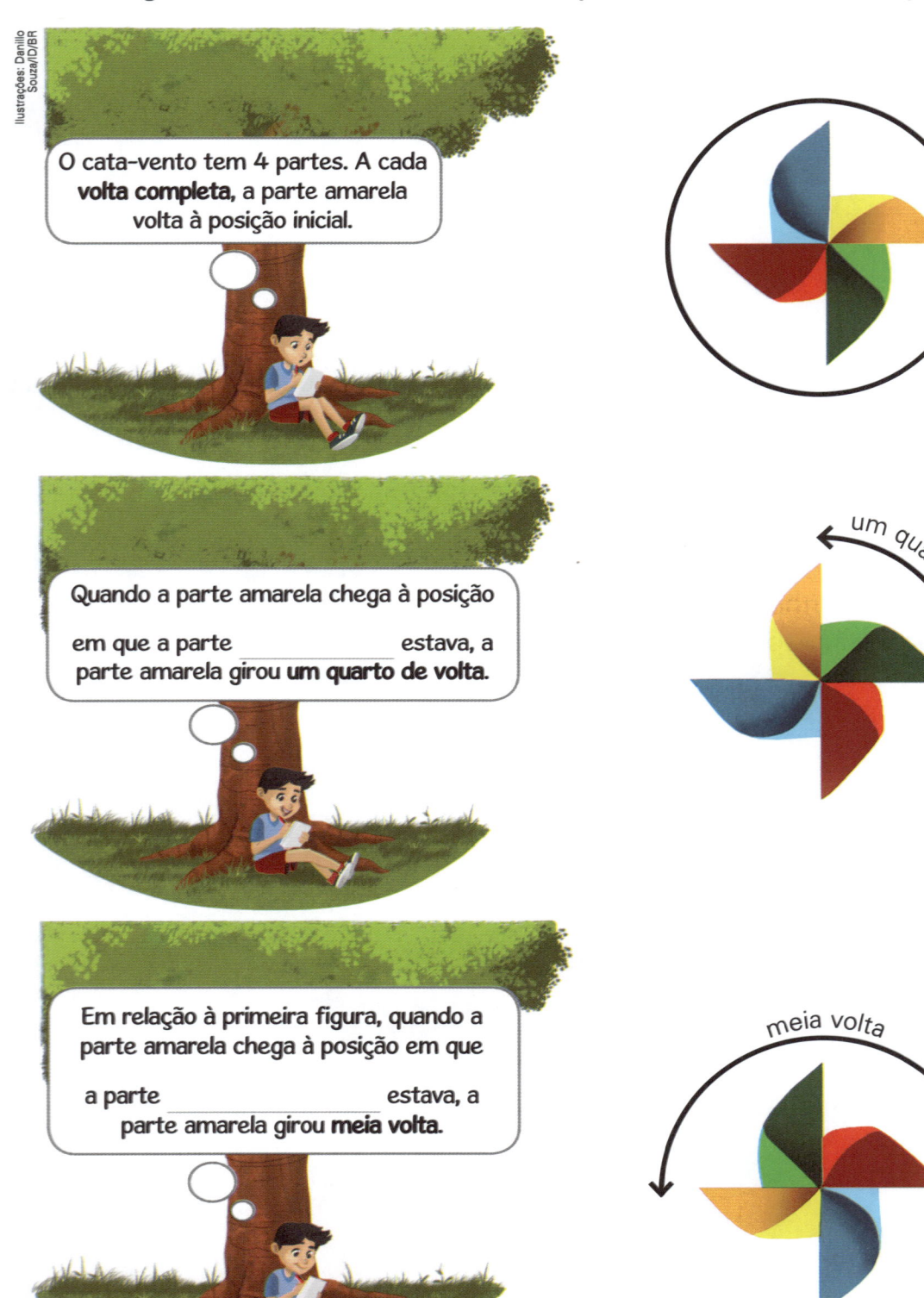

O cata-vento tem 4 partes. A cada **volta completa**, a parte amarela volta à posição inicial.

Quando a parte amarela chega à posição em que a parte _____ estava, a parte amarela girou **um quarto de volta**.

Em relação à primeira figura, quando a parte amarela chega à posição em que a parte _____ estava, a parte amarela girou **meia volta**.

2 Júlia fez os desenhos abaixo pensando nas pás de um moinho de vento. Observe os desenhos que ela fez e identifique se o giro é de um quarto de volta, de meia volta ou de uma volta.

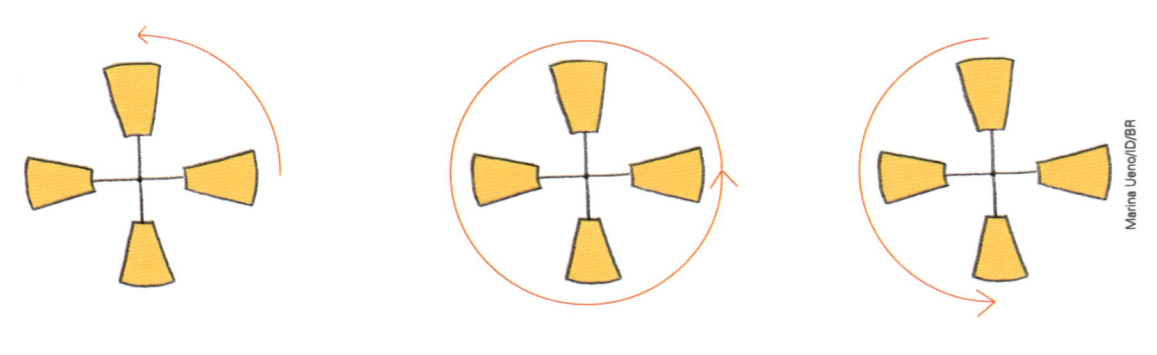

_____   _____   _____

3 No relógio abaixo, o ponteiro dos minutos aponta para o número 12. Desenhe a posição em que esse ponteiro ficará depois de realizar um giro de um quarto de volta.

4 Os giros realizados pelo cata-vento, pelas pás do moinho e pelo ponteiro dos minutos nos dão a ideia de **ângulo**. Veja abaixo a representação geométrica de dois ângulos.

- Represente geometricamente um ângulo qualquer, indicando seu vértice, seus lados e sua abertura.

Ângulo reto

1 O ângulo destacado em verde na placa de trânsito abaixo é chamado de **ângulo reto**.

Placa: Proibido parar e estacionar.

Imagens sem proporção de tamanho entre si.

O símbolo ⌐ representa um ângulo reto.
Podemos representá-lo geometricamente como mostrado ao lado.

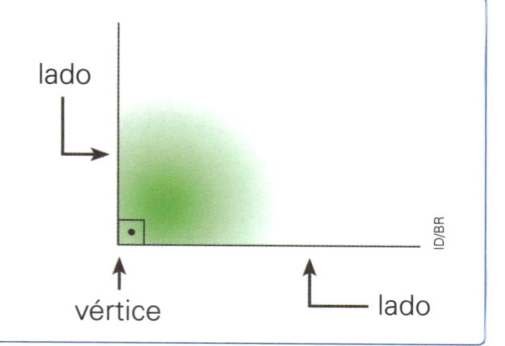

lado
vértice
lado

Observe os ângulos destacados nestas outras placas de trânsito.

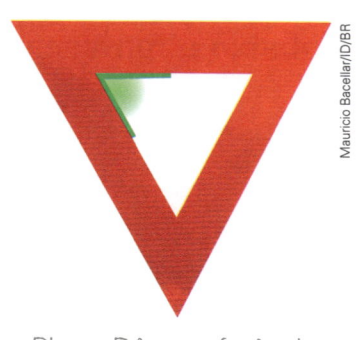

Placa: Dê a preferência.    Placa: Cruzamento de vias.    Placa: Parada obrigatória.

- Escreva se o ângulo destacado em cada placa é menor, igual ou maior que o ângulo reto.

Placa "Dê a preferência": _____

Placa "Cruzamento de vias": _____

Placa "Parada obrigatória": _____

2 Classifique cada ângulo destacado nas imagens abaixo em menor que o ângulo reto ou maior que o ângulo reto.

a.

b.

Imagens sem proporção de tamanho entre si.

3 Observe os ângulos destacados nas figuras a seguir. Classifique-os em menor, igual ou maior que o ângulo reto.

a. paralelogramo

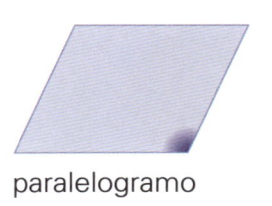

d. pentágono

b. quadrado

e. triângulo

c. trapézio

f. hexágono

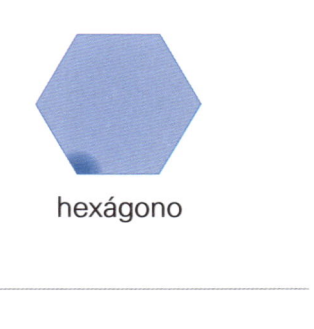

Polígonos

1 Veja ao lado a reprodução de uma obra do pintor brasileiro Luiz Sacilotto e responda às questões.

a. Observando essa obra, é possível lembrar-se de quais figuras planas?

b. Essas figuras têm o contorno fechado?

Luiz Sacilotto. *Concreção 9216*, 1992. Têmpera acrílica sobre tela.

2 Contorne, em cada grupo de figuras a seguir, a figura que apresenta uma característica diferente de todas as outras. Depois, explique sua escolha aos colegas e ao professor.

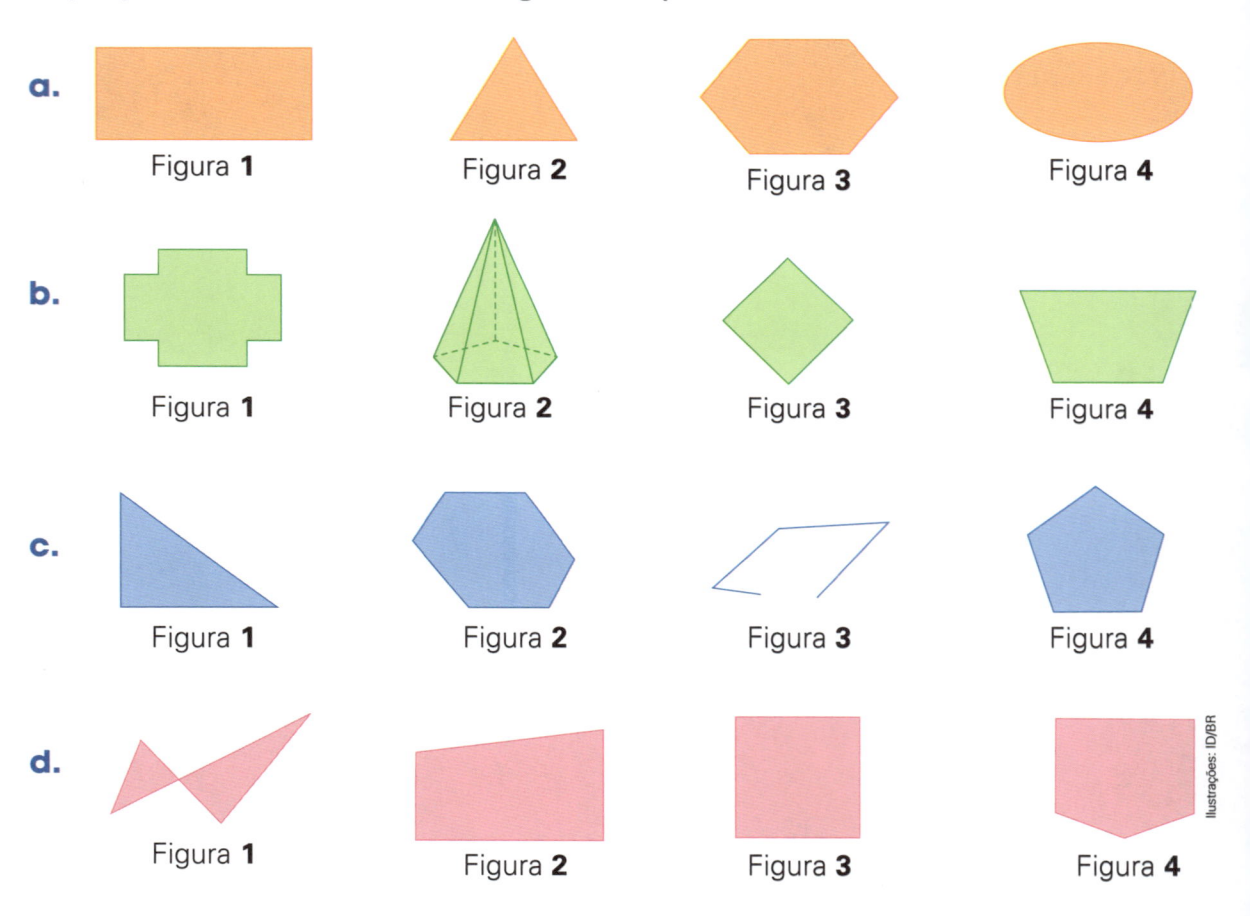

a.
Figura **1**   Figura **2**   Figura **3**   Figura **4**

b.
Figura **1**   Figura **2**   Figura **3**   Figura **4**

c.
Figura **1**   Figura **2**   Figura **3**   Figura **4**

d.
Figura **1**   Figura **2**   Figura **3**   Figura **4**

> Uma figura geométrica plana com o contorno fechado formado apenas por linhas retas que não se cruzam é chamada de **polígono**.

3 Das figuras que apareceram na atividade anterior, estas **não** são polígonos:

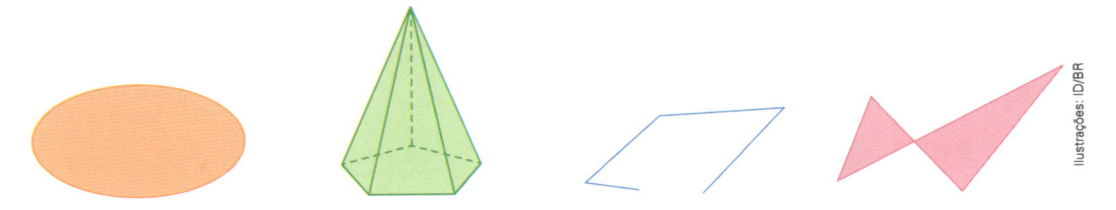

Agora, observe as figuras abaixo e responda às questões.

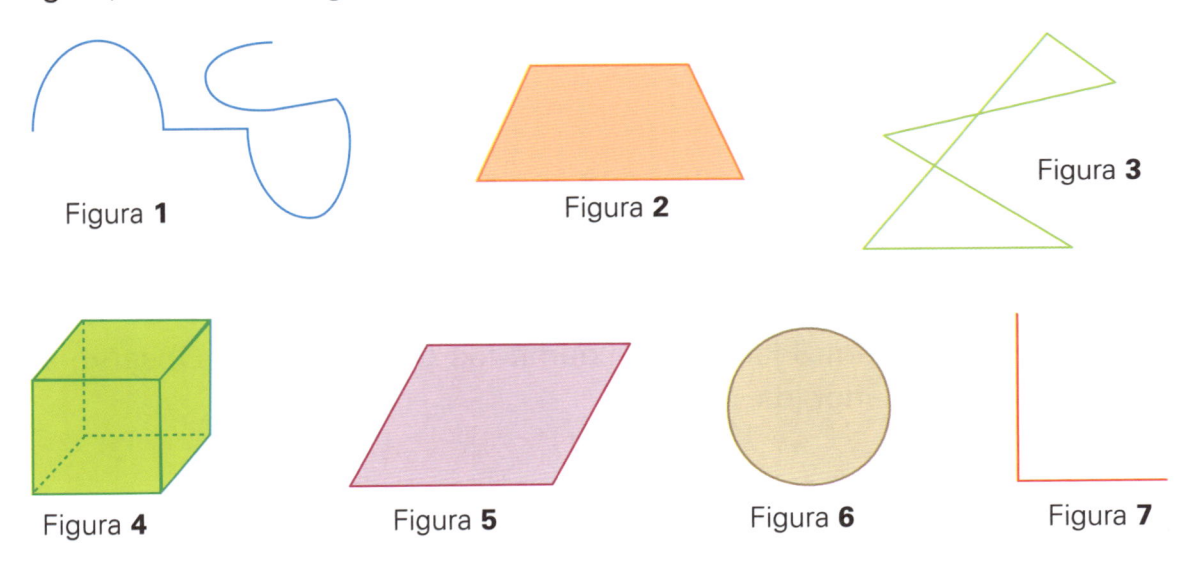

Figura **1**

Figura **2**

Figura **3**

Figura **4**

Figura **5**

Figura **6**

Figura **7**

a. Quais das figuras acima são polígonos? _____

b. Explique aos colegas e ao professor por que as demais figuras não são polígonos.

4 Em quais das bandeiras representadas abaixo você identifica figuras que **não são** polígonos? Contorne-as.

Japão

Alemanha

Argentina

Bélgica

Brasil

Holanda

setenta e nove **79**

Classificando polígonos

1 Observe algumas representações de polígonos e escreva o número de lados de cada um.

a. b. c.

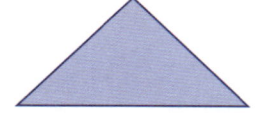

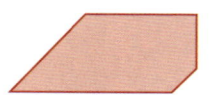

2 Você sabe o nome dos polígonos apresentados na atividade **1**? Conte aos colegas e ao professor.

3 Os polígonos podem ser nomeados conforme o número de lados. Os polígonos que têm 3 lados são chamados de **triângulos**. Observe alguns exemplos de triângulos.

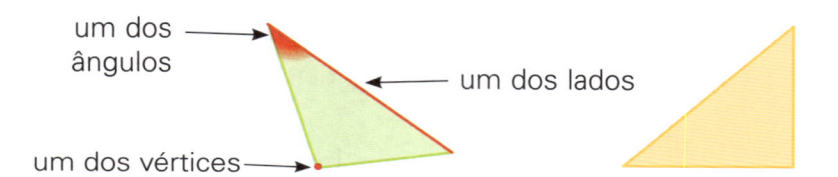

um dos ângulos
um dos lados
um dos vértices

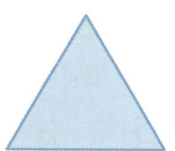

- Os triângulos têm quantos vértices? E quantos ângulos?

4 Os polígonos que têm 4 lados são chamados de **quadriláteros**. Observe alguns exemplos de quadriláteros.

um dos vértices
um dos lados
um dos ângulos

- Os quadriláteros têm quantos ângulos e quantos vértices?

5 Os polígonos que têm 5 lados são chamados de **pentágonos**. Observe os pentágonos abaixo e complete a frase.

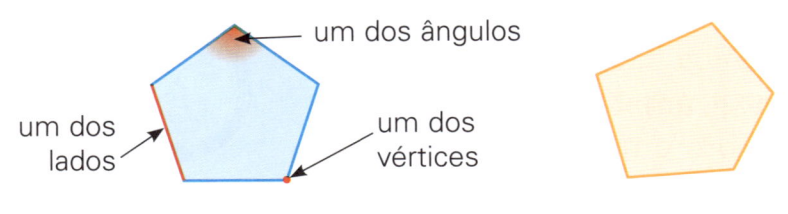

um dos ângulos
um dos lados
um dos vértices

Cada pentágono tem _____ vértices e _____ ângulos.

6 Os polígonos que têm 6 lados são chamados de **hexágonos**. Observe.

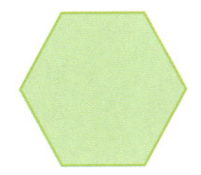

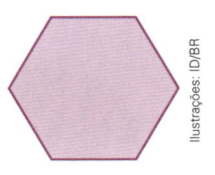

- Quantos vértices e quantos ângulos tem um hexágono?

_____

7 Usando uma régua ou um esquadro, desenhe um triângulo e um quadrado.

- Compare seu desenho com o de um colega. Eles são iguais? O que eles têm de parecido?

Círculo e circunferência

1 A figura ao lado é a principal representação gráfica dos jogos olímpicos. Nas cores azul, amarela, preta, verde e vermelha sobre um fundo branco, os aros olímpicos representam a união dos cinco continentes.

O professor do 5º ano pediu aos alunos que fizessem no caderno os cinco aros olímpicos. Veja como Juliana fez para desenhar o aro.

Eu contornei uma tampinha de garrafa para desenhar um aro.

E obtive esta figura.

A figura que Juliana desenhou lembra uma **circunferência**.

- Como você faria para desenhar os aros? Explique aos colegas e ao professor.

2 Observe a cena e responda à questão.

Eu carimbei uma das bases desta peça e obtive um círculo.

Eu contornei uma das bases desta peça e obtive uma circunferência.

- Qual é a diferença entre a figura obtida pela menina e a obtida pelo menino? Converse com os colegas e o professor.

82 oitenta e dois

3 Veja como podemos desenhar uma circunferência sem precisar contornar um objeto. Pegue uma folha de papel e siga as instruções abaixo.

Pegue um pedaço de barbante de 15 cm, por exemplo, e amarre uma das pontas em um lápis e a outra em outro lápis.

Fixe um dos lápis em um ponto e gire o outro, esticando bem o barbante, sem deixar que ele enrole no lápis que está fixo no centro.

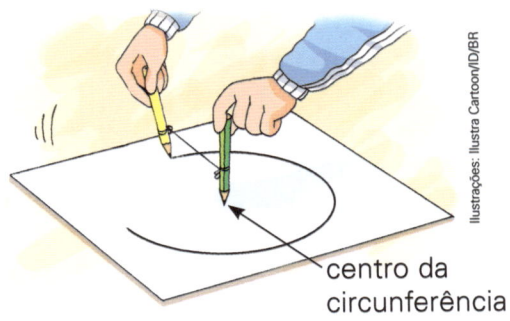

centro da circunferência

■ Durante o traçado da circunferência, a distância entre as pontas dos dois lápis é sempre a mesma? _____

Podemos também desenhar uma circunferência usando um compasso.

Fixamos a ponta-seca no papel e abrimos o compasso com uma abertura qualquer.

Permanecendo sempre com a mesma abertura, giramos o compasso de modo a desenhar uma circunferência.

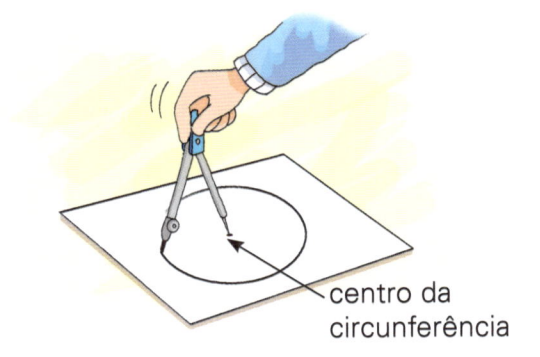

ponta-seca do compasso

abertura do compasso

centro da circunferência

4 Observe a circunferência ao lado. Nela, o centro O foi destacado. Usando uma régua, ligue o centro O a três pontos diferentes da circunferência.

a. Quantas linhas você traçou? _____

b. Meça o comprimento de cada uma dessas linhas e anote-o. _____

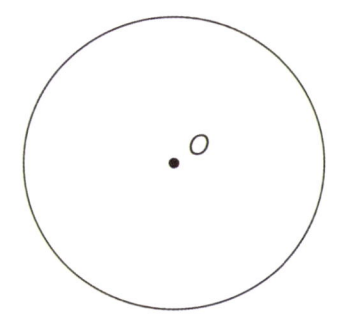

c. A distância entre um ponto qualquer da circunferência e o centro O é sempre a mesma? _____

oitenta e três 83

Ampliação e redução de figuras

1 Caio fez um desenho em uma malha quadriculada cujos lados dos quadradinhos medem 1 centímetro. Depois, usando uma malha quadriculada igual à anterior, ele fez uma redução desse desenho. Observe.

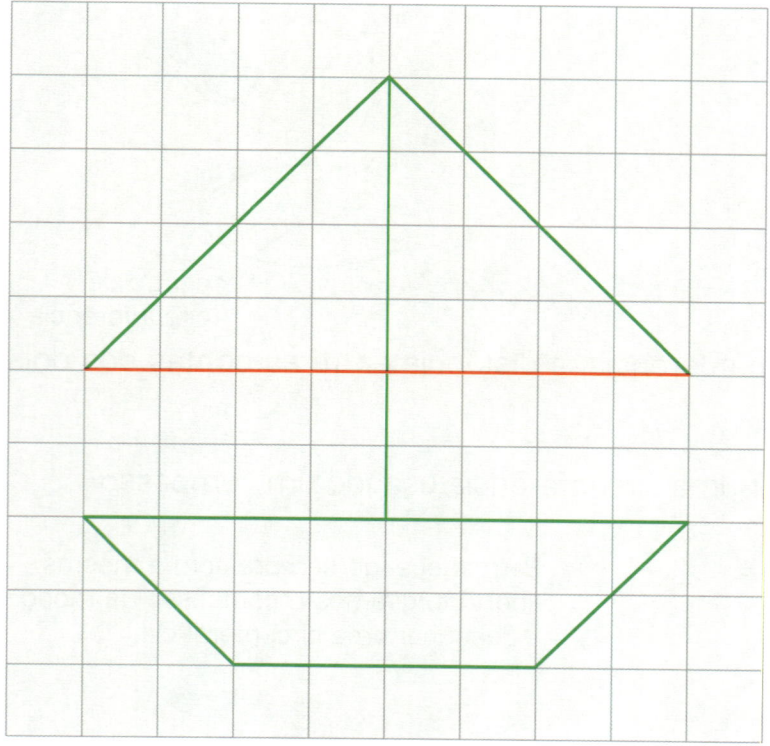

desenho original

desenho reduzido

a. No desenho original, a parte de baixo é uma figura plana de 4 lados cujo lado maior mede 8 cm. Quanto mede o lado correspondente na figura reduzida? _____

b. Os dois triângulos que formam a parte de cima da figura no desenho original têm ângulos retos? E na figura reduzida, há ângulos retos nos dois triângulos? _____

c. Os triângulos do desenho original têm dois lados que medem 4 cm cada um. Na figura reduzida, a medida desses lados é o dobro ou a metade dessa medida? _____

d. Se Caio fizer uma ampliação do desenho original de modo que as medidas do novo desenho sejam o dobro das medidas do desenho original, quantos centímetros vai medir o traço vermelho no novo desenho? _____

2 Veja na malha quadriculada abaixo o desenho que Gabriela fez.

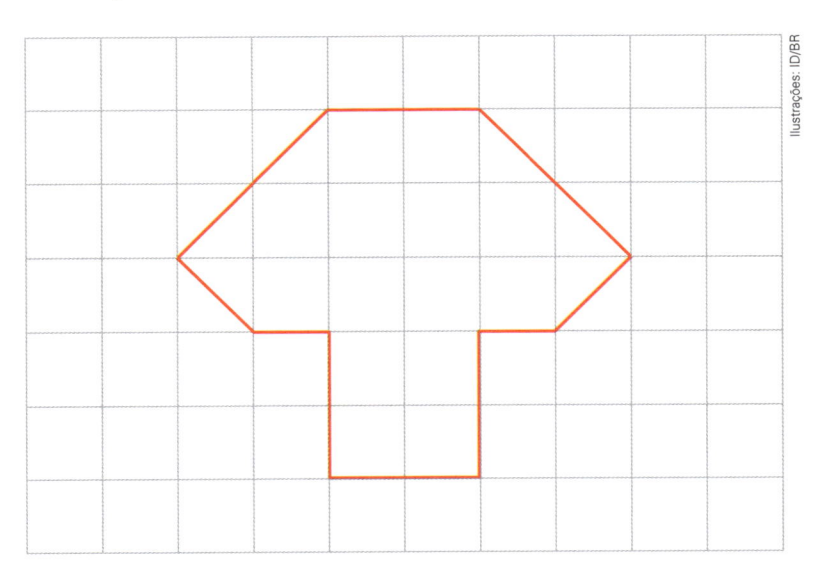

- Na malha quadriculada abaixo, faça uma ampliação da figura que Gabriela fez. Ela deve ter o dobro das medidas da figura original.

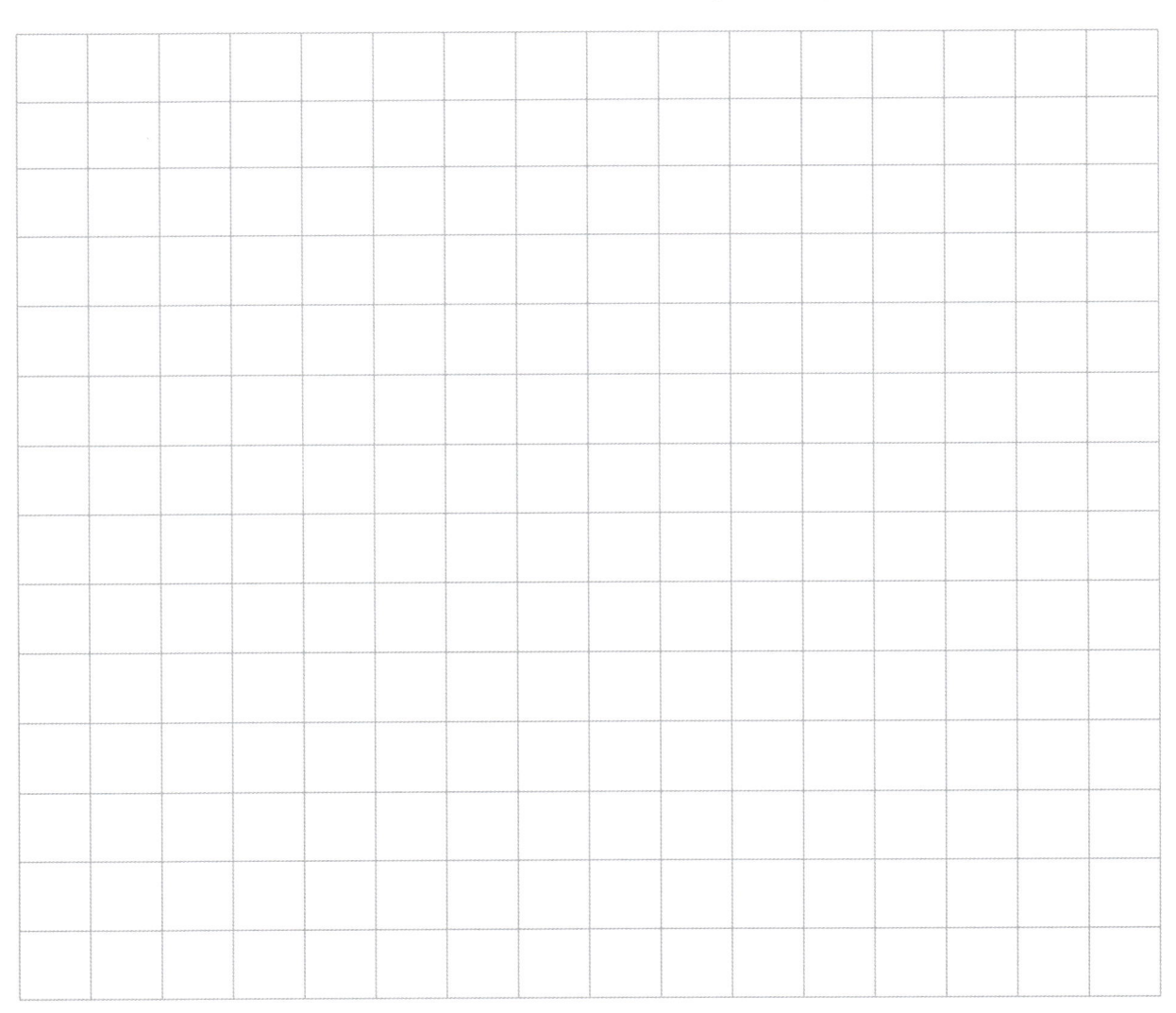

Simetria

1 As figuras abaixo apresentam **simetria**, e a linha vermelha representa o **eixo de simetria** de cada figura.

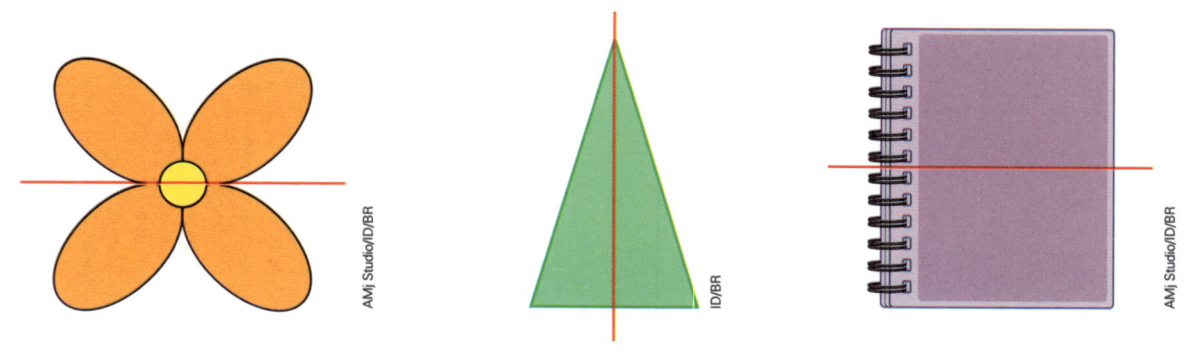

> O eixo de simetria divide uma figura em duas partes de tal modo que, se dobrarmos a figura por esse eixo, uma parte coincide com a outra.

- Observe os eixos de simetria desenhados nas figuras acima e responda: Alguma das figuras apresenta mais de um eixo de simetria? Qual?

2 Daniel começou a desenhar a fachada de um castelo na malha quadriculada abaixo. A linha vermelha representa o eixo de simetria da fachada do castelo. Sabendo disso, termine de desenhar o castelo.

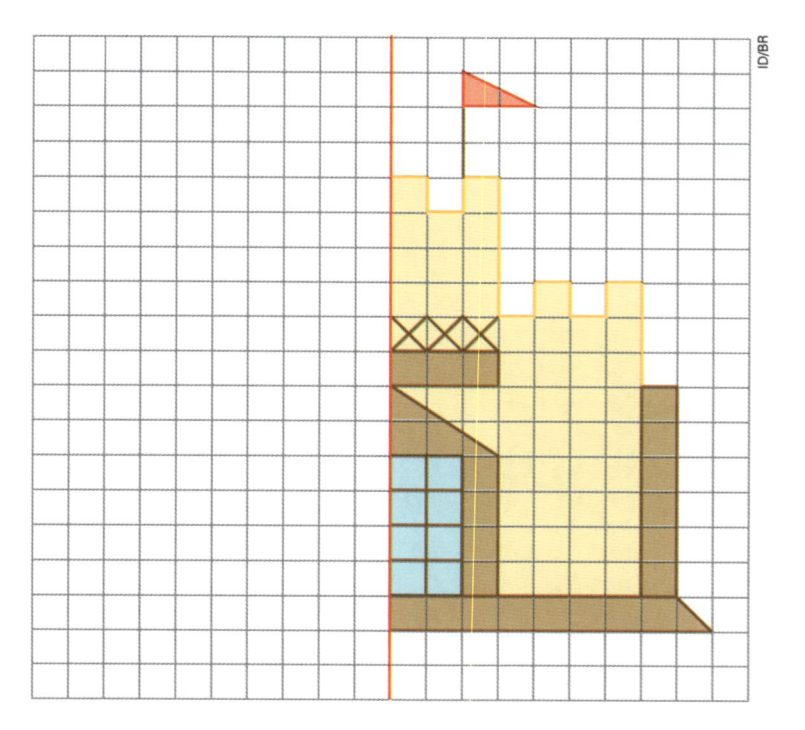

3 Trace com uma régua o eixo de simetria de cada figura a seguir.

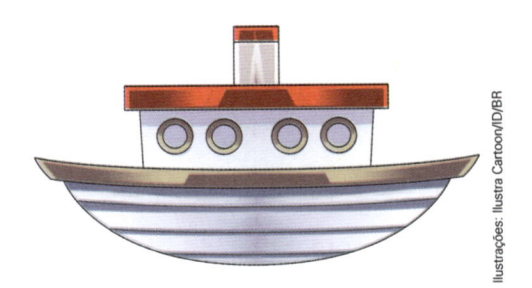

4 Juliana traçou todos os eixos de simetria da figura abaixo. Observe.

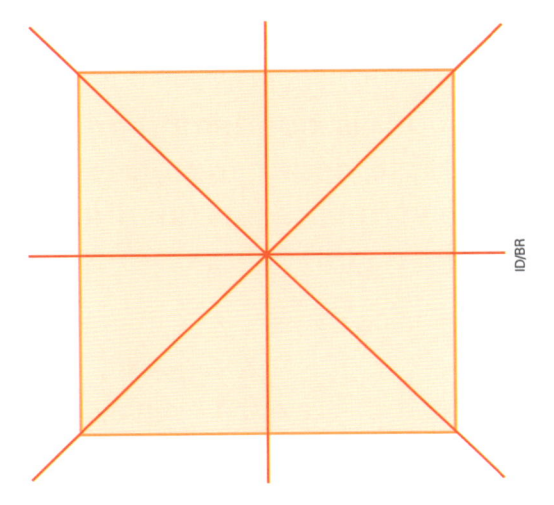

Agora é a sua vez. Trace com uma régua todos os eixos de simetria nas figuras abaixo.

a.

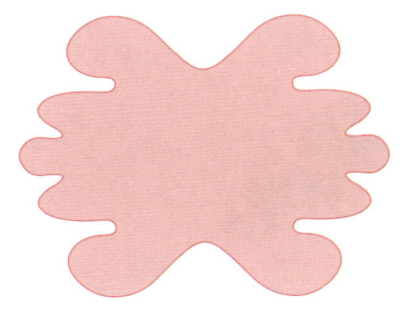

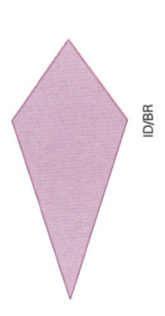

b.

c.

d.

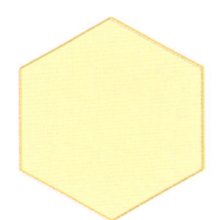

Vamos resolver!

1 Escreva quantos lados, vértices e ângulos tem cada polígono abaixo.

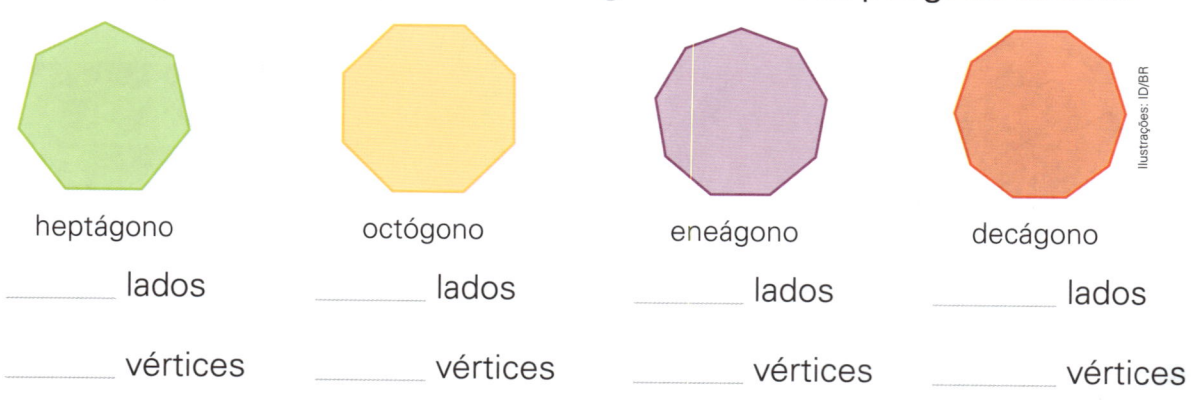

heptágono	octógono	eneágono	decágono
_____ lados	_____ lados	_____ lados	_____ lados
_____ vértices	_____ vértices	_____ vértices	_____ vértices
_____ ângulos	_____ ângulos	_____ ângulos	_____ ângulos

2 Na faixa abaixo, há figuras que lembram quadriláteros, triângulos e hexágonos. Pinte de amarelo três hexágonos, de azul quatro triângulos e de vermelho três quadriláteros. Depois, compare sua pintura com a de um colega.

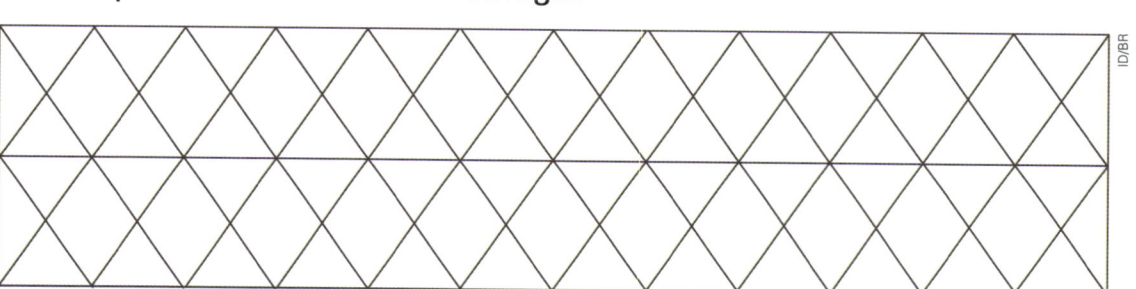

3 Converse com os colegas e o professor sobre a dúvida de Sofia e escreva uma resposta e uma justificativa para a pergunta dela.

> Será que existe um polígono com apenas 2 lados?

Vamos ampliar e reduzir? No jogo "Semelhança de figuras", você poderá ampliar ou reduzir figuras. Para isso, indique uma medida para a largura e outra para a altura, aperte o botão "confirmar" e verifique se você ampliou ou reduziu a figura corretamente!
Disponível em: <http://rived.mec.gov.br/atividades/matematica/semelhanca_atraves_da_ampliacao/index2.html>. Acesso em: 22 jan. 2018.

4 Observe o desenho feito por Cláudia em uma malha quadriculada.

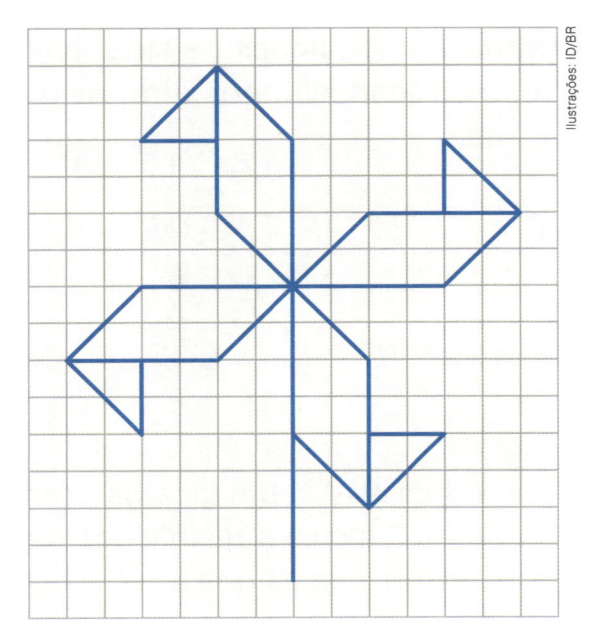

Agora, observe os desenhos abaixo e responda às questões.

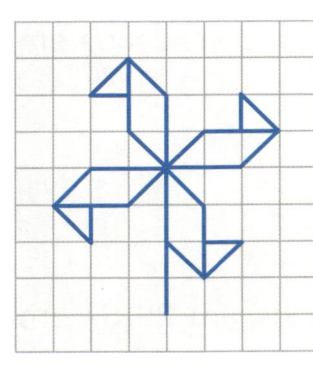

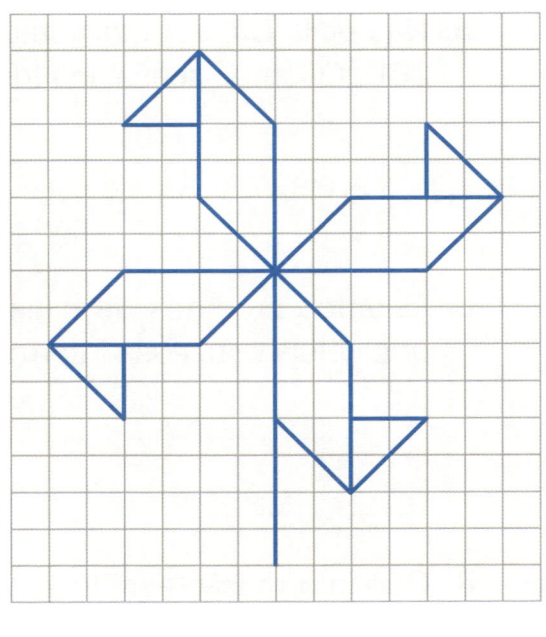

A　　　**B**　　　**C**

a. Algum dos desenhos acima é uma ampliação do desenho de Cláudia? Qual? _____

b. Algum dos desenhos acima é uma redução do desenho de Cláudia? Qual?

Localização

1 Uma vez por ano, a escola Viver Bem faz uma campanha para arrecadar produtos para distribuir a instituições da cidade. Veja na planilha eletrônica abaixo como foi a arrecadação nos últimos três anos.

	A	B	C	D	E
1		2016	2017	2018	
2	Brinquedo (unidade)	392	492	943	
3	Agasalho (unidade)	190	503	684	
4	Leite em pó (lata)	138	405	542	
5	Produto de higiene pessoal (unidade)	270	849	953	
6					

a. A coluna **B** da planilha indica a quantidade de produtos que foram arrecadados em 2016, e a linha **2** indica a quantidade de brinquedos que foram arrecadados em cada campanha. O que a coluna **C** indica? E a linha **4**?

_____

_____

b. Na célula **C3**, está localizada a quantidade de agasalhos arrecadados em 2017. Quantos agasalhos foram arrecadados em 2017?

_____

_____

c. Quantos produtos de higiene pessoal foram arrecadados em 2018? Em que célula está essa informação?

_____

_____

d. Que informação está localizada na célula **B4**?

_____

_____

e. Você já participou de alguma campanha de arrecadação? Converse com os colegas e o professor.

2 Camila e Bianca estão comprando ingressos para uma sessão de cinema. No esquema abaixo, as poltronas cinza estão disponíveis.

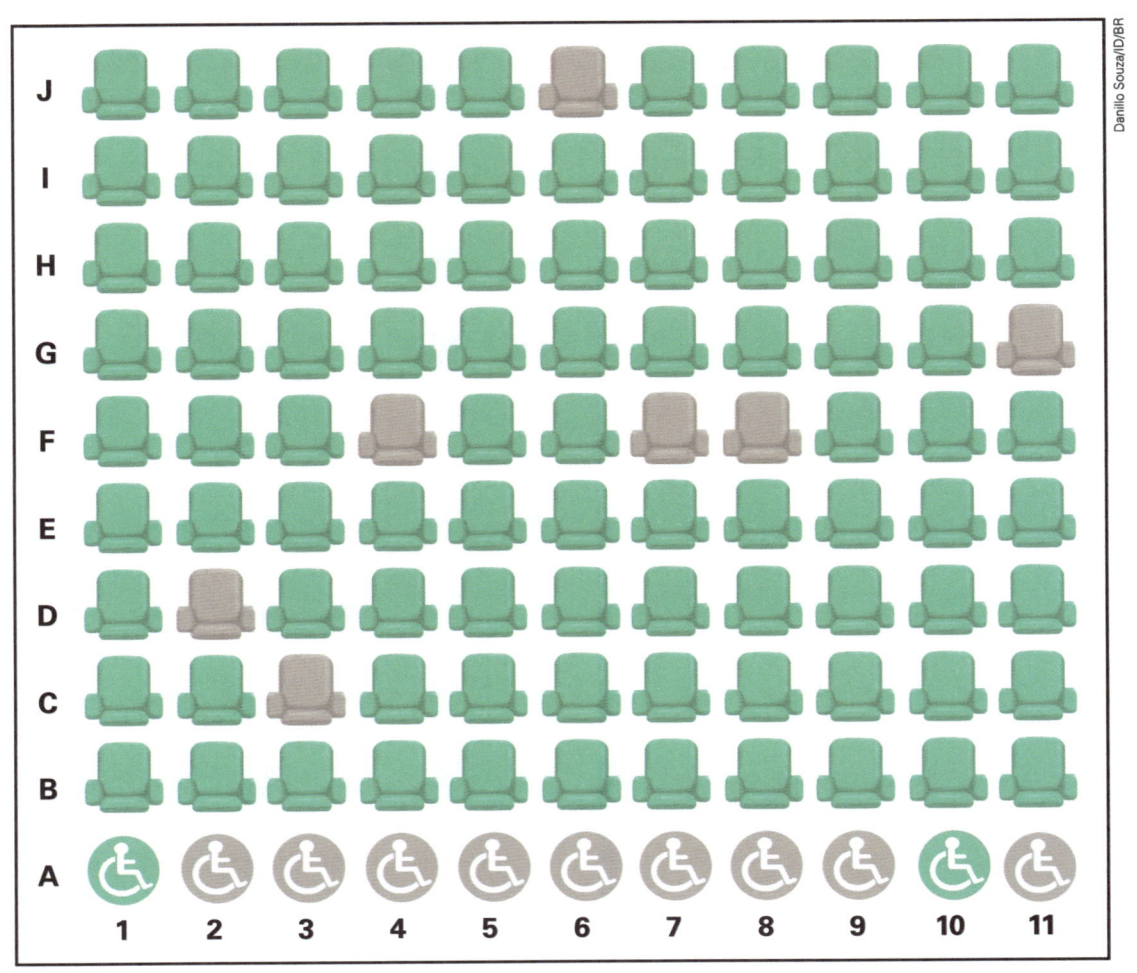

Camila escolheu a poltrona que fica na linha **F** e na coluna **7**. Ou seja, ela escolheu a poltrona que está localizada em **F7**.

a. Bianca quer se sentar em uma poltrona ao lado de Camila. Então, ela deve escolher a poltrona que fica na linha _____ e na coluna _____. Podemos representar essa localização por _____.

b. Contorne a poltrona localizada em **H8**. Essa poltrona está disponível?

_____

c. Indique a localização de duas poltronas disponíveis:

_____ e _____.

d. Indique a localização de três poltronas reservadas para pessoas com deficiência física:

_____, _____ e _____.

noventa e um **91**

3 Soraia colocou o mapa do Brasil em uma malha quadriculada para localizar alguns municípios. Observe.

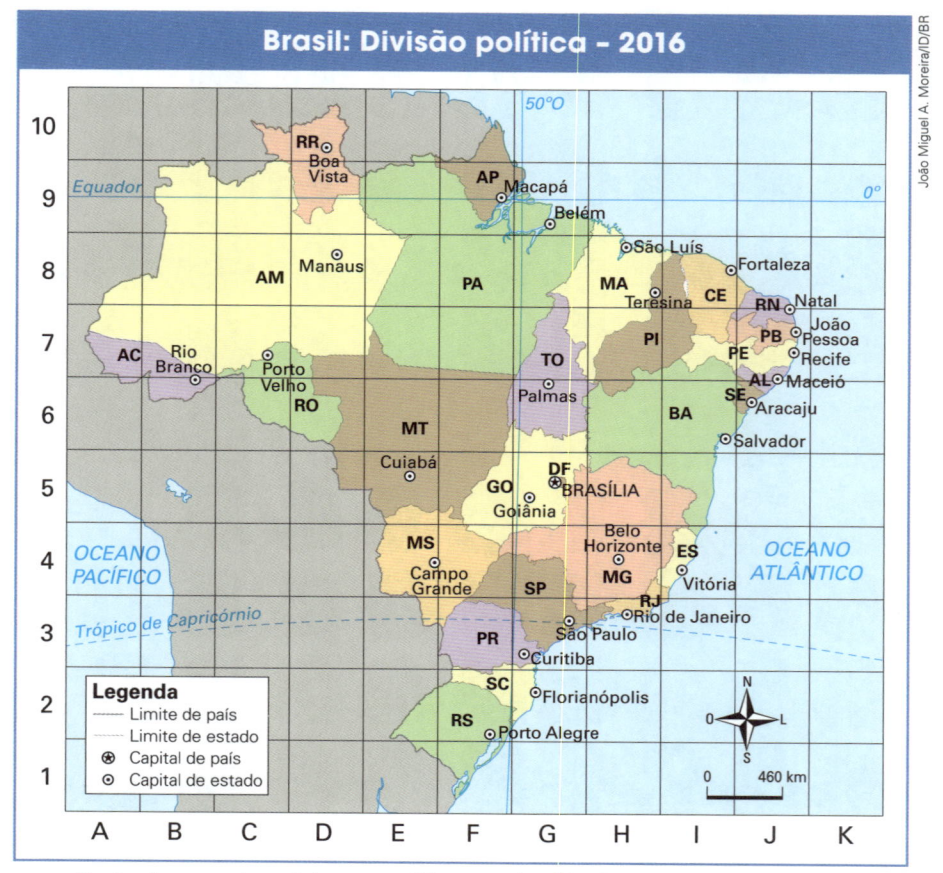

Fonte de pesquisa: *Atlas geográfico escolar*. Rio de Janeiro: IBGE, 2016. p. 90.

O município de Porto Velho está localizado na coluna **C** e na linha **7**. Veja como podemos representar essa localização:

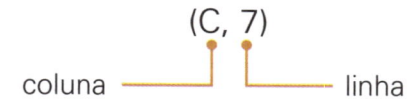

(C, 7)
coluna — linha

Podemos dizer então que as coordenadas que localizam o município de Porto Velho no esquema acima são dadas por (C, 7).

Agora, complete as frases a seguir.

a. As coordenadas (E, 5) localizam o município de _____.

b. As coordenadas (H, 4) localizam o município de _____.

c. A localização do município de Fortaleza é dada pelas coordenadas _____.

d. A localização do município de Florianópolis é dada pelas coordenadas _____.

4 Na sala de aula em que Pedro estuda, as carteiras estão dispostas como na ilustração abaixo.

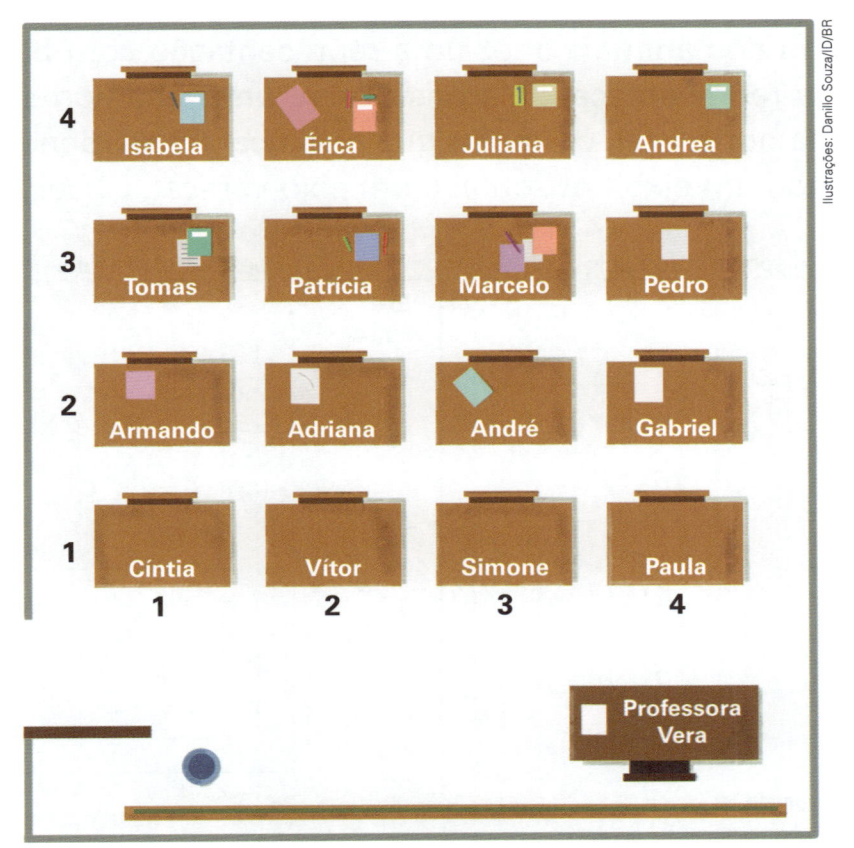

Veja a conversa entre Pedro e a mãe dele.

— Onde você senta?

— Eu sento na 4ª coluna, 3ª linha.

Podemos representar a localização da carteira de Pedro da seguinte maneira:

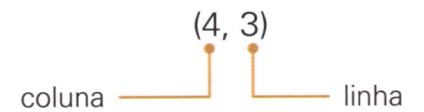

(4, 3)

coluna ——— linha

■ Agora é a sua vez. Represente, do mesmo modo como foi feito acima, a localização das carteiras dos seguintes alunos:

Cíntia: _____   Andrea: _____   Juliana: _____

Patrícia: _____   André: _____   Tomas: _____

noventa e três

Coordenadas cartesianas

1 Eleonora utilizou um esquema disponibilizado pelo zoológico com a localização dos animais e fez uma representação com base nele. Para fazer essa representação, ela posicionou uma reta numérica na vertical e outra na horizontal, de modo que elas ficaram perpendiculares entre si, formando um eixo horizontal e um eixo vertical. Observe.

Esquema disponibilizado pelo zoológico

Legenda:
A - Macacos   E - Jacarés
B - Girafas   F - Ursos
C - Leões   G - Tigres
D - Elefantes

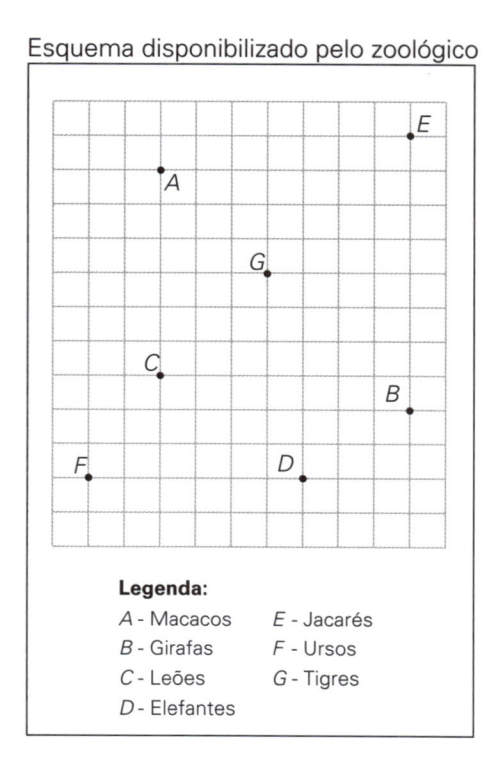

Representação feita por Eleonora

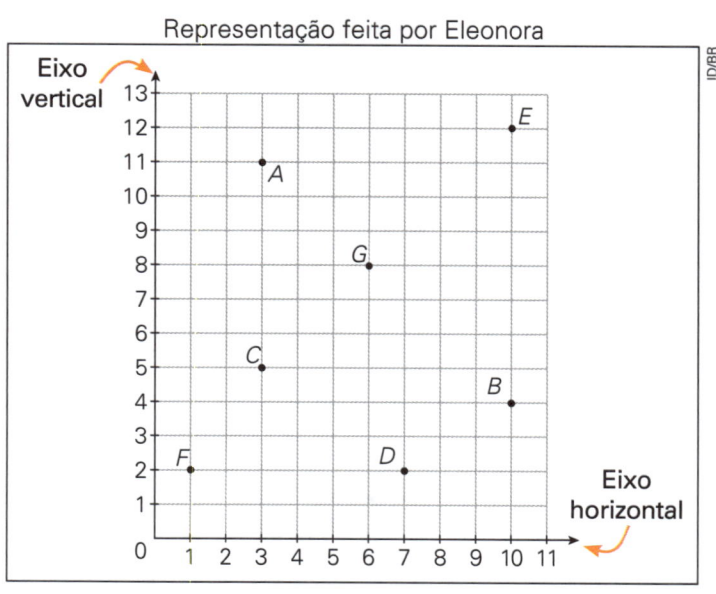

O ponto A representa a jaula dos macacos. Para indicar a localização desse ponto, podemos usar coordenadas cartesianas. Para isso, escrevemos a letra que representa o ponto e, em seguida, entre parênteses escrevemos a localização no eixo horizontal e a localização no eixo vertical:

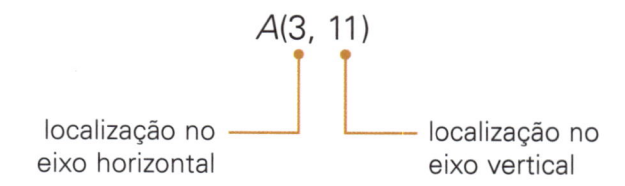

A(3, 11)

localização no eixo horizontal — localização no eixo vertical

Agora, escreva as coordenadas cartesianas dos outros pontos.

a. Ponto B: _____

b. Ponto C: _____

c. Ponto D: _____

d. Ponto E: _____

e. Ponto F: _____

f. Ponto G: _____

2 Observe a representação abaixo e faça o que se pede.

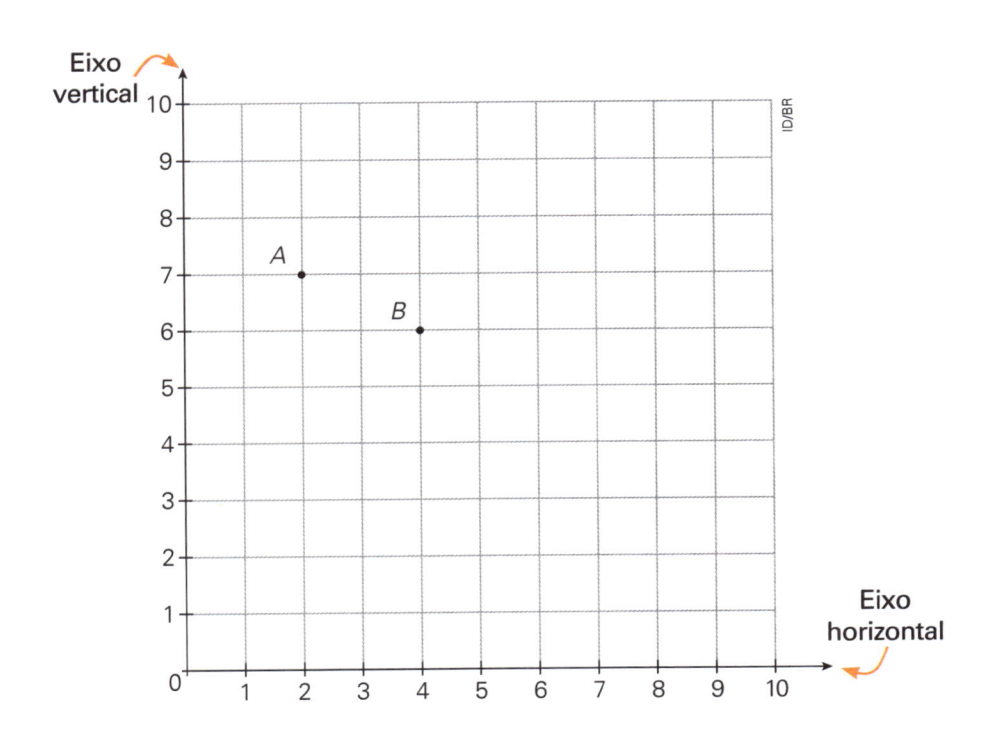

a. Localize o ponto A na representação acima e escreva as coordenadas cartesianas desse ponto. _____

b. Se o ponto A for deslocado 2 quadradinhos para a direita e 1 quadradinho para baixo, ele vai chegar ao ponto B. Localize o ponto B na representação acima e escreva as coordenadas cartesianas desse ponto. _____

c. Se o ponto B for deslocado 3 quadradinhos para baixo, ele vai chegar ao ponto C. Represente o ponto C na representação acima e escreva as coordenadas cartesianas desse ponto. _____

d. Se o ponto A for deslocado 5 quadradinhos para a direita e 2 quadradinhos para cima, ele vai chegar ao ponto D. Represente o ponto D no esquema acima e escreva as coordenadas cartesianas desse ponto. _____

e. Se o ponto A for deslocado 2 quadradinhos para a esquerda e 7 quadradinhos para baixo, ele vai chegar ao ponto E. Represente o ponto E no esquema acima e escreva as coordenadas cartesianas desse ponto.

_____

Jogo

Jogo da corrente

Material
- 1 folha de cartolina.
- 1 lápis.

Número de participantes
- 2 equipes com 2 jogadores em cada uma.

Objetivo
- **Não** marcar o último elo do tabuleiro.

Como fazer
- Desenhe na cartolina uma trilha imitando 19 elos de uma corrente, como na ilustração acima. Um tabuleiro é suficiente para as duas equipes jogarem.

Regras

1. As duas equipes jogam alternadamente.
2. Estabeleçam a marca que cada equipe usará até o fim do jogo, por exemplo, um **X** ou um **O**.
3. Cada equipe, na sua vez, pode colocar sua marca no mínimo em 1 e no máximo em 4 elos da corrente.
4. Os elos devem ser preenchidos um após o outro, do início em direção ao fim da trilha.
5. Esse jogo tem uma estratégia vencedora. Além de jogar, você deve descobrir qual estratégia é essa!

Algumas variações para o jogo

1. Criar um novo tabuleiro com número diferente de elos e manter as regras do jogo.
2. Manter o tabuleiro e alterar o número de elos que podem ser marcados a cada jogada.
3. Manter as regras e alterar o objetivo do jogo.

Informações obtidas em: Júlia Borin. *Jogos e resolução de problemas*: uma estratégia para as aulas de matemática. São Paulo: Caem/IME/USP, 2007.

Depois do jogo

1 Leia as instruções a seguir e responda às questões.

Para descobrir a estratégia vencedora, podemos estudar o jogo de trás para a frente, do fim para o início.

Inicie observando o tabuleiro e pense que os elos da corrente são numerados do início para o fim da trilha, de 1 a 19.

O desafio de seu grupo será tentar, com base nas questões a seguir, continuar a investigação e descobrir a estratégia vencedora. Para isso, pensem em duas equipes, **A** e **B**, disputando uma partida.

a. Se a equipe **B** colocou sua marca no 17º elo da corrente e é a vez de a equipe **A** jogar, qual deve ser a jogada dessa equipe para ela ser a vencedora?

_____

b. Se a equipe **B** jogou e marcou o 16º elo da corrente e é a vez de a equipe **A** jogar, qual deve ser a jogada dessa equipe para ela ser a vencedora?

_____

c. Se a equipe **B** jogou e colocou sua marca no 15º elo da corrente e é a vez de a equipe **A** jogar, qual deve ser a jogada dessa equipe para ela vencer?

_____

d. Se a equipe **B** jogou marcando o 14º elo da corrente e é a vez de a equipe **A** jogar, qual deve ser a jogada dessa equipe para ela ser a vencedora?

_____

e. Com base nas observações anteriores e analisando o jogo a partir do 14º elo da corrente, como a equipe **A** pode se tornar a equipe vencedora em uma partida? Converse com os colegas e o professor.

f. Se a equipe **B** jogou e colocou sua marca no 12º elo da corrente, e é a vez de a equipe **A** jogar, qual deve ser a jogada da equipe **A** para que a estratégia pensada na questão anterior possa ser mantida? _____

_____

g. Se a equipe **B** marcar o 11º elo, qual deve ser a jogada da equipe **A** para que a estratégia pensada continue funcionando? _____

_____

Vamos ler imagens!

Ilusões de óptica

Você já ouviu falar em ilusões de óptica? Trata-se de imagens que, quando observadas, enganam o nosso cérebro, fazendo com que enxerguemos algo diferente do que está representado.

Observe o exemplo a seguir. Você acha que as linhas horizontais da imagem estão tortas em relação à primeira linha?

Pode não parecer, mas, na verdade, as linhas horizontais estão perfeitamente retas. Para verificar, use uma régua.

O primeiro a descrever essa ilusão de óptica foi o psicólogo britânico Richard Gregory (1923-2010), que observou esse efeito na parede de um café em Bristol, na Inglaterra. Nessa parede, os azulejos brancos e verdes estavam posicionados como na imagem acima. O essencial para que a ilusão de óptica ocorra, nesse caso, são as linhas de cor cinza em volta dos azulejos. São elas que bagunçam nossa visão!

Parede de um café, em Bristol, Inglaterra. Foto de 2017.

Agora é a sua vez

1. Observe as imagens a seguir e responda às questões.

   a. Que figura geométrica está representada nas imagens?

   b. Quantas vezes essa figura geométrica se repete nas imagens?

   c. Em qual das imagens a figura laranja parece maior: na imagem que está no alto ou na imagem abaixo dela?

   d. Decalque cada uma das figuras laranja em um papel-manteiga e compare o tamanho delas. Qual das figuras é maior?

   e. Por que você acha que uma das figuras geométricas em laranja parece ser maior que a outra?

Aprender sempre

1 Os povos indígenas fazem uso de figuras geométricas em suas produções artesanais – nas cestarias, nas redes de dormir, nos abanos, nas cerâmicas, etc. Veja estas obras indígenas com figuras que lembram polígonos.

A. Peneiras do povo Baniwa (AM). **B.** Vaso indígena com desenho geométrico, Xingu (MT). **C.** Máscara indígena do povo Wauja (MT).

Imagens sem proporção de tamanho entre si.

a. Quais polígonos você consegue identificar nessas obras indígenas?

_____

_____

b. Você já viu outros tipos de artesanato com figuras que lembram polígonos? Conte aos colegas e ao professor.

2 Desenhe uma figura que tenha um ângulo maior que o ângulo reto e uma figura que tenha um ângulo menor que o ângulo reto. Depois, destaque esses ângulos.

3 Abigail trabalha com transporte escolar. Na semana passada, houve um problema com o veículo dela. Observe a cena e responda às questões.

a. O equipamento usado por Abigail para sinalizar que o veículo está com problemas lembra qual polígono? _____

b. Os ângulos nesse equipamento são menores, iguais ou maiores que o ângulo reto? _____

c. Esse equipamento é usado para a segurança de quem está com problemas no veículo e também para a segurança de outros motoristas. Por que é importante agir sempre com segurança no trânsito? Converse com os colegas e o professor.

4 Tomas e Marcelo gostam muito de jogar xadrez. Veja uma jogada que eles fizeram.

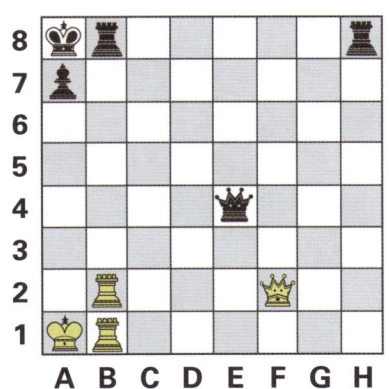

■ No quadro abaixo, escreva a localização de cada peça.

Peças	♚	♕	♟	♛	♔	♜	♖
Localização							

CAPÍTULO 5
Divisão

A biblioteca em que Marina trabalha recebeu uma doação de 180 livros de literatura infantil. Ela e um colega vão guardar esses livros nas 12 prateleiras das estantes amarelas.

▶ Se Marina e o colega colocarem 14 livros em cada prateleira, eles conseguirão guardar todos os livros? Por quê?

▶ Quantos livros devem ser colocados em cada prateleira de modo que todas fiquem com a mesma quantidade de livros? Como você pensou?

Ideias da divisão

1 Rafaela trabalha em uma loja que vende chás. Nessa semana, ela recebeu 99 caixas de chá. Ela distribuiu as caixas igualmente entre 3 prateleiras de uma estante.

Para saber a quantidade de caixas de chá que ficaram em cada prateleira, podemos fazer uma divisão. Observe e complete as lacunas.

```
  D U
  9 9 | 3
- ___
  0 9
  ___
    0
```

Rafaela colocou _____ caixas de chá em cada prateleira.

2 Maria faz enfeites com tampinhas de garrafa. Ela ganhou 48 tampinhas para usar. Em cada enfeite, ela coloca 4 tampinhas. Quantos enfeites Maria conseguirá fazer com as tampinhas que ganhou?

Maria conseguirá fazer _____ enfeites.

3 Tiago fabrica canecas. Em um fim de semana, ele fez 78 canecas e quer guardá-las em caixas em que caibam 6 canecas em cada uma. Quantas caixas ele usará para guardar essas canecas?

Tiago usará _____ caixas.

4 Luís trabalha em uma agência de turismo que faz passeios usando três meios de transporte. Observe a tabela que ele montou para organizar os passeios agendados para esse fim de semana.

Passeios agendados para o fim de semana

Meio de transporte	Quantidade de pessoas	Quantidade de grupos que devem ser formados
Trem	408	6
Ônibus	368	4
Van	510	5

Dados fornecidos por Luís.

a. Quantas pessoas terá cada grupo que fará o passeio de trem?

Cada grupo que fará o passeio de trem terá _____ pessoas.

b. Cada grupo que vai fazer o passeio de ônibus terá quantas pessoas?

Cada grupo que fará o passeio de ônibus terá _____ pessoas.

c. Os grupos que farão o passeio de *van* terão quantas pessoas cada um?

Os grupos que farão o passeio de *van* terão _____ pessoas cada um.

5 Jamile é professora de Educação Física e decidiu organizar uma gincana com 104 alunos. Para isso, ela vai distribuí-los igualmente em 8 equipes. Quantos alunos terá cada equipe?

Cada equipe terá _____ alunos.

6 Gustavo comprou uma bicicleta nova por R$ 360,00. Ele vai pagá-la em 18 prestações iguais. Qual é o valor de cada prestação?

O valor de cada prestação é _____.

7 Elabore um problema que envolva a divisão de uma quantidade de tortas em bandejas com a mesma quantidade. Depois, troque o livro com um colega para que ele resolva o seu problema e você resolva o dele.

Resposta: _____

Divisões exatas ou não exatas

1 Henrique colheu 229 pés de alface e vai entregá-los em 5 mercados na cidade, de modo que todos os mercados recebam a mesma quantidade. Quantos pés de alface cada mercado vai receber?

Para determinar a quantidade de pés de alface que devem ser entregues em cada mercado, podemos dividir 229 por 5 usando o algoritmo usual. Veja.

Dividendo: quantidade de pés de alface que serão entregues.

Divisor: quantidade de mercados.

Resto: quantidade de pés de alface que sobrarão.

Quociente: quantidade de pés de alface que serão entregues em cada mercado.

```
  2 2 9 | 5
 -2 0   | 4 5
    2 9
   -2 5
      4
```

Cada mercado vai receber _____ pés de alface e vão sobrar _____ pés de alface.

> Quando o **resto** de uma divisão é **igual a zero**, dizemos que a divisão é **exata**.
> Quando o **resto** de uma divisão é **diferente de zero**, dizemos que a divisão **não é exata**.

ACESSE O RECURSO DIGITAL

2 Identifique os termos de cada uma das divisões abaixo e, depois, indique se a divisão é exata ou não exata.

a.
```
   5 6 7 | 7
  -5 6   | 8 1
     0 7
    -  7
       0
```

Dividendo: _____

Divisor: _____

Quociente: _____

Resto: _____

Divisão: _____

b.
```
   4 9 9 | 6
  -4 8   | 8 3
     1 9
    -1 8
       1
```

Dividendo: _____

Divisor: _____

Quociente: _____

Resto: _____

Divisão: _____

3 Renata e Lúcio estavam resolvendo desafios. Um dos desafios de Lúcio era resolver a divisão 87 ÷ 3, e o de Renata era resolver a divisão 788 ÷ 8. Veja como cada um pensou para resolver seu desafio.

> Primeiro, vou estimar o resultado de 87 ÷ 3. Sei que 87 está próximo de 90, ou seja, de 9 dezenas. Como 9 ÷ 3 é igual a 3, o resultado de 87 ÷ 3 é aproximadamente 3 dezenas, ou seja, aproximadamente 30.

> Também vou estimar o resultado de 788 ÷ 8. Sei que 788 está próximo de 800, ou seja, de 8 centenas. Como 8 ÷ 8 é igual a 1, o resultado de 788 ÷ 8 é aproximadamente 1 centena, ou seja, aproximadamente 100.

a. Determine o quociente das divisões a seguir e verifique se são divisões exatas ou não exatas.

87 ÷ 3

788 ÷ 8

b. As estimativas feitas por Renata e Lúcio estão próximas do resultado obtido no item **a**?

4 Estime o resultado das divisões a seguir. Depois, faça os cálculos no caderno e verifique se suas estimativas se aproximaram dos resultados reais. Por fim, registre se as divisões são exatas ou não exatas.

a. 47 ÷ 5
Resultado estimado: _____

Divisão: _____

b. 714 ÷ 7
Resultado estimado: _____

Divisão: _____

Situações com divisão

1 Veja como Gabriel repartiu 26 balas com os 3 filhos.

> Papai ficou com algumas balas e dividiu igualmente o restante entre nós.

> Eu fiquei com mais de 2 balas e, mesmo assim, fiquei com menos balas que cada um de vocês.

a. Observando apenas a cena apresentada e os balões de fala, você consegue saber com quantas balas cada filho ficou? Converse com os colegas e o professor.

b. Leia a dica que Gabriel está dando para ser possível descobrir com quantas balas cada um ficou.

> Você pode pensar em possíveis respostas e tentar descobrir uma que seja verdadeira.

> Por exemplo, suponha que eu tenha ficado com 3 balas. Restariam 23 balas (26 − 3 = 23) para dividir igualmente entre meus 3 filhos, e não deveria sobrar nenhuma bala.

É possível Gabriel ter ficado com 3 balas? Por quê?

_____

_____

c. Gabriel pode ter ficado com 4 balas? Calcule e responda.

2. Leia o que Gabriel diz.

> Eu fiquei com mais de 2 balas. Então, para saber quantas balas eu dividi entre meus 3 filhos, você pode pensar nos números menores que 24 cuja divisão por 3 é exata.

a. Quais são os números menores que 24 cuja divisão por 3 é exata? Faça os cálculos no caderno.

_____

b. Complete o quadro.

Quantidade de balas divididas entre os filhos	3	6	9	12	15	18	21
Quantidade de balas que ficariam com Gabriel	23						

3. Converse com os colegas e o professor sobre as questões a seguir.

a. Com base na atividade anterior, você consegue concluir com quantas balas Gabriel e cada um dos filhos ficaram?

b. É necessário testar todos os casos descritos na atividade **2** para concluir com quantas balas cada um ficou?

4. Juliana deu 32 figurinhas aos sobrinhos para que as repartissem entre si.

> Vítor e eu ficamos com a mesma quantidade de figurinhas cada um.

> Eu fiquei com 2 figurinhas a mais que a metade das figurinhas com que cada um de vocês ficaram.

Ulisses   Vítor   Priscila

■ Com quantas figurinhas Priscila ficou? Converse com os colegas e o professor sobre como você pensou para responder a essa pergunta.

Diferentes maneiras de dividir

1 Felipe trabalha em uma loja de chaveiros. Certo dia, ele recebeu uma encomenda de 69 chaveiros do mesmo modelo. Para fazer a entrega ao cliente, ele precisou distribuir os chaveiros igualmente entre 3 caixas.

a. Observe como Felipe pensou para descobrir quantos chaveiros deveria colocar em cada caixa para que elas tenham quantidades iguais e complete.

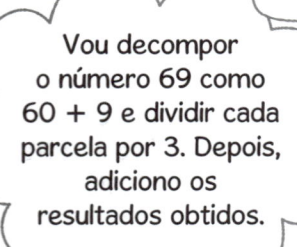

> Vou decompor o número 69 como 60 + 9 e dividir cada parcela por 3. Depois, adiciono os resultados obtidos.

> 69 = 60 + 9
> 60 ÷ 3 = _____
> 9 ÷ 3 = _____
> _____ + _____ = _____

b. Quantos chaveiros devem ser colocados em cada caixa para que elas fiquem com a mesma quantidade?

_____

2 Uma fábrica produz a mesma quantidade de lápis todos os dias. Sabendo que essa fábrica produziu 968 lápis em 4 dias, quantos lápis ela produz por dia?

Para responder a essa pergunta, podemos calcular 968 ÷ 4 fazendo estimativas. Veja como Laura pensou.

> Estimo que o 4 cabe **200** vezes em 968.
> 200 × 4 = 800, e 968 − 800 = 168.
>
> Sobrou 168. Estimo que o 4 cabe **40** vezes em 168.
> 40 × 4 = 160, e 168 − 160 = 8.
>
> Sobrou 8. O 4 cabe **2** vezes em 8.
> 2 × 4 = 8, e 8 − 8 = 0.

```
  9 6 8 | 4
− 8 0 0 | 2 0 0
  1 6 8 |   4 0
− 1 6 0 | +   2
      8 | 2 4 2
  −   8
      0
```

Agora, complete: 968 ÷ 4 = _____.

Essa fábrica produz _____ lápis por dia.

3 Na escola em que Alice estuda, haverá uma campanha de vacinação. As pessoas responsáveis pela campanha organizaram as 288 crianças que estudam nessa escola em grupos com 12 crianças cada um. Quantos grupos foram formados?

Para responder a essa pergunta, podemos dividir 288 por 12. Veja como Alice calculou o resultado dessa divisão usando o algoritmo usual.

Não é possível dividir 2 centenas por 12 e obter centenas inteiras.

Então, troquei 2 centenas por 20 dezenas. 20 dezenas mais 8 dezenas são 28 dezenas. Dividi 28 dezenas por 12 e obtive 2 dezenas, e sobraram 4 dezenas.

$2 \times 12 = 24$

Troquei as 4 dezenas por 40 unidades. 40 unidades mais 8 unidades são 48 unidades. Dividi 48 unidades por 12, obtendo 4 unidades, e não sobrou nenhuma unidade.

$4 \times 12 = 48$

a. Quantos grupos foram formados? _____

b. Observe a divisão acima e complete o quadro.

Dividendo	Divisor	Quociente	Resto

c. Que número multiplicado por 12 é igual a 288? _____

d. Você está com as suas vacinas em dia? Converse com os colegas e o professor sobre a importância de tomar as vacinas no período indicado pelos médicos.

Saber Ser

Vamos resolver!

1 Veja como Júlia e Gustavo calcularam o quociente da divisão 714 ÷ 6 e responda às questões.

Cálculo de Júlia

```
 714 | 6
- 6    119
  11
 - 6
  54
 -54
   0
```

Cálculo de Gustavo

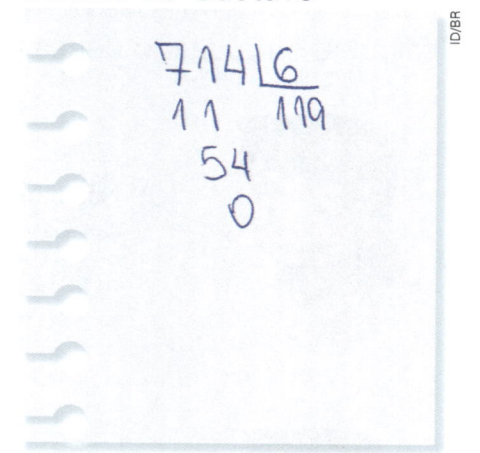

```
 714 | 6
  11   119
  54
   0
```

a. Os dois fizeram os cálculos de modo correto? _____

b. O que há de diferente nos cálculos realizados por Júlia e por Gustavo?

_____

_____

_____

_____

2 Faça estimativas para calcular o resultado das divisões a seguir.

a. 650 ÷ 5 = _____

b. 650 ÷ 50 = _____

3 Observe os termos de cada uma das divisões da atividade **2**. Ao comparar os termos dessas duas divisões, o que é possível perceber? Converse com os colegas e o professor.

4 Resolva as divisões pelo algoritmo usual e, depois, escreva se elas são exatas ou não exatas.

a. 240 ÷ 15

b. 901 ÷ 32

c. 728 ÷ 26

d. 678 ÷ 45

5 Uma livraria recebeu uma encomenda de 672 livros. Ela enviará essa encomenda pelo correio, em caixas que comportam 12 livros em cada uma. Quantas caixas serão necessárias para enviar todos os livros?

Divisão com milhares

1 Carina e Mariana costumam estudar juntas. Veja como elas pensaram para calcular o resultado da divisão 6 396 ÷ 3.

a. Carina pensou em decompor o dividendo em unidades de milhar, centenas, dezenas e unidades. Observe o que ela diz e complete o cálculo.

> Dividi 6 000 por 3 e obtive 2 000. Agora, é preciso continuar dividindo os números 300, 90 e 6 e adicionar os resultados obtidos.

6 396 = 6 000 + 300 + 90 + 6

6 000 ÷ 3 = 2 000

300 ÷ 3 = _____

90 ÷ 3 = _____

6 ÷ 3 = _____

2 000 + _____ + _____ + _____ = _____

b. Mariana preferiu calcular 6 396 ÷ 3 com o algoritmo usual da divisão. Veja como ela começou a fazer e continue a divisão.

> Dividi 6 unidades de milhar por 3, obtive 2 unidades de milhar e não restou unidade de milhar para ser dividida.

> Agora, é preciso dividir as centenas, as dezenas e as unidades.

UM	C	D	U	
6	3	9	6	3
−6				2
0				UM C D U

2 Use a estratégia que desejar para calcular o resultado das divisões.

a. 8 844 ÷ 4 = _____

b. 6 336 ÷ 3 = _____

3 Tiago precisa calcular 1 579 ÷ 4 e decidiu fazer estimativas para resolver essa divisão. Observe como ele pensou e continue fazendo estimativas para terminar o cálculo.

```
  1 5 7 9 | 4
- 1 2 0 0 | 3 0 0
    3 7 9
```

Quantas vezes o 4 cabe em 1 579?
Estimo que sejam 300.
300 vezes 4 é igual a 1 200.
Sobraram 379.
Quantas vezes o 4 cabe em 379?

Agora, observe como podemos calcular o resultado dessa divisão com o algoritmo usual da divisão.

Ao dividir 1 unidade de milhar por 4, não obtemos unidade de milhar inteira. Então, trocamos 1 unidade de milhar por 10 centenas e juntamos com as 5 centenas, obtendo 15 centenas.
A divisão de 15 centenas por 4 é igual a 3 centenas e restam 3 centenas.

3 centenas com 7 dezenas são 37 dezenas.
A divisão de 37 dezenas por 4 é igual a 9 dezenas e resta 1 dezena.

1 dezena com 9 unidades são 19 unidades.
A divisão de 19 unidades por 4 é igual a 4 unidades e restam 3 unidades.

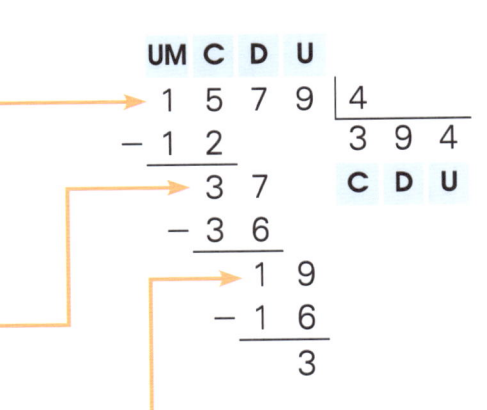

```
UM C D U
 1 5 7 9 | 4
-1 2     | 3 9 4
   3 7   | C D U
 - 3 6
     1 9
   - 1 6
       3
```

4 Calcule o resultado das divisões abaixo como preferir.

a. 1 362 ÷ 3

b. 8 624 ÷ 4

c. 4 652 ÷ 3

5 Os pais de Henrique pretendem fazer uma viagem de carro em 5 dias. A distância total que eles vão percorrer é de 2 045 quilômetros. Sabendo que eles percorrem a mesma quantidade de quilômetros por dia, quantos quilômetros eles vão percorrer em cada dia?

Observe como Henrique calculou quantos quilômetros eles vão percorrer em cada dia e, em seguida, complete.

Como não é possível dividir 2 unidades de milhar por 5 e obter unidades de milhar inteiras, troco as 2 unidades de milhar por 20 centenas. A divisão de 20 centenas por 5 é igual a 4 centenas.

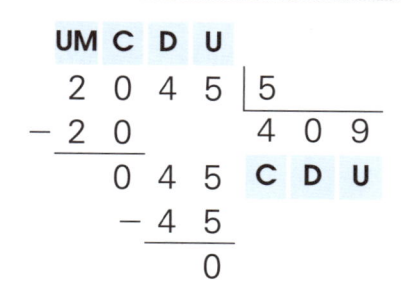

Agora, vou dividir as dezenas. Como não é possível dividir 4 dezenas por 5 e obter dezenas inteiras, coloco 0 dezena no quociente e troco as 4 dezenas por 40 unidades.

40 unidades mais 5 unidades são 45 unidades. A divisão de 45 unidades por 5 é igual a 9 unidades.

```
UM  C  D  U
 2  0  4  5 | 5
-2  0       |─────
────────    | 4 0 9
    0  4  5    C D U
   -   4  5
   ────────
           0
```

Em cada dia, eles vão percorrer _____ quilômetros.

6 Calcule os quocientes das divisões a seguir pelo algoritmo usual.

a. 3 612 ÷ 4 = _____

b. 4 263 ÷ 7 = _____

c. 5 664 ÷ 8 = _____

Na atividade "Divida rápido" do *site* abaixo, você deve efetuar as divisões usando o algoritmo usual e, ao acertá-las, vai avançando etapas.
Disponível em: <https://www.matific.com/bra/pt-br/activity/LongDivisionAlgorithm4DigitBy1Digit>. Acesso em: 14 jan. 2018.

7 Um *show* beneficente arrecadou R$ 51 840,00. A organização do evento vai dividir essa quantia igualmente entre 72 instituições. Quantos reais cada instituição vai receber?

Observe abaixo como Lia calculou quanto cada instituição vai receber e, em seguida, complete.

Como não é possível dividir 5 dezenas de milhar por 72 e obter dezenas de milhar inteiras, troquei as 5 dezenas de milhar por 50 unidades de milhar. 50 unidades de milhar mais 1 unidade de milhar são 51 unidades de milhar.

Do mesmo modo, não é possível dividir 51 unidades de milhar por 72 e obter unidades de milhar inteiras. Por isso, troco as 51 unidades de milhar por 510 centenas. 510 centenas mais 8 centenas são 518 centenas. A divisão de 518 centenas por 72 é igual a 7 centenas e restam 14 centenas.

14 centenas são 140 dezenas. 140 dezenas mais 4 dezenas são 144 dezenas. A divisão de 144 dezenas por 72 é igual a 2 dezenas e sobra 0 dezena.

A divisão de 0 unidade por 72 é igual a 0 unidade.

```
DM UM  C  D  U
 5  1  8  4  0 | 7 2
-5  0  4       -------
----------      7 2 0
 0  1  4  4    C D U
   -1  4  4
   --------
       0  0
```

Cada instituição vai receber _____.

8 Calcule no espaço abaixo o resultado da divisão 30 445 ÷ 68 usando o algoritmo usual. Depois, indique o quociente (Q) e o resto (R).

Q: _____   R: _____

9 Veja como podemos calcular o resultado da divisão 395 901 ÷ 126 usando o algoritmo usual da divisão e complete.

> Ao dividirmos 3 centenas de milhar por 126, não obtemos centenas de milhar inteiras. Então, trocamos 3 centenas de milhar por 30 dezenas de milhar e juntamos a 9 dezenas de milhar, obtendo 39 dezenas de milhar.
> Ao dividirmos 39 dezenas de milhar por 126, não obtemos dezenas de milhar inteiras. Então, trocamos 39 dezenas de milhar por 390 unidades de milhar e juntamos a 5 unidades de milhar, obtendo 395 unidades de milhar. A divisão de 395 unidades de milhar por 126 é igual a 3 unidades de milhar e restam 17 unidades de milhar.

> 17 unidades de milhar com 9 centenas são 179 centenas. A divisão de 179 centenas por 126 é igual a 1 centena e restam 53 centenas.

> 53 centenas com 0 dezena são 530 dezenas. A divisão de 530 dezenas por 126 é igual a 4 dezenas e restam 26 dezenas.

> 26 dezenas com 1 unidade são 261 unidades. A divisão de 261 unidades por 126 é igual a 2 unidades e restam 9 unidades.

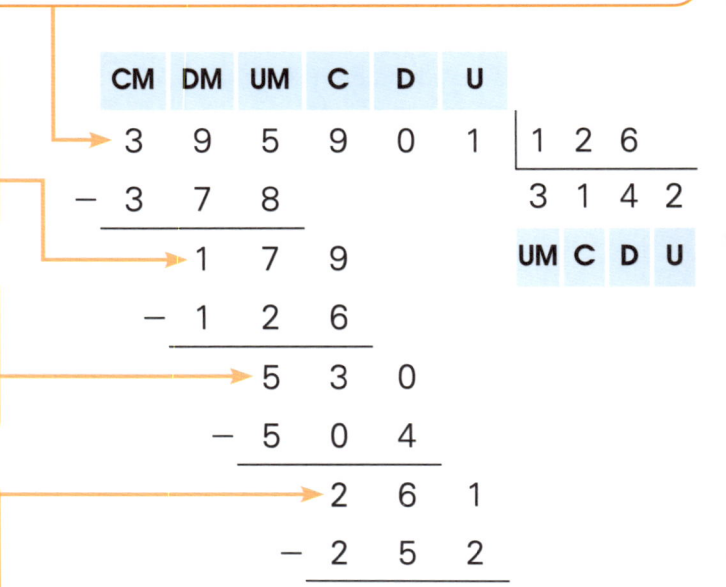

CM	DM	UM	C	D	U
3	9	5	9	0	1

1	2	6
3	1	4	2

UM C D U

```
  3 9 5 9 0 1 | 1 2 6
- 3 7 8       | 3 1 4 2
  ‾‾‾‾‾
    1 7 9
  - 1 2 6
    ‾‾‾‾‾
      5 3 0
    - 5 0 4
      ‾‾‾‾‾
        2 6 1
      - 2 5 2
        ‾‾‾‾‾
            9
```

A divisão de 395 901 por 126 tem quociente _____ e resto _____.

Agora, calcule os quocientes das divisões a seguir pelo algoritmo usual.

a. 136 825 ÷ 421

b. 120 402 ÷ 508

10 Veja como Antônio resolveu as divisões a seguir.

```
    DM UM C D U              CM DM UM C D U
    4 8 3 2 5 |215           2 7 8 4 5 6 |146
   -4 3 0      224           -1 4 6        1906
      5 3 2    CDU             1 3 2 4     UM C D U
     -4 3 0                   -1 3 1 4
      1 0 2 5                       1 0 5
     -  8 6 0                    -      0
        2 6 5                       1 0 5 6
                                  -   8 7 6
                                      1 8 0
```

a. Observando apenas o resto das duas divisões, é possível concluir que Antônio se enganou durante as resoluções. O que nos permite chegar a essa conclusão? Converse com os colegas e o professor.

b. Refaça as divisões feitas por Antônio e escreva qual foi o engano que ele cometeu ao resolver cada uma delas.

Multiplicação e divisão: operações inversas

1 Em uma noite, a bilheteria do teatro da cidade onde Pedro mora arrecadou R$ 5 434,00, sendo que cada ingresso custava R$ 13,00. Leia o que Pedro diz e faça o que se pede.

> Sabemos que o valor do ingresso multiplicado pelo número de ingressos vendidos é igual ao total arrecadado. Então, se dividirmos esse total pelo valor do ingresso, calculamos quantos ingressos foram vendidos nessa noite.

a. Calcule 5 434 ÷ 13 e determine o número de ingressos vendidos nessa noite.

Nessa noite, foram vendidos _____ ingressos.

b. Leia novamente o que Pedro disse e escreva a multiplicação que relaciona o número obtido no item **a** e o valor arrecadado pela bilheteria.

c. Escreva a divisão que tem como dividendo o número 5 434 e como quociente o número 13.

Observe que, a partir da multiplicação 418 × 13 = 5 434, podemos escrever duas divisões:

5 434 ÷ 418 = 13   e   5 434 ÷ 13 = 418

2 Eduardo calculou o resultado da divisão 14 644 ÷ 236 e, depois, o conferiu. Observe a estratégia que ele utilizou.

> Ao dividir 14 644 por 236, cheguei ao resultado 62 e resto 12. Para conferir se fiz a divisão corretamente, multipliquei o quociente pelo divisor e, depois, adicionei o resto. O resultado que obtive foi o dividendo. Logo, concluí que a divisão que fiz está correta.

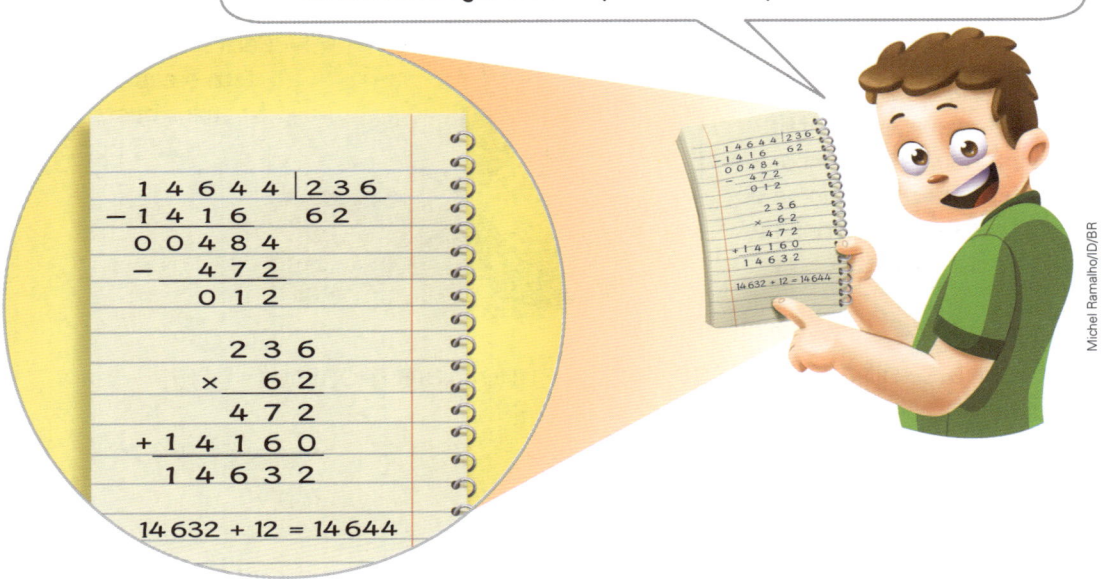

```
  1 4 6 4 4 | 2 3 6
− 1 4 1 6   |  6 2
  0 0 4 8 4
  −   4 7 2
        0 1 2

            2 3 6
        ×     6 2
            4 7 2
      + 1 4 1 6 0
        1 4 6 3 2

  14 632 + 12 = 14 644
```

A estratégia utilizada por Eduardo está correta, pois a multiplicação e a divisão são **operações inversas**.

Agora, faça como Eduardo: calcule o resultado das divisões abaixo e, em seguida, verifique se o resultado que você obteve está correto.

a. 23 569 ÷ 346

b. 37 153 ÷ 421

Mais divisões

1 Clara tinha 288 folhas de papel e montou um caderno de capa vermelha e outro de capa azul. O caderno de capa vermelha tem o dobro de folhas do caderno de capa azul.

> Com as folhas do caderno de capa vermelha, eu poderia fazer 2 cadernos de capa azul. Então, juntando os cadernos que eu montei, é como se eu tivesse 3 cadernos de capa azul.

> Para saber quantas folhas tem o caderno de capa azul, basta dividir 288 por 3.

a. Quantas folhas tem cada caderno que Clara montou?

O caderno de capa azul tem _____ folhas, e o de capa vermelha tem _____ folhas.

b. Se Clara quisesse fazer um caderno de capa vermelha com o triplo de folhas do caderno de capa azul, como ela deveria fazer para descobrir quantas folhas teria cada caderno? Converse com os colegas e o professor.

c. Clara vai usar 315 folhas de papel para montar um caderno de capa amarela e outro de capa verde. O caderno de capa amarela deve ter o dobro de folhas do caderno de capa verde. Quantas folhas terá cada caderno?

O caderno de capa verde terá _____ folhas, e o de capa amarela terá _____ folhas.

2 Observe o que Carlos está dizendo.

> Sei que 336 ÷ 4 = 588 ÷ 7. Dividindo cada um dos membros dessa igualdade por 2, tenho:
> 336 ÷ 4 ÷ 2 = 588 ÷ 7 ÷ 2
> 84 ÷ 2 = 84 ÷ 2
> 42 = 42
> Então, a igualdade se manteve verdadeira.

Agora, complete as igualdades abaixo para que elas se mantenham verdadeiras.

a. 450 ÷ 2 = 675 ÷ 3

450 ÷ 2 ÷ 5 = 675 ÷ 3 ÷ _____

_____ ÷ 5 = _____ ÷ _____

_____ = _____

b. 336 ÷ 8 = 504 ÷ 12

336 ÷ 8 ÷ _____ = 504 ÷ 12 ÷ 7

_____ ÷ _____ = _____ ÷ 7

_____ = _____

> Uma igualdade se mantém verdadeira quando dividimos seus dois membros pelo mesmo número.

3 Responda às questões abaixo.

a. Um número dividido por 42 é igual a 34 e não tem resto. Que número é esse?

b. Um número multiplicado por 42 é igual a 35 574. Que número é esse?

4 Rosa tinha 420 selos em uma caixa e o dobro dessa quantidade em outra caixa. Ela vai dar 12 dezenas desses selos para seu irmão e vai guardar o restante em 3 álbuns.

a. Quantos selos Rosa vai colocar em cada álbum?

Rosa vai colocar _____ selos em cada álbum.

b. Sabendo que cabem 20 selos em cada folha, quantas folhas tem cada álbum?

Cada álbum tem _____ folhas.

5 Com base na imagem abaixo, elabore um problema que envolva a operação de divisão. Depois, troque de livro com um colega para que ele resolva no caderno o problema que você criou e você resolva o dele.

6 Pedro tem uma coleção com muitos gibis. Ele quer distribuí-los igualmente em 8 caixas.

a. Você consegue dizer quantos gibis Pedro tem? _____

b. Para saber quantos gibis ele vai colocar em cada caixa, qual é a informação que está faltando? _____

c. Reescreva o enunciado desse problema de modo que ele apresente todas as informações necessárias para ser resolvido. Depois, troque seu livro com um colega. No caderno, ele resolve o problema que você reescreveu e você resolve o problema que ele reescreveu.

_____
_____
_____
_____

7 Ana, Bete e Carla têm juntas R$ 19 000,00. Ana tem R$ 6 200,00, e Bete e Carla têm quantias iguais. Quantos reais Bete e Carla têm cada uma?

Bete e Carla têm _____ cada uma.

Tratamento da informação

Construir um gráfico de linhas

1 Na cidade em que Flávio mora, há um projeto que incentiva os moradores a plantar mudas pela cidade. A tabela abaixo mostra o número de mudas distribuídas aos moradores durante os anos de 2014 a 2018. Observe.

Número de mudas distribuídas pela prefeitura

Ano	Número de mudas
2014	40
2015	70
2016	80
2017	140
2018	160

Dados fornecidos pela prefeitura da cidade.

Utilizando os dados da tabela acima, podemos construir um gráfico de linhas. No gráfico de linhas, representamos por pontos o número de mudas distribuídas a cada ano. Depois, para facilitar a visualização da variação do número de mudas distribuídas de ano para ano, ligamos os pontos com um segmento de reta.

a. Complete o gráfico abaixo com os dados da tabela.

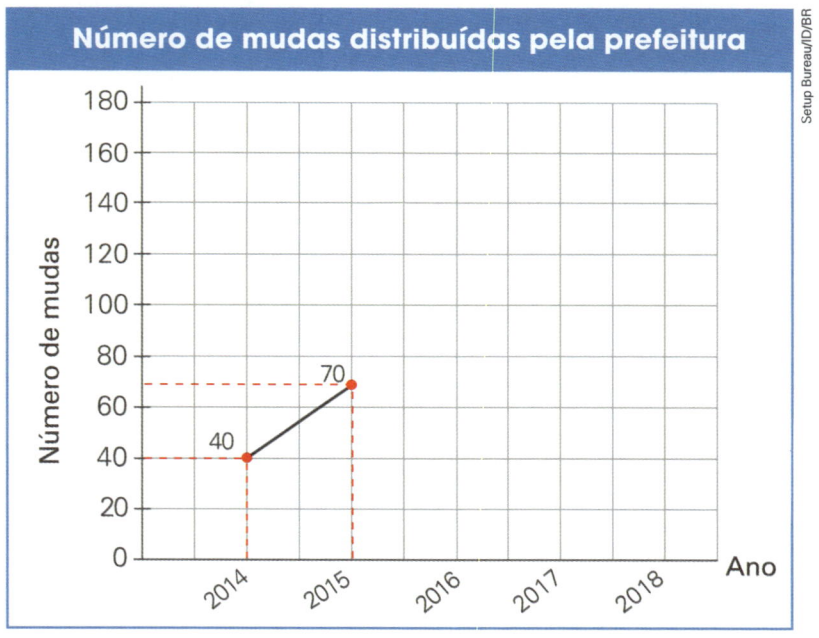

Dados fornecidos pela prefeitura da cidade.

b. Observando o gráfico, o que podemos perceber em relação ao número de mudas distribuídas a cada ano, de 2014 a 2018? Converse com os colegas e o professor.

2 Lia trabalha em uma papelaria que vende pacotes com 10 envelopes cada. Ela decidiu registrar em uma tabela a quantidade de envelopes vendidos durante alguns dias de uma semana. Veja.

Vendas de envelopes durante alguns dias da semana

Dia da semana	Quantidade de envelopes vendidos (em dezenas)
Segunda-feira	9
Terça-feira	3
Quarta-feira	2
Quinta-feira	7
Sexta-feira	6

Dados fornecidos por Lia.

a. Complete o gráfico de linhas com as informações da tabela acima.

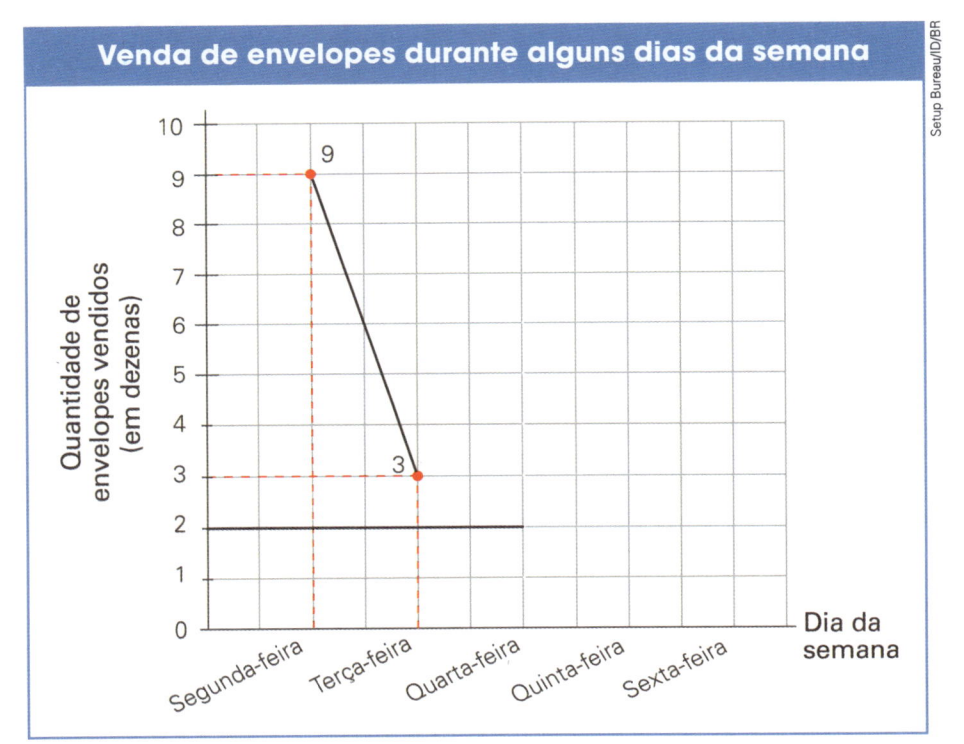

Venda de envelopes durante alguns dias da semana

Dados fornecidos por Lia.

b. De terça-feira para quarta-feira, houve aumento ou diminuição na quantidade de envelopes vendidos? De quantas dezenas?

_____

c. De quarta-feira para quinta-feira, houve um aumento de quantas dezenas de envelope?

_____

cento e vinte e sete **127**

Aprender sempre

1 Júnior, Fernanda e Carol calcularam 1 476 ÷ 2 decompondo o dividendo de três maneiras diferentes. Observe.

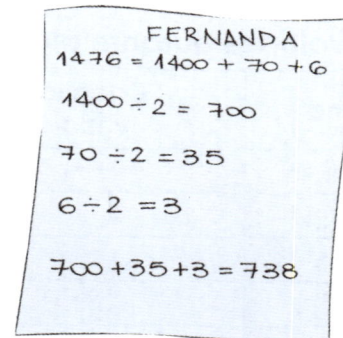

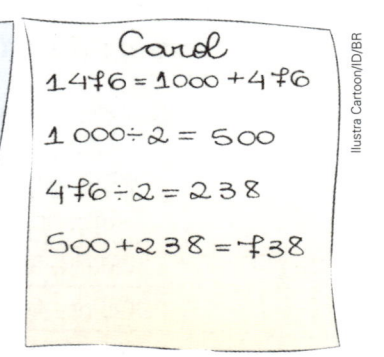

Júnior
1476 = 1000 + 400 + 70 + 6
1000 ÷ 2 = 500
400 ÷ 2 = 200
70 ÷ 2 = 35
6 ÷ 2 = 3
500 + 200 + 35 + 3 = 738

FERNANDA
1476 = 1400 + 70 + 6
1400 ÷ 2 = 700
70 ÷ 2 = 35
6 ÷ 2 = 3
700 + 35 + 3 = 738

Carol
1476 = 1000 + 476
1000 ÷ 2 = 500
476 ÷ 2 = 238
500 + 238 = 738

Agora, determine o quociente de cada divisão a seguir decompondo o dividendo da maneira que quiser.

a. 6 933 ÷ 3

b. 1 565 ÷ 5

c. 8 240 ÷ 8

2 Para calcular o quociente de 7 824 ÷ 12, Mariana usou uma calculadora. Observe ao lado o número que apareceu no visor.

`652`

Agora, desenhe as teclas solicitadas em cada caso.

a. Para conferir o resultado dessa operação, que teclas Mariana pode apertar?

b. Ao conferir o resultado, Mariana obteve 6 520. Que teclas ela pode ter apertado para aparecer esse resultado?

3 Em um prédio de 23 andares, há 4 apartamentos por andar. Os moradores desse prédio pagaram uma taxa fixa para comprar dois conjuntos de recipientes de coleta seletiva de lixo. O total arrecadado para essa compra foi de R$ 2 944,00.

a. Quantos apartamentos há nesse prédio?

Nesse prédio, há _____ apartamentos.

b. Qual foi a taxa que cada dono de apartamento pagou?

A taxa que cada dono de apartamento pagou foi de _____.

c. Você e seus familiares separam o lixo em casa? Converse com os colegas e o professor sobre a separação do lixo e o local adequado para ele ser descartado.

4 Uma distribuidora vai enviar 372 brinquedos a duas de suas lojas. Uma das lojas vai receber 40 brinquedos a mais que a outra pois possui mais clientes. Quantos brinquedos cada loja vai receber?

Uma loja vai receber _____ brinquedos e a outra vai receber _____ brinquedos.

CAPÍTULO 6

Frações

Ana, Clara e Mateus são amigos e estão treinando para um campeonato de natação.

- Quantas raias há nessa piscina?

- Quantas raias estão ocupadas?

- Que fração pode ser usada para representar o número de raias que estão ocupadas? Como essa fração é lida?

- Mateus tinha um compromisso e precisou sair mais cedo do treino. Após a saída de Mateus, como você representaria, usando uma fração, o número de raias ocupadas?

Revendo as frações

1 Na figura abaixo, o círculo todo é o inteiro. A fração que indica as partes do círculo pintadas de verde é $\frac{5}{6}$ (cinco sextos).

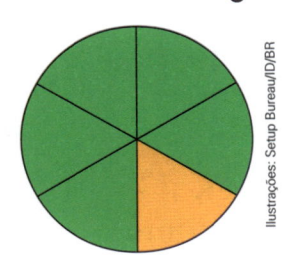

Numerador: indica o número de partes do inteiro que estão sendo consideradas. → $\frac{5}{6}$ ← **Denominador**: indica o número de partes iguais em que o inteiro foi dividido.

A fração que indica a parte pintada de laranja é $\frac{1}{6}$ (um sexto).

Agora, escreva a fração do inteiro correspondente à parte pintada de verde em cada figura.

a. 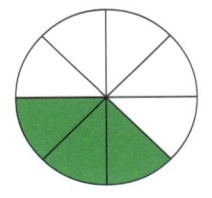 b. 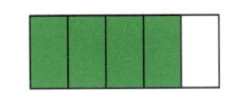 c.

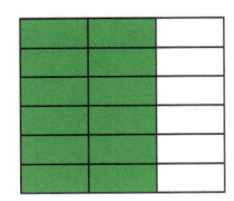

_____   _____   _____

2 Em cada caso, pinte a fração indicada de cada figura. Depois, responda às questões.

$\frac{2}{3}$  $\frac{5}{8}$

$\frac{3}{7}$  $\frac{4}{6}$

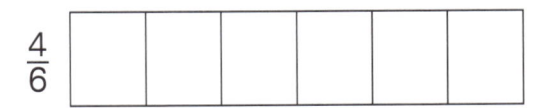

a. Qual dessas frações tem o maior denominador? _____

b. E qual delas tem o menor numerador? _____

cento e trinta e um **131**

3 Para ler uma fração, devemos observar seu numerador e seu denominador.

Para denominadores menores que 10, cada fração é lida de maneira diferente. Veja os exemplos a seguir.

$\frac{1}{2}$ (um **meio**)

$\frac{3}{4}$ (três **quartos**)

$\frac{4}{6}$ (quatro **sextos**)

$\frac{6}{8}$ (seis **oitavos**)

$\frac{2}{3}$ (dois **terços**)

$\frac{1}{5}$ (um **quinto**)

$\frac{5}{7}$ (cinco **sétimos**)

$\frac{1}{9}$ (um **nono**)

Para frações com denominadores iguais a 10, 100 ou 1 000, usamos os termos **décimos**, **centésimos** e **milésimos**, respectivamente. Veja os exemplos:

$\frac{3}{10}$ (três **décimos**)

$\frac{17}{100}$ (dezessete **centésimos**)

$\frac{470}{1000}$ (quatrocentos e setenta **milésimos**)

Para frações com denominadores maiores que 10, mas diferentes de 100, 1 000, 10 000, ..., usamos a palavra **avos**. Veja os exemplos:

$\frac{1}{11}$ (um, onze **avos**)

$\frac{9}{23}$ (nove, vinte e três **avos**)

$\frac{43}{120}$ (quarenta e três, cento e vinte **avos**)

Agora, é com você! Escreva como lemos cada fração a seguir.

a. $\frac{2}{7}$: _____

b. $\frac{7}{10}$: _____

c. $\frac{81}{100}$: _____

d. $\frac{9}{372}$: _____

e. $\frac{57}{691}$: _____

f. $\frac{312}{9015}$: _____

4 Escreva a fração que representa as partes pintadas de amarelo em cada figura. Depois, escreva como se lê essa fração.

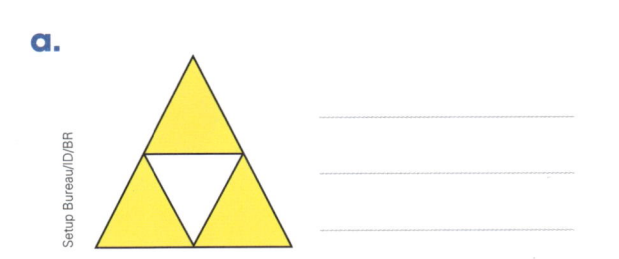

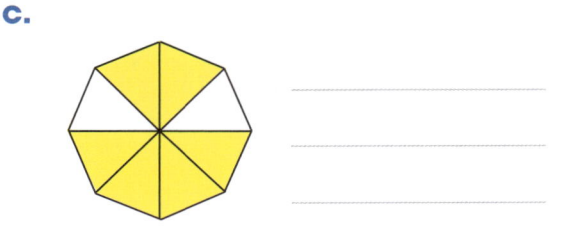

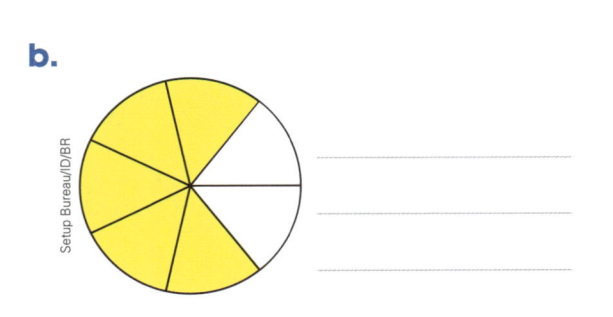

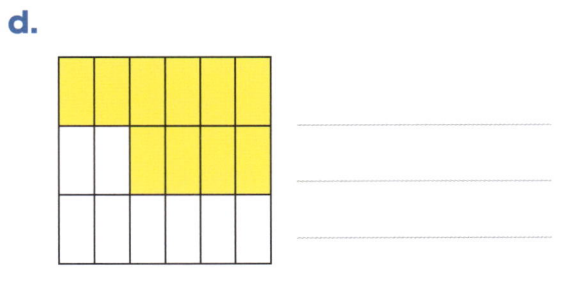

a.

c.

b.

d.

5 Veja como Valentina localizou a fração $\frac{1}{5}$ na reta numérica abaixo e faça o que se pede.

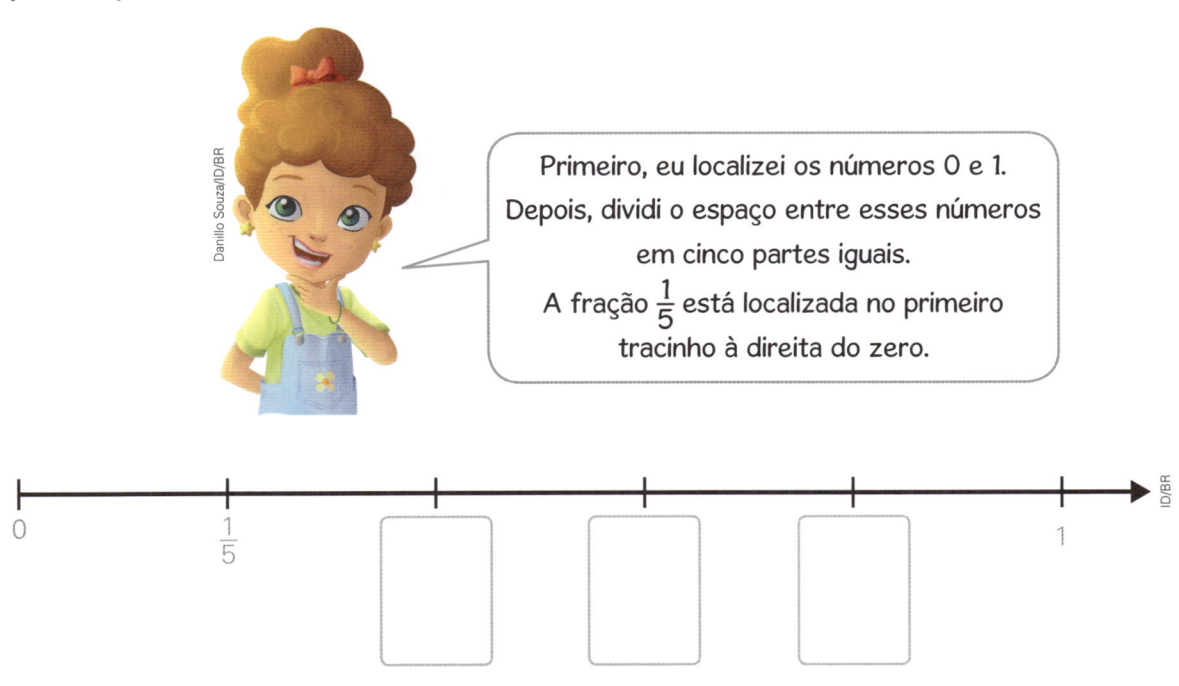

Primeiro, eu localizei os números 0 e 1. Depois, dividi o espaço entre esses números em cinco partes iguais.
A fração $\frac{1}{5}$ está localizada no primeiro tracinho à direita do zero.

a. Localize as frações $\frac{2}{5}$, $\frac{3}{5}$ e $\frac{4}{5}$ na reta numérica acima.

b. Como você faria para localizar a fração $\frac{5}{5}$ na reta numérica acima? Converse com os colegas e o professor.

Fração de quantidade

1 Veja as frutas que Cléo comprou na feira.

Imagens sem proporção de tamanho entre si.

a. Qual é o total de frutas que Cléo comprou? _____

b. Quantas são as peras? _____

c. Em sua opinião, podemos dizer que as peras correspondem a $\frac{1}{3}$ das frutas? Converse com os colegas e o professor.

Para saber se as peras correspondem a $\frac{1}{3}$ das frutas, precisamos descobrir quanto é $\frac{1}{3}$ de 9. Observe o esquema.

Número de partes do total de frutas que deve ser considerado. → $\frac{1}{3}$ ← Número de partes iguais em que o total de frutas deve ser dividido.

d. Complete o texto abaixo.

Ao dividirmos 9 frutas em ____ partes iguais, cada parte ficará com ____ frutas. Podemos representar essa situação pela divisão ____ ÷ ____ = ____. Considerando apenas uma dessas partes, podemos dizer que as peras correspondem a $\frac{1}{3}$ das frutas.

2 Ao elaborar um cartaz, Mariana usou $\frac{1}{4}$ da quantidade de canetas hidrográficas de um estojo com 12 unidades. Quantas canetas hidrográficas ela usou para confeccionar esse cartaz?

Para calcular $\frac{1}{4}$ de 12, repartimos igualmente as 12 unidades em 4 grupos.

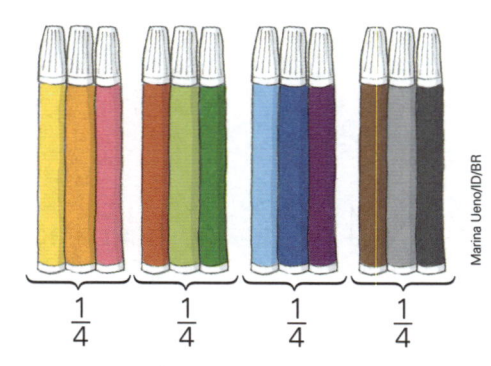

$\frac{1}{4}$ $\frac{1}{4}$ $\frac{1}{4}$ $\frac{1}{4}$

Mariana usou _____ canetas hidrográficas para confeccionar o cartaz.

3 Paulo ganhou 80 reais do tio e quer guardar $\frac{3}{8}$ dessa quantia. Observe como ele fez para calcular quantos reais vai guardar.

> Para calcular $\frac{1}{8}$ de 80, basta dividir 80 por 8. Então, $\frac{1}{8}$ de 80 é igual a 10. Para calcular $\frac{3}{8}$ de 80, basta calcular quanto é 3 vezes 10.

a. Quantos reais Paulo vai guardar? _____

b. Paulo vai gastar $\frac{4}{8}$ da quantia que ganhou do tio em um presente para sua irmã. Quantos reais ele vai gastar com o presente? _____

4 Desenhe duas dúzias de laranjas, separando-as em 2 grupos com a mesma quantidade de laranjas em cada um. Depois, responda às questões.

a. Quantas laranjas você desenhou em cada grupo? _____

b. Quanto é $\frac{1}{2}$ de 24 laranjas? _____

c. Se as duas dúzias de laranjas forem separadas em 3 grupos com a mesma quantidade de laranjas em cada um, quantas laranjas ficarão em cada grupo? _____

d. Quanto é $\frac{1}{3}$ de 24 laranjas? _____

5 Quanto é:

a. $\frac{1}{2}$ de 6? _____ b. $\frac{1}{4}$ de 36? _____ c. $\frac{1}{2}$ de 50? _____

Comparação de frações

1 A porteira do sítio de Antônio foi feita com 10 tábuas iguais de madeira. Ele quer pintar essas tábuas usando duas cores diferentes. Observe ao lado o desenho da porteira e responda às questões.

a. Quantas tábuas serão pintadas de azul? E quantas serão pintadas de amarelo? _____

b. Que fração indica o total de tábuas que serão pintadas de azul? _____

c. Que fração indica o total de tábuas que serão pintadas de amarelo? _____

d. Como todas as tábuas são do mesmo tamanho, podemos dizer que a parte da porteira pintada de azul é maior que a pintada de amarelo. Complete a afirmação abaixo com as frações que você escreveu nos itens **b** e **c**.

$\frac{6}{10}$ é maior que _____ ou _____ > _____ .

2 Observe a figura abaixo e responda às questões a seguir.

a. Que fração indica as partes da figura que estão pintadas de:

- vermelho? _____
- verde? _____
- roxo? _____

b. A parte da figura pintada de vermelho é maior ou menor que a parte da figura pintada de verde? _____

c. A parte da figura pintada de roxo é maior ou menor que a parte da figura pintada de verde? _____

d. Complete as afirmações abaixo com as frações que você indicou no item **a**.

- _____ é maior que $\frac{3}{8}$ ou _____ > _____ .

- _____ é menor que $\frac{3}{8}$ ou _____ < _____ .

3 Karina e seus dois irmãos colecionam selos. Eles ganharam 32 selos de sua mãe e os dividiram da seguinte maneira: Karina ficou com $\frac{4}{8}$ dos selos, Cássio ficou com $\frac{1}{8}$ dos selos e Bruno ficou com $\frac{3}{8}$ dos selos.

a. Escreva a quantidade de selos com que cada um ficou.

Karina ficou com _____ selos, Cássio ficou com _____ selos e Bruno ficou com _____ selos.

b. Quem ficou com mais selos? E quem ficou com menos? _____

c. Escreva, em ordem decrescente, as frações que representam a quantidade de selos com que cada um dos irmãos ficou. _____

4 Os retângulos abaixo têm o mesmo tamanho. Observe que cada retângulo está dividido em partes iguais. Escreva a fração do retângulo inteiro que representa a parte pintada de amarelo em cada caso.

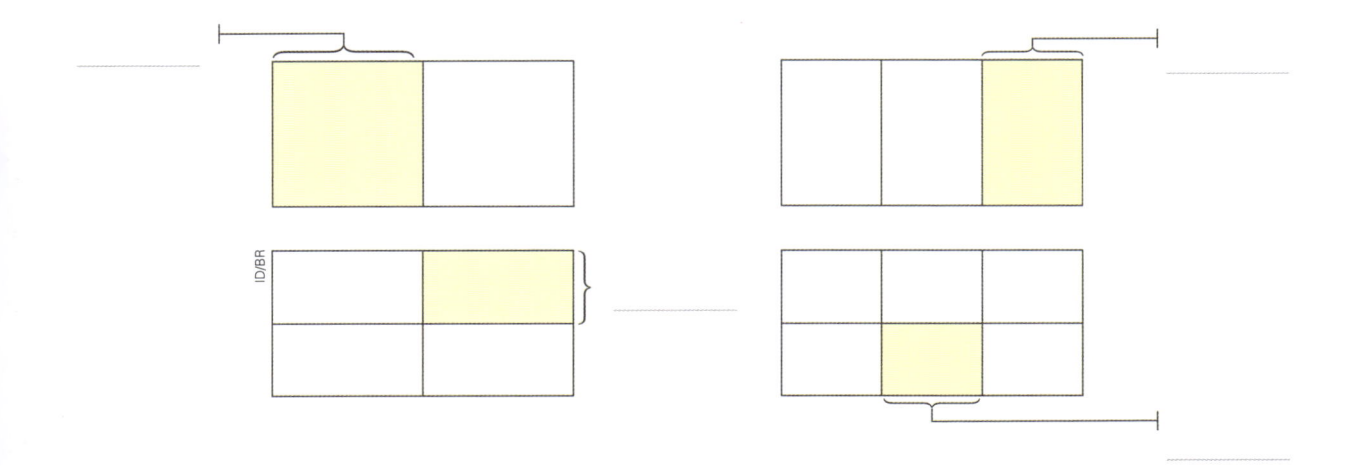

Agora, compare as frações abaixo usando os símbolos > (maior que) ou < (menor que).

a. $\frac{1}{2}$ ___ $\frac{1}{4}$

b. $\frac{1}{3}$ ___ $\frac{1}{2}$

c. $\frac{1}{2}$ ___ $\frac{1}{6}$

d. $\frac{1}{6}$ ___ $\frac{1}{3}$

e. $\frac{1}{6}$ ___ $\frac{1}{4}$

f. $\frac{1}{3}$ ___ $\frac{1}{4}$

5 Explique aos colegas e ao professor como você pensou para fazer as comparações da atividade **4**.

Adição de frações

1 A mãe de Marina fez um pão para sua filha e os amigos comerem no lanche. Ela cortou o pão em oito pedaços de mesmo tamanho.

Observe as representações abaixo, que indicam quantos pedaços do pão Marina e o amigo Júnior comeram.

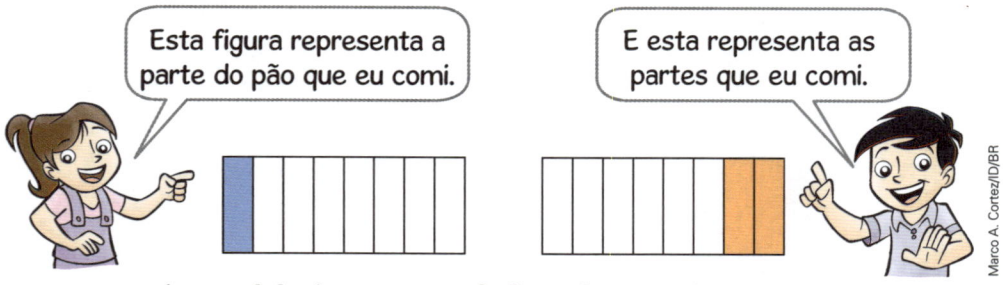

> Esta figura representa a parte do pão que eu comi.

> E esta representa as partes que eu comi.

a. Quantos pedaços Marina comeu? Que fração do pão ela comeu?

_____

b. Quantos pedaços Júnior comeu? Que fração do pão ele comeu?

_____

c. Observe a representação ao lado e responda: Juntos, Marina e Júnior comeram quantos pedaços de pão? Que fração do pão eles comeram?

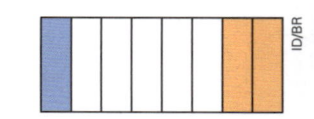

_____

Podemos representar a fração do pão que Marina e Júnior comeram juntos com uma adição de frações. Observe.

Fração do pão que Marina comeu. → $\frac{1}{8} + \frac{2}{8} = \frac{3}{8}$ ← Fração do pão que Marina e Júnior comeram juntos.

↑ Fração do pão que Júnior comeu.

> Para calcular uma adição de frações que têm o mesmo denominador, adicionamos os numeradores e mantemos o denominador das frações.

2 Mirela e Gustavo também estavam na casa de Marina. Cada um deles comeu 2 pedaços de pão. Observe a figura ao lado e escreva uma adição de fração para representar a fração do pão que Mirela e Gustavo comeram ao todo. _____

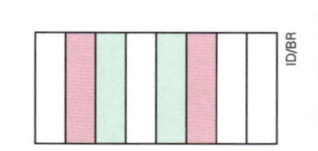

3 Em cada figura, complete a adição de frações para representar as partes verde e rosa juntas.

a. $\dfrac{2}{8} + \dfrac{3}{8} = \underline{}$

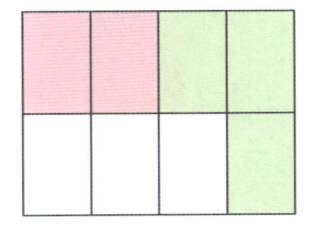

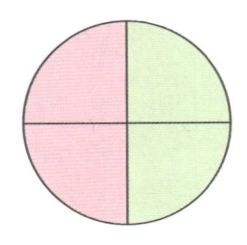

b. $\dfrac{4}{12} + \underline{} = \dfrac{9}{12}$

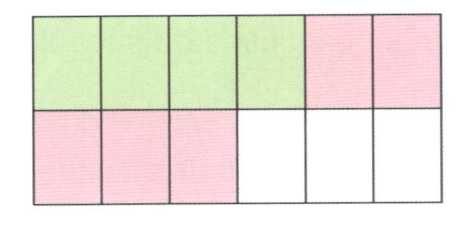

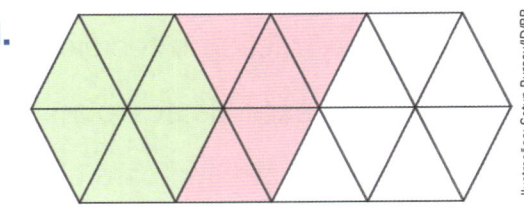

c. $\underline{} + \dfrac{2}{4} = \dfrac{4}{4}$

d. $\underline{} + \underline{} = \underline{}$

4 Observe a figura do item **c** da atividade **3**. Podemos afirmar que $\dfrac{4}{4}$ é igual a 1 inteiro? Converse com os colegas e o professor.

5 No dia do mutirão de limpeza da escola, os alunos do 5º ano ficaram responsáveis pela pintura da parede da quadra. A parede foi dividida em 15 partes iguais. A turma do 5º ano **A** pintou 5 partes, e a turma do 5º ano **B** pintou 6 partes. Que fração da parede essas duas turmas pintaram juntas?

As duas turmas pintaram juntas _____ da parede.

6 Complete as adições de frações para que a soma seja igual a 1 inteiro.

a. $\dfrac{1}{4} + \dfrac{1}{4} + \dfrac{1}{4} + \underline{} = \underline{} = 1$

b. $\dfrac{1}{10} + \dfrac{2}{10} + \dfrac{4}{10} + \underline{} = \underline{} = 1$

c. $\dfrac{1}{3} + \dfrac{1}{3} + \underline{} = \underline{} = 1$

d. $\dfrac{3}{7} + \dfrac{2}{7} + \underline{} = \underline{} = 1$

Subtração de frações

1 Observe como Renata misturou o suco de dois tipos de fruta.

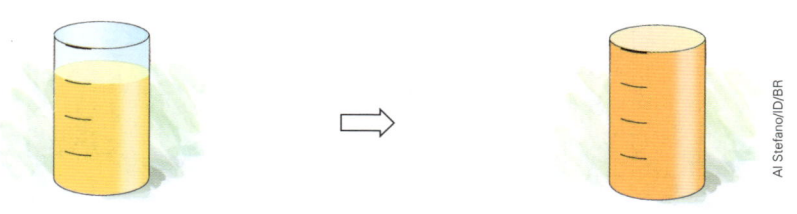

Primeiro, ela colocou suco de laranja no recipiente.

Depois, completou o recipiente com suco de acerola.

a. A que fração do recipiente corresponde a quantidade de suco de laranja?

E a de suco de acerola? _____

b. Como você faria para calcular quanto Renata colocou de suco de laranja a mais que de suco de acerola no recipiente? Conte aos colegas e ao professor.

Para calcular a diferença entre a quantidade de suco de laranja e a de suco de acerola, podemos fazer uma subtração de frações. Observe o esquema.

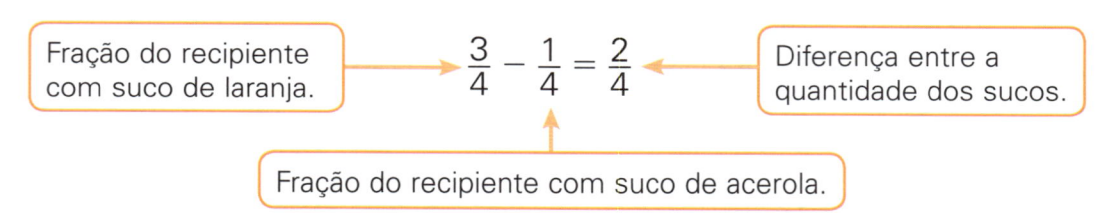

Fração do recipiente com suco de laranja. → $\frac{3}{4} - \frac{1}{4} = \frac{2}{4}$ ← Diferença entre a quantidade dos sucos.

Fração do recipiente com suco de acerola.

c. Complete a frase: Há _____ do recipiente com suco de laranja a mais que com suco de acerola.

> Para calcular uma subtração de frações que têm o mesmo denominador, subtraímos os numeradores e mantemos o denominador das frações.

2 Observe a *pizza* de muçarela, que está dividida em pedaços de mesmo tamanho, e responda às questões.

a. Que fração representa o total de pedaços de *pizza*?

_____

b. Se $\frac{3}{10}$ dos pedaços dessa *pizza* forem consumidos, que fração da *pizza* inteira sobrará? _____

3 Escreva uma subtração de frações para indicar a parte de cada figura que **não** está pintada de verde.

a.

b.

_____   _____

4 Cecília preparou um suco preenchendo 3 partes do recipiente com suco de caju, 2 partes com suco de mangaba e 1 parte com suco de cupuaçu. Observe o recipiente ilustrado ao lado e responda às questões.

a. Que fração do recipiente contém suco de caju? _____

b. Que fração do recipiente contém suco de mangaba? _____

c. Que fração do recipiente contém suco de cupuaçu? _____

d. Que fração representa quanto há a mais de suco de caju que de suco de cupuaçu? _____

e. Que fração representa quanto há a mais de suco de caju que de suco de mangaba? _____

5 Elabore um problema que envolva subtração de frações com base na imagem ao lado. Em seguida, troque seu livro com o de um colega. No caderno, você resolve o problema que ele criou e ele resolve o problema que você criou.

_____
_____
_____
_____
_____

cento e quarenta e um

Frações e divisão

1 A professora Andreza vai realizar uma atividade com 5 alunos. Para isso, ela pegou uma folha de papel, dividiu-a em 5 pedaços de mesmo tamanho e entregou um pedaço a cada aluno.

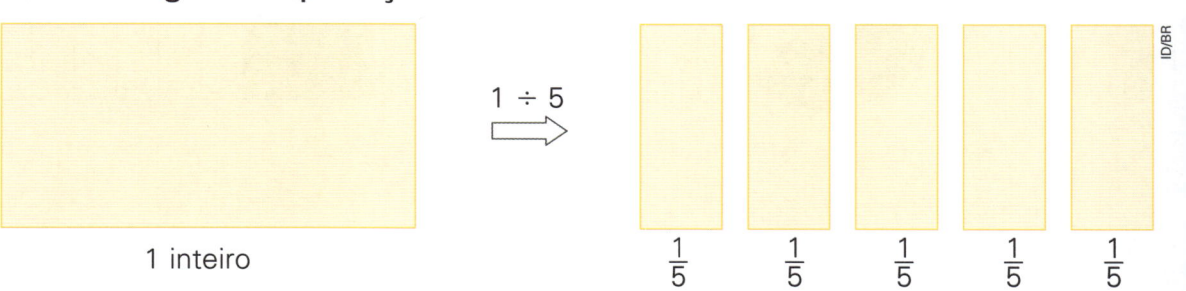

1 inteiro $1 \div 5$ $\frac{1}{5}$ $\frac{1}{5}$ $\frac{1}{5}$ $\frac{1}{5}$ $\frac{1}{5}$

a. Que parte da folha cada aluno recebeu? _____

Cada pedaço corresponde a $\frac{1}{5}$ da folha de papel. Representamos a quantidade de papel que cada aluno recebeu da seguinte forma:

1 dividido por 5 é igual a $\frac{1}{5}$ ou $1 \div 5 = \frac{1}{5}$

b. Considere a folha de papel como o inteiro e relacione corretamente as informações da coluna da esquerda com as da coluna da direita.

A Dividir uma folha ao meio. □ $5 \div 2 = \frac{5}{2}$

B Dividir igualmente duas folhas entre duas pessoas. □ $1 \div 2 = \frac{1}{2}$

C Dividir igualmente duas folhas entre três pessoas. □ $4 \div 2 = \frac{4}{2} = 2$

D Dividir igualmente quatro folhas entre duas pessoas. □ $2 \div 2 = \frac{2}{2} = 1$

E Dividir igualmente cinco folhas entre duas pessoas. □ $2 \div 3 = \frac{2}{3}$

2 Em cada caso, complete com a fração correspondente.

a. $6 \div 7$ ou _____   **b.** $7 \div 8$ ou _____   **c.** $1 \div 4$ ou _____

3 Heitor tem 54 selos e vai dividi-los igualmente em 3 álbuns.

■ Quantos selos Heitor vai colocar em cada álbum? _____

Podemos representar a quantidade de selos que vai ficar em cada álbum da seguinte maneira:

$$54 \text{ dividido por } 3 \text{ é igual a } 18 \text{ ou } \frac{54}{3} = 18$$

4 Bárbara tem 96 reais e vai dividir essa quantia igualmente entre seus 4 sobrinhos.

a. Escreva uma fração para indicar com quantos reais cada sobrinho vai ficar. _____

b. Com quantos reais cada sobrinho vai ficar?

_____

5 Uma loja recebeu uma entrega de 400 peças de roupas. Nessa entrega, metade das peças eram camisetas, um quarto eram calças, um oitavo eram blusas e um oitavo eram vestidos.

■ Escreva uma fração para representar a quantidade de cada tipo de roupa recebida nessa entrega e calcule essas quantidades.

Camisetas: _____   Blusas: _____

Calças: _____   Vestidos: _____

Classificando frações

1 Observe as figuras abaixo e as frações que representam as partes pintadas de rosa em cada uma delas.

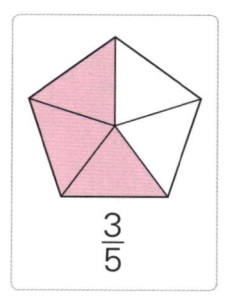

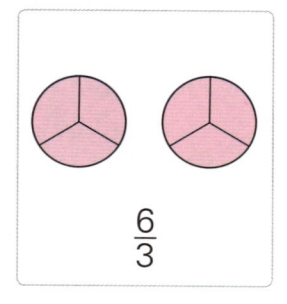

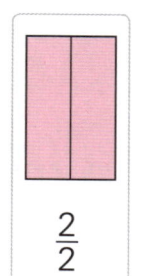

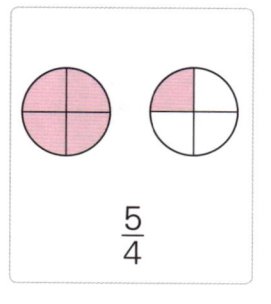

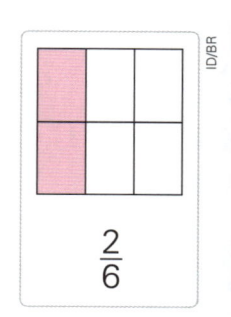

$\frac{3}{5}$ $\frac{6}{3}$ $\frac{2}{2}$ $\frac{5}{4}$ $\frac{2}{6}$

a. Quais das frações acima têm numerador maior que seu denominador?

_____

b. Qual das frações acima tem numerador menor que seu denominador?

_____

c. Qual das frações acima tem numerador igual ao seu denominador?

_____

> **Fração imprópria** é aquela que representa um inteiro ou mais de um inteiro. Uma fração é imprópria quando seu numerador é maior que seu denominador ou igual a ele.
>
> **Fração própria** é aquela que representa parte de um inteiro. Uma fração é própria quando seu numerador é menor que seu denominador.

Assim, as frações $\frac{2}{2}$, $\frac{6}{3}$ e $\frac{5}{4}$ são frações impróprias e as frações $\frac{2}{6}$ e $\frac{3}{5}$ são frações próprias.

2 Classifique cada fração a seguir em própria ou imprópria.

a. $\frac{8}{2}$: _____

b. $\frac{3}{6}$: _____

c. $\frac{10}{3}$: _____

d. $\frac{4}{8}$: _____

e. $\frac{7}{3}$: _____

f. $\frac{15}{3}$: _____

3 A capacidade de cada uma destas jarras com suco de laranja é de 1 L. Observe as ilustrações e responda às questões a seguir.

a. Que fração do litro há em cada jarra de suco? _____

b. Que adição representa o conteúdo das 4 jarras?

_____

c. Todo o conteúdo de suco de laranja é suficiente para encher completamente quantas dessas jarras? _____

A fração $\frac{8}{4}$ representa o conteúdo das 4 jarras. Dizemos que essa fração é imprópria porque ela indica mais que um inteiro. Como $\frac{8}{4} = 2$, dizemos também que essa fração é **aparente**.

> **Fração aparente** é aquela que representa um número natural. Uma fração aparente é sempre imprópria. Veja outros exemplos:
>
> $\frac{2}{2}$ é uma fração aparente porque $\frac{2}{2} = 1$.
>
> $\frac{6}{3}$ é uma fração aparente porque $\frac{6}{3} = 2$.

4 Escreva o número natural que cada fração aparente representa.

a. $\frac{10}{2}$: _____

b. $\frac{28}{4}$: _____

c. $\frac{95}{5}$: _____

d. $\frac{81}{3}$: _____

5 Escreva duas frações aparentes para cada número natural.

a. 5: _____

b. 4: _____

c. 8: _____

d. 12: _____

Número misto

1 Marta e seu irmão vão comer três maçãs. Eles dividiram as maçãs igualmente entre eles.

a. Quantas maçãs cada irmão vai comer?
_____

b. Cada um comerá mais ou menos que uma maçã inteira?
_____

Veja como podemos representar a parte que cada irmão vai comer:

$$1 + \frac{1}{2} = 1\frac{1}{2}$$

O número $1\frac{1}{2}$ é chamado de **número misto**, pois ele é composto de um número natural (1) e de uma fração $\left(\frac{1}{2}\right)$.

Observe que um inteiro mais a metade de outro inteiro igual a esse é equivalente a três metades desse inteiro.

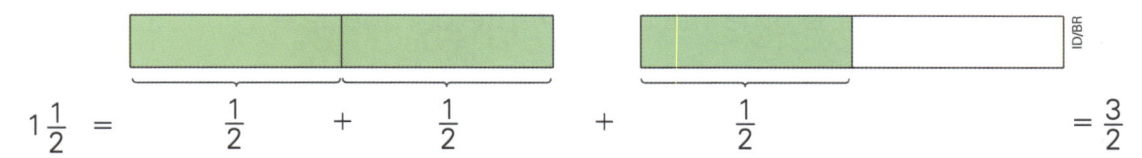

$$1\frac{1}{2} = \frac{1}{2} + \frac{1}{2} + \frac{1}{2} = \frac{3}{2}$$

2 Escreva um número misto para representar as partes pintadas de verde de cada figura.

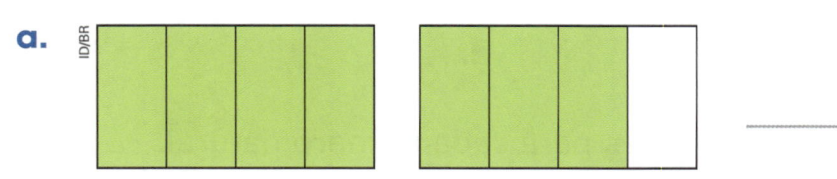

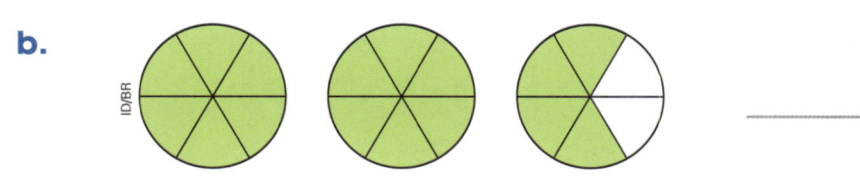

a.

b.

3 Em uma oficina de dobraduras, folhas de papel serão divididas igualmente entre algumas pessoas. Considere cada folha de papel como um inteiro e escreva uma fração e um número misto para representar quantas partes da folha de papel cada pessoa vai receber.

a. 3 folhas de papel divididas igualmente entre 2 pessoas.

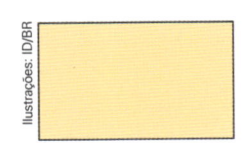

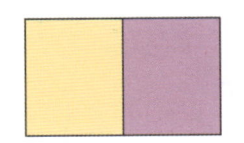

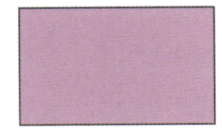

_____

b. 6 folhas de papel divididas igualmente entre 5 pessoas.

_____

c. 5 folhas de papel divididas igualmente entre 4 pessoas.

_____

4 Fernando vai fazer um pão e um bolo. Para o pão, ele vai usar $3\frac{1}{2}$ xícaras de farinha e, para o bolo, vai usar $1\frac{1}{2}$ xícara de farinha. Quantas xícaras de farinha ele vai usar para fazer a receita do bolo e do pão?

Fernando vai usar _____ xícaras de farinha para fazer as receitas do bolo e do pão.

Vamos resolver!

1 A direção de uma escola planejou gastar R$ 2 700,00 com as despesas da festa junina. Estão previstos os seguintes gastos: $\frac{3}{9}$ desse valor será gasto com alimentação; $\frac{3}{9}$ com reparos e limpeza do local da festa; $\frac{2}{9}$ com a contratação de uma banda musical; e $\frac{1}{9}$ com enfeites. Quanto será gasto com cada item?

Alimentação: _____

Reparos e limpeza do local: _____

Contratação da banda: _____

Enfeites: _____

2 Responda às questões abaixo.

a. 3 ÷ 4 é mais que uma unidade ou menos que uma unidade?

_____

b. 5 ÷ 2 é mais que duas unidades ou menos que duas unidades?

_____

c. 7 ÷ 3 é mais que três unidades ou menos que três unidades?

_____

d. 12 ÷ 5 é mais que duas unidades ou menos que duas unidades?

_____

3 Localize as frações abaixo na reta numérica.

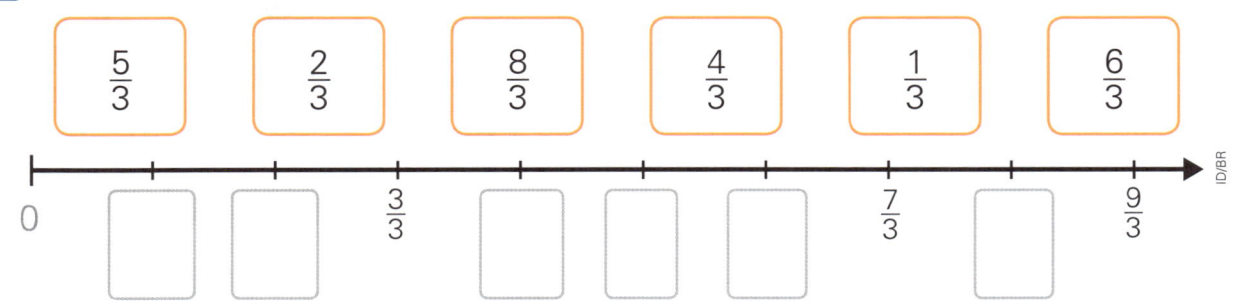

$\frac{5}{3}$ $\frac{2}{3}$ $\frac{8}{3}$ $\frac{4}{3}$ $\frac{1}{3}$ $\frac{6}{3}$

0   $\frac{3}{3}$ $\frac{7}{3}$ $\frac{9}{3}$

4 O professor Maurício propôs um problema para a turma resolver. Observe a cena abaixo e faça o que se pede.

Se dividirmos igualmente 6 barras de chocolate entre 5 crianças, quanto cada uma receberá?

a. Faça desenhos para representar o problema proposto pelo professor.

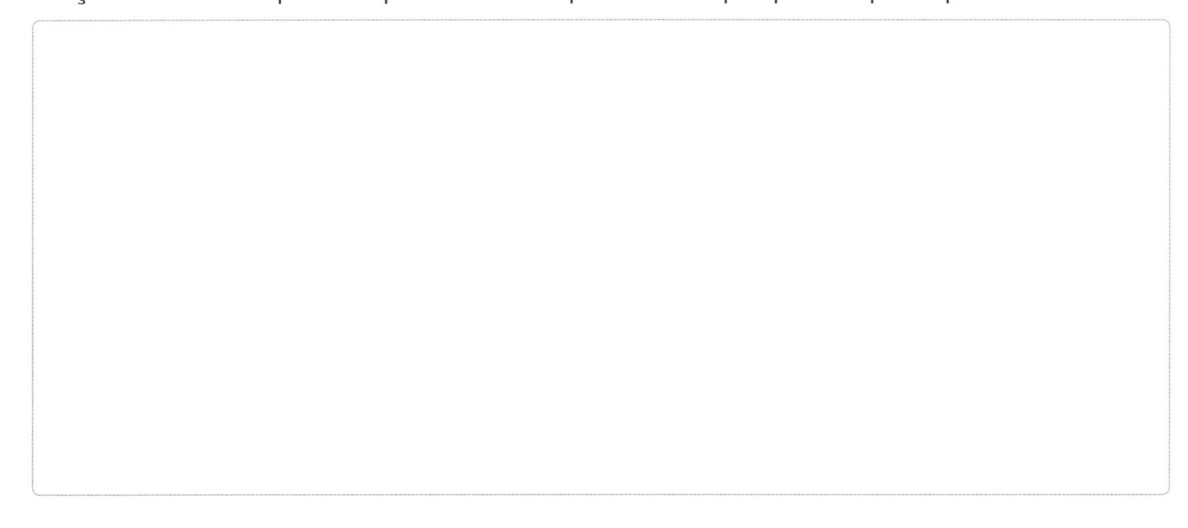

b. Responda à pergunta do professor Maurício usando uma fração imprópria e um número misto.

Multiplicação de fração por número natural

1 Cecília convidou Pedro e Simone para comerem bolo em sua casa.

O bolo foi dividido em 8 fatias iguais. Pedro, Cecília e Simone comeram 2 fatias cada um.

a. Cada fatia corresponde a que fração do bolo? _____

b. Quantas fatias do bolo eles comeram juntos? _____

c. A quantidade de fatias consumidas corresponde a que fração do bolo?
_____

d. Que fração do bolo cada um dos amigos comeu? _____

Cada um dos três amigos consumiu 2 fatias, ou seja, $\frac{2}{8}$ do bolo. Podemos calcular a fração do bolo que foi consumida fazendo uma adição de parcelas iguais ou uma multiplicação.

$$\frac{2}{8} + \frac{2}{8} + \frac{2}{8} = \frac{6}{8} \quad \text{ou} \quad 3 \times \frac{2}{8} = \frac{6}{8}$$

2 Érika e Cláudio dividiram uma torta de legumes igualmente em 12 fatias. Érika comeu 3 fatias, e Cláudio comeu o dobro dessa quantidade.

a. Que fração da torta Érika comeu?
_____

b. Cláudio comeu quantas fatias da torta? _____

c. As fatias da torta que Cláudio comeu correspondem a que fração da torta? Indique a multiplicação que relaciona essa fração com a fração obtida no item **a**.
_____

3 Calcule o resultado de cada multiplicação escrevendo a adição de parcelas iguais correspondente.

a. $3 \times \dfrac{3}{7}$

c. $7 \times \dfrac{2}{9}$

b. $5 \times \dfrac{5}{8}$

d. $4 \times \dfrac{4}{6}$

4 Veja como Guilherme representou $\dfrac{2}{3}$ de 5 e calculou o valor correspondente a essa quantidade.

Para representar $\dfrac{2}{3}$ de 5, posso pensar em 5 inteiros, cada um dividido em 3 partes iguais, e depois pintar $\dfrac{2}{3}$ de cada inteiro.

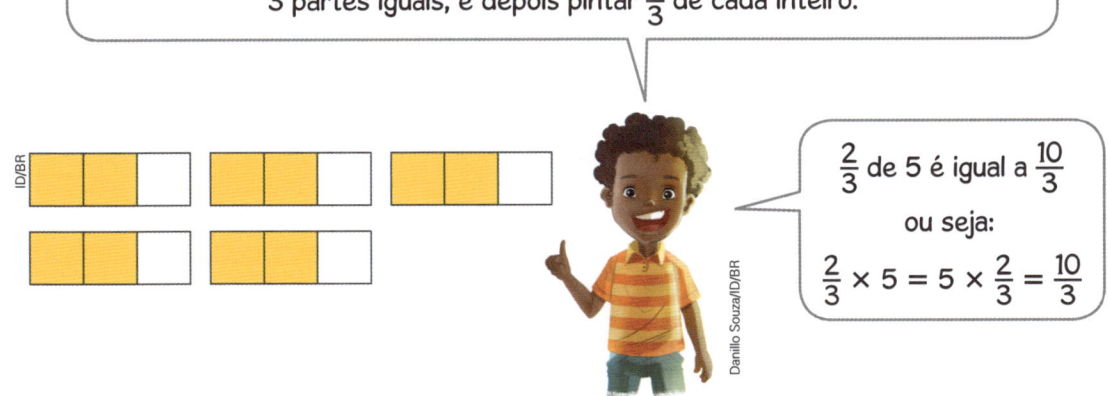

$\dfrac{2}{3}$ de 5 é igual a $\dfrac{10}{3}$

ou seja:

$\dfrac{2}{3} \times 5 = 5 \times \dfrac{2}{3} = \dfrac{10}{3}$

Faça como Guilherme para representar as quantidades a seguir e escreva a multiplicação correspondente.

a. $\dfrac{1}{2}$ de 5

b. $\dfrac{3}{5}$ de 2

Divisão de fração por número natural

1 A mãe de Márcio preparou um bolo para servir ao filho e aos três amigos que estavam estudando com ele.

Separei metade do bolo que fiz e vou reparti-lo igualmente entre vocês quatro.

- Que parte do bolo inteiro cada uma das crianças recebeu?

Para responder a essa pergunta, vamos calcular $\frac{1}{2} \div 4$. Observe as representações a seguir e complete.

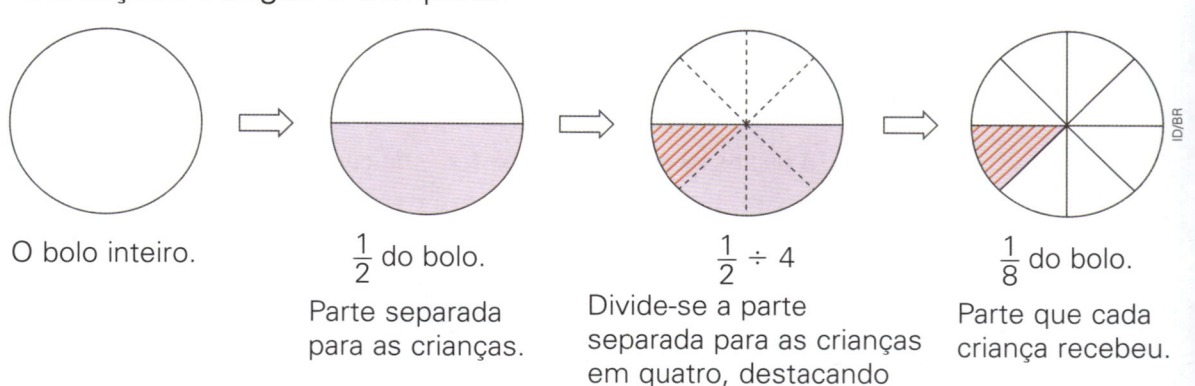

O bolo inteiro. ⇒ $\frac{1}{2}$ do bolo. Parte separada para as crianças. ⇒ $\frac{1}{2} \div 4$ Divide-se a parte separada para as crianças em quatro, destacando uma delas. ⇒ $\frac{1}{8}$ do bolo. Parte que cada criança recebeu.

Cada criança recebeu _____ do bolo inteiro.

2 Observe as representações feitas para dividir $\frac{2}{3}$ de um inteiro em duas partes iguais.

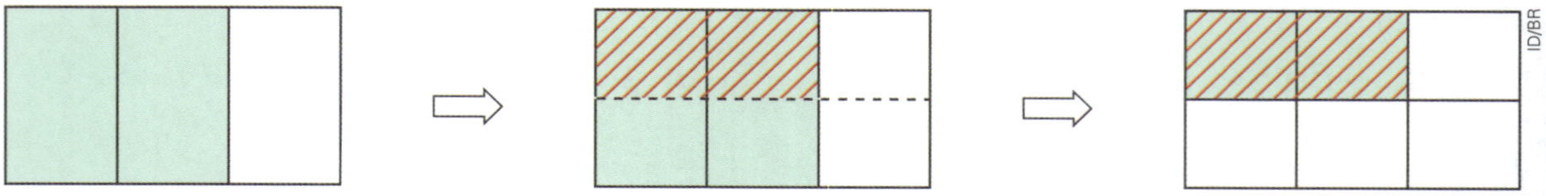

A parte pintada de verde corresponde a $\frac{2}{3}$ do inteiro. ⇒ Divide-se a parte pintada de verde em duas, destacando uma delas. ⇒ A parte destacada corresponde a $\frac{2}{6}$ do inteiro.

- Agora, escreva a divisão correspondente. _____

3 Leonardo comprou uma televisão. Ele pagou como entrada $\frac{1}{5}$ do valor total do aparelho. O restante ele vai pagar em 3 prestações mensais de mesmo valor.

   a. Escreva a fração do valor total que indica quanto Leonardo ainda tem de pagar pela compra. _____

   b. Que fração do valor total Leonardo vai pagar por mês?

   Para responder a essa pergunta, observe o esquema e complete.

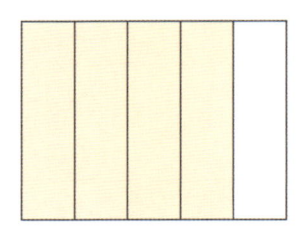

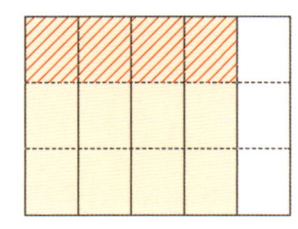

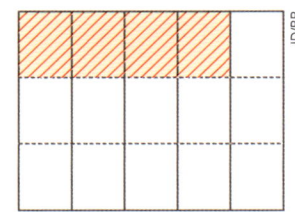

   _____ do valor total.   Dividem-se _____   _____ do valor total.
   em _____ partes iguais, destacando uma delas.

   Leonardo vai pagar por mês _____ do valor total.

4 Em cada caso, observe o esquema e complete a divisão.

   a. $\frac{3}{7} \div 2 = $ _____

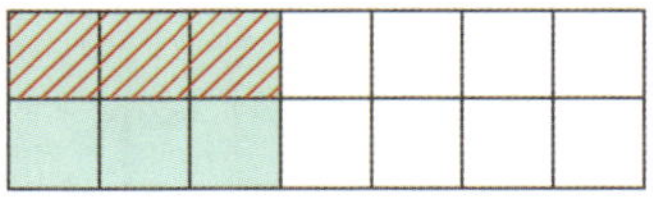

   b. $\frac{1}{5} \div 3 = $ _____

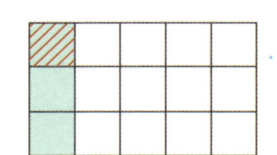

   c. $\frac{5}{6} \div $ _____ $ = $ _____

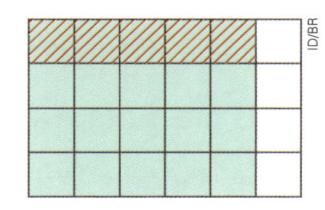

5 Junte-se a um colega e observem as divisões a seguir.

   $\frac{5}{6} \div 5 = \frac{5}{30}$ $\frac{3}{10} \div 4 = \frac{3}{40}$ $\frac{2}{5} \div 3 = \frac{2}{15}$ $\frac{1}{3} \div 2 = \frac{1}{6}$

   ■ Com base nessas divisões, tentem descobrir um modo de calcular uma divisão de fração por número natural sem usar figuras.

6 Calcule e registre os resultados.

   a. $\frac{3}{4} \div 3 = $ _____

   b. $\frac{7}{8} \div 7 = $ _____

   c. $\frac{4}{9} \div 2 = $ _____

Frações equivalentes

1 Rosana está brincando de dobrar e colorir uma tira de papel. Veja o que ela fez.

Primeiro, ela dobrou a tira uma vez e obteve 2 partes iguais. Depois, ela pintou metade da tira de verde. Cada parte da tira corresponde a $\frac{1}{2}$ da tira. Então, a parte pintada de verde corresponde a $\frac{1}{2}$ da tira.

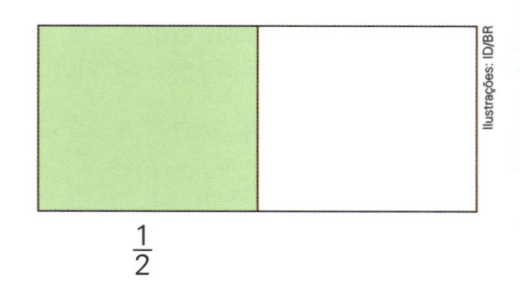

Depois, ela dobrou a tira mais uma vez. Assim, a tira ficou dividida em 4 partes iguais. Cada parte da tira corresponde a $\frac{1}{4}$ da tira. Então, a parte colorida de verde corresponde a $\frac{2}{4}$ da tira.

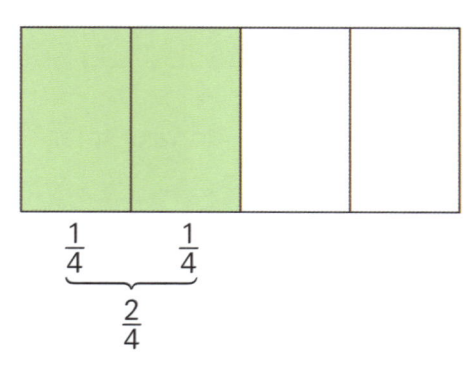

Em seguida, ela dobrou a tira mais uma vez. Agora, a tira ficou dividida em 8 partes iguais. Cada parte da tira corresponde a $\frac{1}{8}$ da tira. Então, a parte colorida de verde corresponde a $\frac{4}{8}$ da tira.

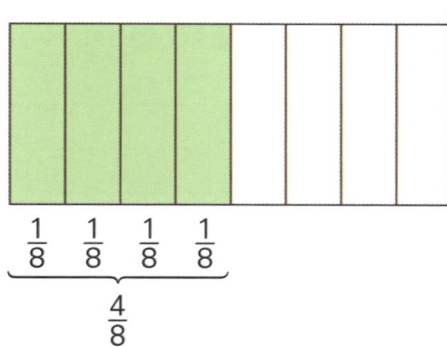

- Observe as figuras acima e responda: As frações $\frac{1}{2}$, $\frac{2}{4}$ e $\frac{4}{8}$ correspondem à mesma parte do inteiro? Por quê?

_____

_____

_____

> Duas ou mais frações são **equivalentes** quando correspondem à mesma parte do mesmo inteiro.

2 Ana convidou alguns colegas da escola para passar a tarde na casa dela e decidiu fazer suco de laranja para servir no lanche. Para fazer o suco, Ana pediu ajuda à sua mãe.

> Mãe, vou usar a jarra dividida em 4 partes iguais.

> Tudo bem, filha, eu usarei a outra jarra, dividida em 8 partes iguais.

Ana e a mãe começaram a espremer as laranjas. Observe como estão as jarras que cada uma usou para colocar o suco. As duas jarras têm a mesma capacidade.

Jarra dividida em 4 partes iguais.

Jarra dividida em 8 partes iguais.

a. Que fração da jarra que Ana usou está com suco de laranja? _____

b. Que fração da jarra que a mãe de Ana usou está com suco de laranja?

_____

c. As duas jarras contêm a mesma quantidade de suco? _____

> $\frac{3}{4}$ e $\frac{6}{8}$ correspondem à mesma quantidade de suco.

> Dizemos que $\frac{3}{4}$ e $\frac{6}{8}$ são **frações equivalentes**. Podemos escrever: $\frac{3}{4} = \frac{6}{8}$

cento e cinquenta e cinco

3 Escreva uma fração para representar a parte pintada de verde de cada figura.

a.

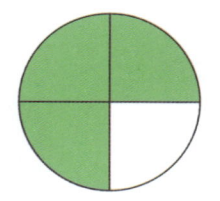

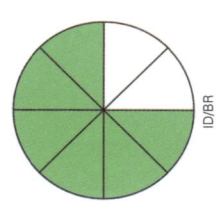

_____   _____   _____

b.

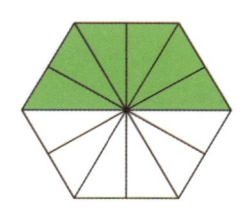

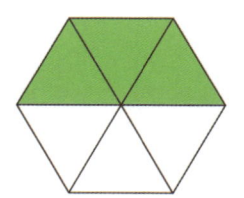

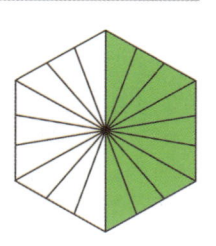

_____   _____   _____

4 Observando as figuras da atividade **3**, que frações equivalentes você identifica?

_____

5 Cada uma das crianças da cena abaixo recebeu uma folha de papel de mesmo tamanho para fazer uma pipa. Observe a ilustração e responda às questões a seguir.

Fábio: Vou fazer uma pipa usando $\frac{2}{3}$ da folha de papel verde.

Luísa: Vou usar $\frac{6}{9}$ da folha de papel amarelo.

Ricardo: Vou fazer minha pipa com $\frac{3}{5}$ da folha de papel vermelho.

a. Quais das frações citadas pelas crianças são equivalentes ? _____

b. Que crianças usaram a mesma quantidade de papel? _____

6 Observe as sequências de frações equivalentes e responda às questões.

A $\frac{1}{2}, \frac{2}{4}, \frac{3}{6}, \frac{4}{8}, \frac{5}{10}, \frac{6}{12}, \ldots$

B $\frac{1}{5}, \frac{2}{10}, \frac{3}{15}, \frac{4}{20}, \frac{5}{25}, \frac{6}{30}, \ldots$

a. Se multiplicarmos o numerador e o denominador da fração $\frac{1}{2}$ por 3, obteremos que fração? Essa fração é equivalente à fração $\frac{1}{2}$? _____

b. Se multiplicarmos o numerador da fração $\frac{1}{2}$ por 5 e seu denominador por 6, obteremos que fração? Essa fração é equivalente à fração $\frac{1}{2}$?

_____

c. Se dividirmos o numerador e o denominador da fração $\frac{3}{15}$ por 3, obteremos que fração? Essa fração é equivalente à fração $\frac{3}{15}$?

_____

d. Se multiplicarmos o numerador de uma fração por um número e multiplicarmos o denominador dessa mesma fração por um número diferente, obteremos uma fração equivalente à primeira fração? Converse com os colegas e o professor.

> Para obter duas ou mais frações equivalentes a uma fração, podemos multiplicar ou dividir o numerador e o denominador dessa fração por um mesmo número que seja diferente de zero.

7 Complete para obter frações equivalentes.

a. $\frac{1}{7} = \frac{2}{}$ (× 2)

b. $\frac{2}{4} = \frac{}{20}$ (× 5)

c. $\frac{18}{27} = \frac{}{9}$ (÷ 3)

d. $\frac{8}{36} = \frac{2}{}$ (÷ 4)

e. $\frac{5}{8} = \frac{}{}$

f. $\frac{10}{45} = \frac{}{}$

8 Em cada item, escreva duas frações equivalentes à fração dada.

a. $\frac{1}{3}$: _____

b. $\frac{3}{8}$: _____

c. $\frac{12}{16}$: _____

Porcentagem

1 Daniel realizou uma pesquisa com 100 colegas da escola sobre a preferência esportiva deles. As crianças tinham de escolher entre futebol, natação ou judô. Ele organizou as respostas no esquema ao lado.

■ Futebol ■ Judô ■ Natação

a. Complete o texto abaixo.
Das 100 crianças entrevistadas, 60 escolheram o futebol. Essa parte das crianças entrevistadas pode ser representada pela fração _____. Outro modo de representar quantas crianças preferem futebol é 60%.

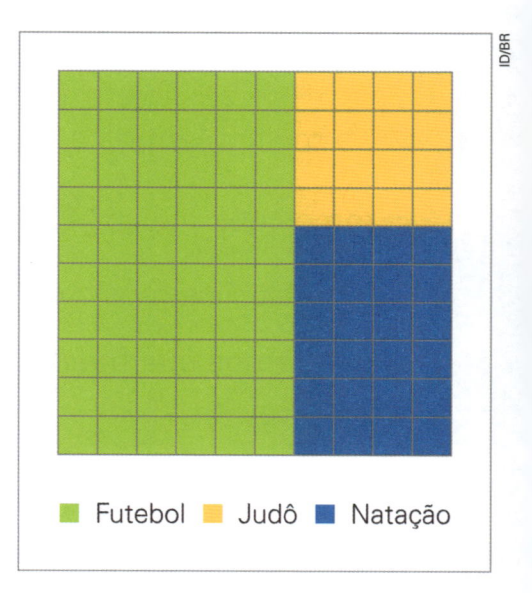

Lemos 60% como sessenta por cento.

60% é o mesmo que 60 em cada 100. O símbolo % (**por cento**) indica uma divisão por 100. Dizemos que 60% é uma **porcentagem**.

b. Represente com uma porcentagem as crianças que preferem natação e as que preferem judô. _____

2 Reescreva as frases usando porcentagem.

a. 3 em cada 100 mulheres.
_____

b. 15 em cada 100 gatos.
_____

c. $\frac{42}{100}$ dos cadernos.
_____

3 Escreva as porcentagens usando uma fração com denominador 100.

a. 8%: _____   **c.** 47%: _____   **e.** 74%: _____

b. 32%: _____   **d.** 56%: _____   **f.** 100%: _____

4 Talita foi a uma livraria e observou que vários livros estão em promoção. Ela escolheu um livro de romance que custava R$ 20,00 e um livro de poesia que custava R$ 30,00.

Poesia 10% de desconto
Romance 50% de desconto

■ Observe como Talita pensou, calcule o valor dos descontos dos livros que ela escolheu e, depois, complete.

> Posso representar 50% na forma de fração: $\frac{50}{100}$.
> Dividindo o numerador e o denominador por 50, obtenho uma fração equivalente:
> $\frac{50}{100} = \frac{1}{2}$

> Então, calcular 50% de um valor é o mesmo que calcular $\frac{1}{2}$ desse valor, ou seja, a metade desse valor.

> Posso representar 10% na forma de fração: $\frac{10}{100}$.
> Dividindo o numerador e o denominador por 10, obtenho uma fração equivalente:
> $\frac{10}{100} = \frac{1}{10}$

> Então, calcular 10% de um valor é o mesmo que calcular $\frac{1}{10}$ desse valor.

O valor do desconto do livro de romance é R$ _____ e o valor do desconto do livro de poesia é R$ _____.

5 Observe o cartaz da promoção de uma loja.

★ **PROMOÇÃO** ★
Levando três ou mais peças de roupas, ganhe 100% do valor da sua compra para gastar na próxima compra.

■ Joaquim comprou três peças de roupas e gastou R$ 250,00 nessa compra. Quantos reais ele ganhará para gastar em sua próxima compra? Leia o que ele disse e complete.

> Posso representar 100% na forma de fração: $\frac{100}{100}$.
> Sei que essa é uma fração aparente que representa o número 1.

> Então, calcular 100% de um valor é o mesmo que multiplicar esse valor por 1.

Joaquim vai ganhar R$ _____ para gastar na sua próxima compra.

6 Juliana conseguiu um desconto de 10% na compra de uma mochila. O preço sem desconto é R$ 90,00. Complete as frases a seguir para descobrir quanto ela pagou pela mochila.

10% de 90 reais é igual a $\frac{10}{100}$ ou $\frac{}{10}$ de 90 reais, ou seja, _____ reais.

90 reais menos _____ reais é igual a _____ reais.

Logo, Juliana pagou _____ reais pela mochila.

7 Fabiano quer comprar um celular que custa R$ 800,00. Nesse mês, ele só tem 250 reais para gastar com o celular e, no mês que vem, terá R$ 600,00 para esse mesmo gasto. O vendedor, então, disse a Fabiano que ele pode pagar 25% do valor agora e 75% do valor no próximo mês.

Observe como Fabiano pensou para calcular os valores que o vendedor informou.

Posso representar 25% na forma de fração: $\frac{25}{100}$.
Dividindo o numerador e o denominador por 25, obtenho uma fração equivalente:
$\frac{25}{100} = \frac{1}{4}$

Então, calcular 25% de um valor é o mesmo que calcular $\frac{1}{4}$ desse valor.

Posso representar 75% na forma de fração: $\frac{75}{100}$.
Dividindo o numerador e o denominador por 25, obtenho uma fração equivalente:
$\frac{75}{100} = \frac{3}{4}$

Então, calcular 75% de um valor é o mesmo que calcular $\frac{3}{4}$ desse valor.

a. Quanto é 25% de 800? _____

b. Quanto é 75% de 800? _____

c. Fabiano conseguirá comprar o celular nesse mês se pagar como o vendedor sugeriu? _____

8 Observe como Laís fez para calcular 10% de 450 usando uma calculadora:

[4] [5] [0] [×] [1] [0] [%]   45

Agora é a sua vez! Calcule as porcentagens a seguir usando uma calculadora e registre as teclas que você vai usar.

a. 25% de 1000 = _____

b. 75% de 1000 = _____

9 Júlio ganhou um prêmio de 500 reais e quer guardar 20% na poupança. Quantos reais Júlio vai guardar na poupança?

Observe como Júlio calculou e complete.

> Eu quero guardar 20% de 500 reais. Posso pensar que são 20 reais de cada 100 reais.

Portanto, Júlio vai guardar _____ reais no total.

- Se Júlio decidisse guardar 40% do prêmio na poupança, quantos reais ele guardaria? Faça um desenho para mostrar seu cálculo. _____

Tratamento da informação

Probabilidade

1 Alícia está jogando um dado comum e vai observar a face voltada para cima.

a. Quais números podem sair na face voltada para cima?

b. Jogando o dado, qual face tem mais chance de sair: a com o número 1 ou com o número 6? Por quê?

c. Você acredita que, jogando o dado, algum número tem mais chance de sair do que outro? Converse com os colegas e o professor.

d. Observando o dado, podemos dizer que há 1 chance de sair o número 2 em 6 possibilidades, ou seja, dizemos que a probabilidade de sair o número 2 no lançamento do dado é 1 em 6 ou $\frac{1}{6}$. Qual é a probabilidade de sair o número 1?

> A medida da chance é chamada de **probabilidade** e ela pode ser expressa por uma fração ou pela porcentagem correspondente.

e. No dado, há 3 números pares, dizemos que a probabilidade de sair um número par é de $\frac{3}{6}$ ou $\frac{1}{2}$ ou 50%. Então, qual é a probabilidade de sair um número ímpar?

2 Em uma urna, há 10 bolinhas e, em cada bolinha, há uma letra da palavra PERNAMBUCO.

   a. Se uma bolinha é sorteada ao acaso, sem olhar, é mais provável que saia uma bolinha com consoante ou com vogal? Por quê? Converse com os colegas e o professor.

   b. Qual é a probabilidade de uma vogal ser sorteada? _____

   c. Qual é a probabilidade de uma consoante ser sorteada? _____

   d. Qual é a probabilidade de a letra X ser sorteada? _____

3 José, Alfredo e Joaquim decidiram brincar com um jogo de tabuleiro chamado roleta da sorte. Nesse jogo, cada jogador, na sua vez, gira a seta da roleta, que está dividida igualmente em oito partes coloridas. Cada cor representa a quantidade de casas que se deve andar na trilha do tabuleiro. Veja a roleta do jogo representada abaixo.

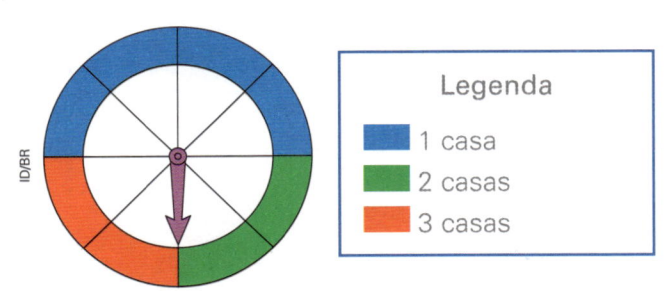

Legenda
- 1 casa
- 2 casas
- 3 casas

   a. Quais são as possibilidades de cores em que a roleta pode parar?
   _____

   b. José começou o jogo, girando a seta da roleta. Em qual das cores da roleta há maior chance de a seta parar? Por quê?
   _____

   Nesse caso, podemos dizer que a probabilidade de a seta parar na cor azul é de 4 em 8 ou $\frac{4}{8}$, ou seja, $\frac{1}{2}$ ou 50%.

   c. As cores verde e vermelha têm a mesma probabilidade de serem apontadas pela seta assim que ela parar? Por quê? Converse com os colegas e o professor.

   d. Indique a probabilidade de a seta apontar para a cor verde com uma porcentagem. _____

Vamos ler imagens!

Poemas visuais

Os poemas visuais são formas de expressão artística em que imagens e palavras estão em uma relação muito próxima.

Nesta seção, você vai observar alguns casos em que a matemática também está presente.

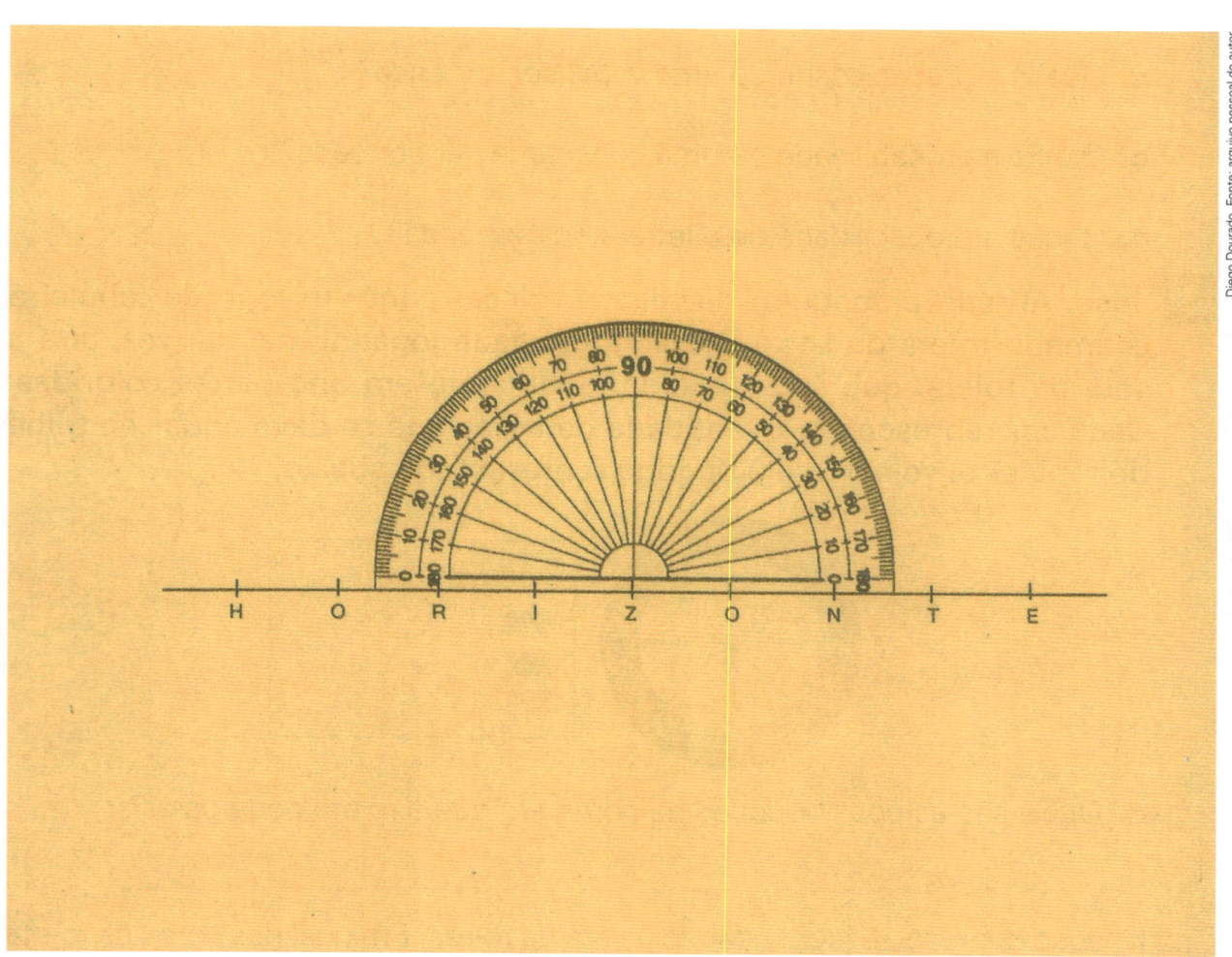

Diego Dourado. *Estudos para o sol*, 2016. Impressão sobre papel.

Nesse poema visual, podemos observar, centralizada em um papel, uma imagem com diversos elementos que se combinam. Há uma linha que se parece com uma reta numérica e, sobre ela, um transferidor. Esses dois elementos remetem o leitor ao universo da matemática.

No entanto, no lugar de números, há letras na parte de baixo da reta que, juntas, formam a palavra **horizonte**. Se olharmos de outra maneira, o transferidor já não é apenas um objeto utilizado nas aulas de Matemática: ele é também o sol, que brilha e espalha seus raios de luz.

O poema nos mostra a possibilidade de experimentar algo completamente novo, misturando imagem e texto escrito.

Agora é a sua vez

1. Observe outro poema visual e responda às questões sobre ele.

Tchello d'Barros. *Cubos³*. Desenho digital vetorizado.

a. Qual é a figura geométrica que se repete nesse poema visual?

b. Quantas palavras se repetem em todo o espaço desse poema visual?

c. Que palavras são essas?

d. Como seria possível representar, na forma de fração, o número de vezes que cada palavra aparece em cada face dessa figura geométrica?

2. Sobre as palavras escritas no poema visual, responda às questões a seguir.

a. O que há de parecido entre essas palavras?

b. Que relação é possível estabelecer entre essas palavras no que se refere ao sentido?

c. Por que você acha que foi escolhida essa figura geométrica para esse poema visual?

Aprender sempre

1 Aline e Roberto fizeram uma pesquisa com 100 pessoas do bairro para saber em que estabelecimento elas costumam fazer compras. Para apresentar a pesquisa aos colegas e ao professor, eles construíram um gráfico.

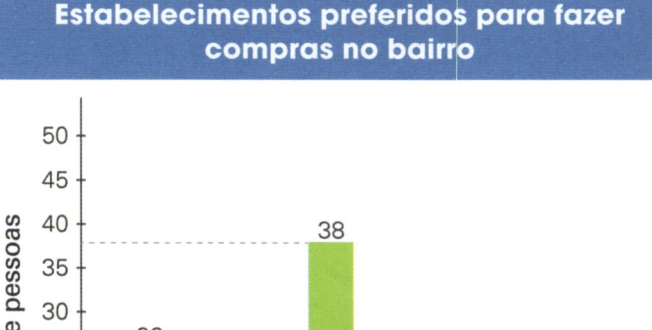

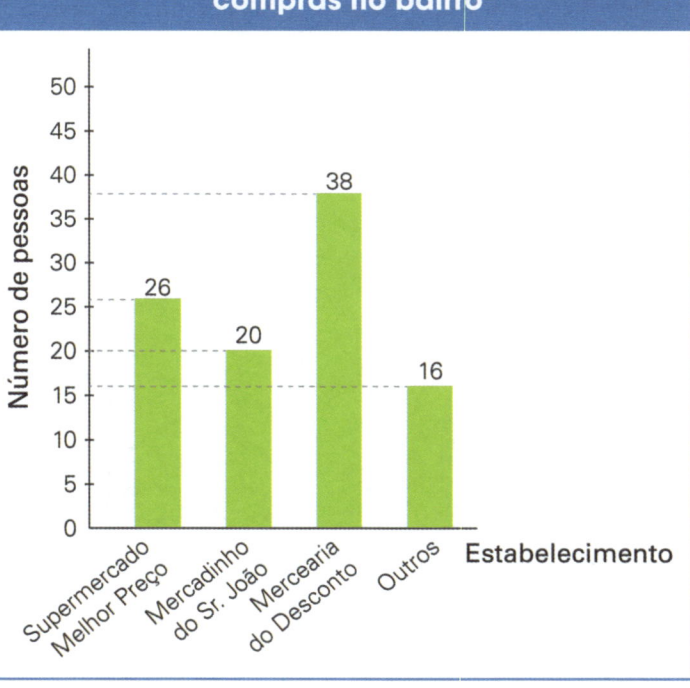

De 100 pessoas, 26 preferem fazer compras no Supermercado Melhor Preço.

Estabelecimentos preferidos para fazer compras no bairro

Número de pessoas:
- Supermercado Melhor Preço: 26
- Mercadinho do Sr. João: 20
- Mercearia do Desconto: 38
- Outros: 16

Esse número corresponde a 26% dos entrevistados.

Dados obtidos por Aline e Roberto.

Responda às questões a seguir de acordo com as informações do gráfico.

a. Qual é a porcentagem dos entrevistados que costuma fazer suas compras na Mercearia do Desconto? _____

b. Qual é a porcentagem de pessoas entrevistadas que não faz compras nos locais citados? _____

c. Que parte dos entrevistados não faz suas compras no Mercadinho do Sr. João? Escreva sua resposta em porcentagem. _____

d. A sua família tem o hábito de fazer pesquisa de preço antes de comprar algum produto? Converse com os colegas e o professor sobre a importância de economizar ao comprar qualquer produto.

Saber Ser

2 Escreva as duas frações equivalentes a $\frac{1}{5}$ representadas pelas figuras a seguir.

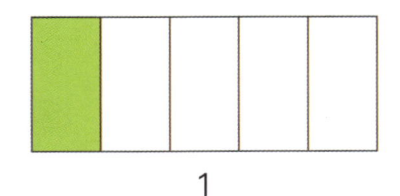

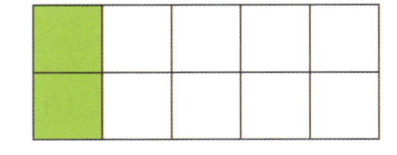

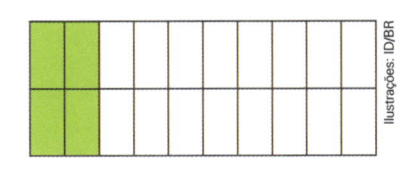

$\frac{1}{5}$ _____ _____

3 Bruno dividiu igualmente $\frac{3}{5}$ de uma barra de cereal entre ele e o irmão. Que fração da barra de cereal cada um recebeu? Complete.

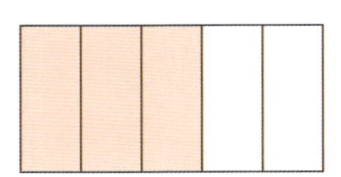

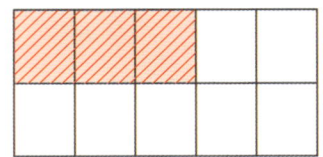

_____ da barra de cereal.

Dividem-se _____ da barra em 2 partes iguais, destacando-se uma delas.

Cada um recebeu _____ da barra de cereal.

4 Responda às questões abaixo.

a. Que fração é equivalente a $\frac{1}{5}$ e tem denominador 15? _____

b. Que fração é equivalente a $\frac{4}{7}$ e tem numerador 16? _____

c. Que fração é equivalente a $\frac{8}{20}$ e tem denominador 10? _____

d. Que fração é equivalente a $\frac{25}{45}$ e tem numerador 5? _____

5 Complete as sentenças abaixo com os símbolos = (igual a), > (maior que) ou < (menor que).

a. $\frac{1}{2}$ ____ $\frac{3}{6}$

b. $\frac{7}{12}$ ____ $\frac{14}{24}$

c. $\frac{2}{5}$ ____ $\frac{5}{10}$

d. $\frac{3}{5}$ ____ $\frac{21}{35}$

e. $\frac{2}{4}$ ____ $\frac{7}{12}$

f. $\frac{16}{64}$ ____ $\frac{1}{8}$

CAPÍTULO 7

Decimais

Ayssa está participando de um campeonato de ginástica artística com suas amigas Alice e Angelina.

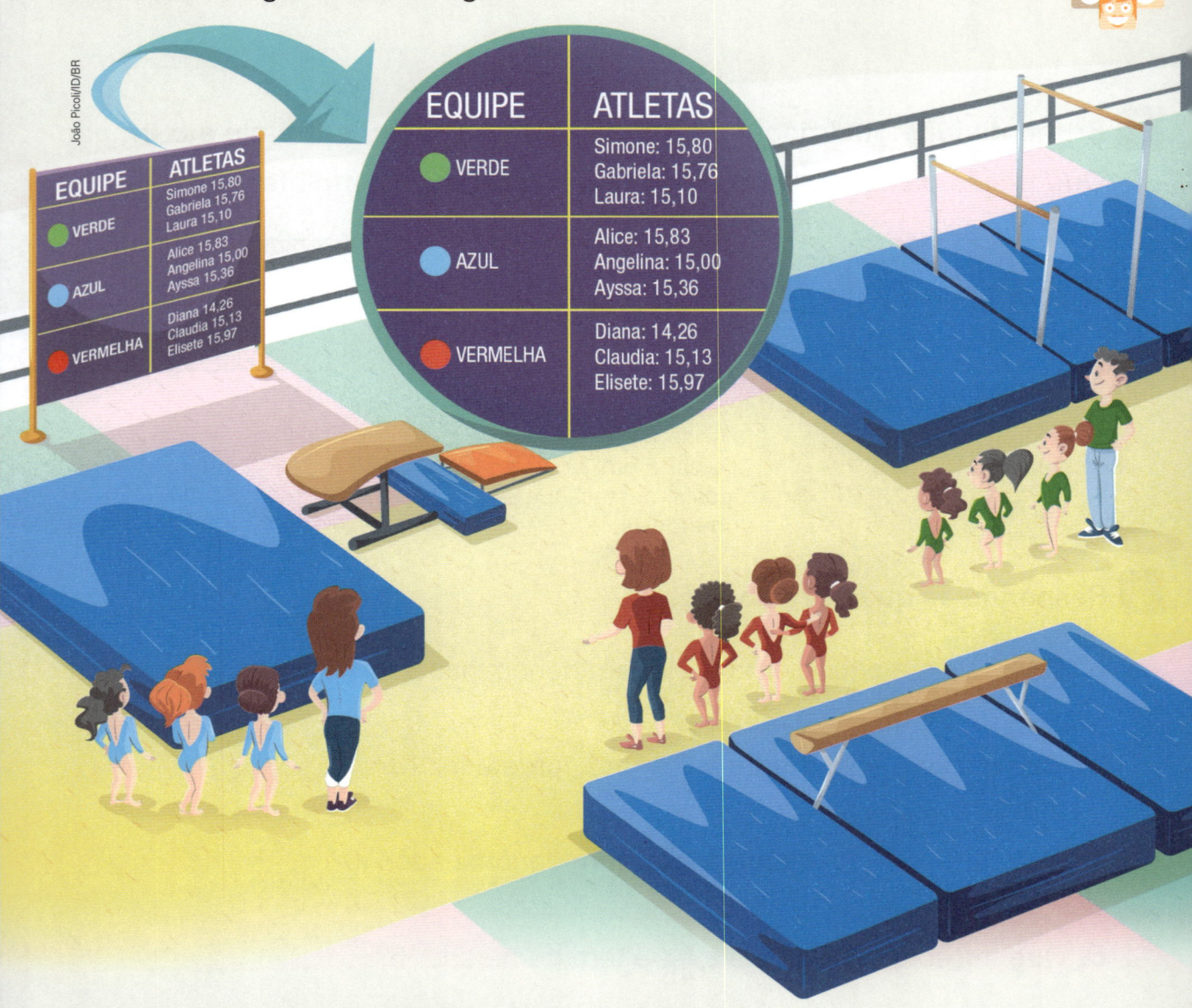

EQUIPE	ATLETAS
VERDE	Simone: 15,80 Gabriela: 15,76 Laura: 15,10
AZUL	Alice: 15,83 Angelina: 15,00 Ayssa: 15,36
VERMELHA	Diana: 14,26 Claudia: 15,13 Elisete: 15,97

▸ Qual foi a nota de Diana? Como se lê esse número?

▸ A nota de Ayssa foi maior ou menor que 15,00?

▸ Quem obteve a maior pontuação em cada uma das equipes?

▸ A ginástica artística é uma das modalidades da ginástica. Você conhece essa modalidade? Conhece alguém que pratica esse esporte?

Números decimais

1 Joana preparou uma torta e dividiu-a em 10 fatias de mesmo tamanho.

Cada fatia dessa torta corresponde a **um décimo** da torta inteira. Quando dividimos a unidade, ou o inteiro, em 10 partes iguais, cada parte corresponde a $\frac{1}{10}$ da unidade. Também podemos representar cada parte da torta com o **número decimal** 0,1.

$$\frac{1}{10} = 0,1 \text{ ou um décimo}$$

Na escrita **0,1**, a vírgula separa a **parte inteira** da **parte decimal** do número. Observe.

Parte inteira			Parte decimal
C	D	U,	décimos (d)
		1	
		0,	1

÷ 10

Joana comeu dois pedaços dessa torta. Observe e responda às questões a seguir com uma fração, com um número decimal e por extenso.

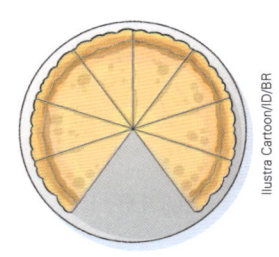

a. Quanto da torta Joana comeu?

_____

b. Quanto da torta sobrou?

_____

2 Localize na reta numérica o número indicado em cada quadro.

| 5,1 | 3,3 | 4,9 | 4,2 | 3,6 | 5,7 |

cento e sessenta e nove

3 Escreva no quadro o número que cada letra representa na reta numérica.

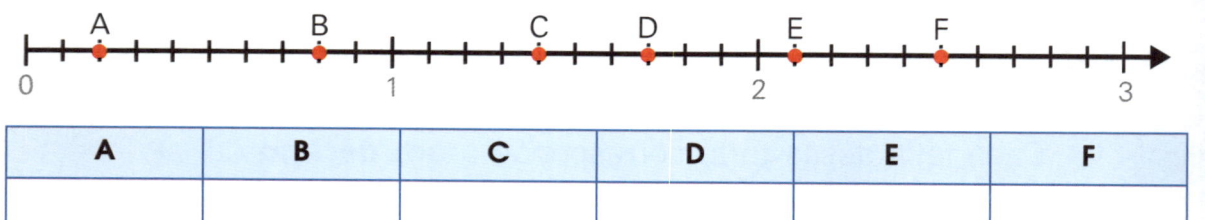

A	B	C	D	E	F

4 Mariana e seus 2 irmãos, João e Fernando, montaram um painel de 100 peças, todas de mesmo tamanho.

Cada peça corresponde a **um centésimo** do painel. Quando dividimos a unidade em 100 partes iguais, cada parte equivale a $\frac{1}{100}$ da unidade. Também podemos representar cada parte do painel com o número decimal **0,01**.

$$\frac{1}{100} = 0,01 \text{ ou um centésimo}$$

Observe como podemos registrar os centésimos no quadro abaixo.

Parte inteira			Parte decimal	
C	D	U,	décimos (d)	centésimos (c)
		1		
		0,	0	1

÷ 100

a. Escreva com uma fração, com um número decimal e por extenso a que parte do painel corresponde a quantidade de peças que cada irmão colocou.

• João colocou 23 peças.

_____

• Mariana colocou 51 peças.

_____

• Fernando colocou o restante das peças.

_____

b. Como você faria para descobrir quem montou a maior parte do painel? Converse com os colegas e o professor sobre qual seria a sua estratégia.

5 Juliana está brincando com o "cubo maluco". Ele é formado por 1000 cubinhos de mesmo tamanho.

Cada cubinho corresponde a **um milésimo** do cubo.

Quando dividimos a unidade em 1000 partes iguais, cada parte equivale a $\frac{1}{1000}$ da unidade. Também podemos representar cada cubinho do "cubo maluco" com o número decimal **0,001**.

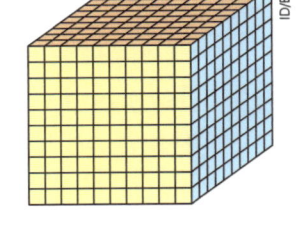

$$\frac{1}{1000} = 0,001 \text{ ou um milésimo}$$

Observe como podemos registrar os milésimos no quadro abaixo.

Parte inteira			Parte decimal		
C	D	U,	décimos (d)	centésimos (c)	milésimos (m)
		1			
		0,	0	0	1

÷ 1000

Agora, escreva usando uma fração e um número decimal a que parte do "cubo maluco" corresponde a quantidade de cubinhos indicada em cada item.

a. 30 cubinhos: _____

b. 567 cubinhos: _____

6 Observe o exemplo e complete o quadro abaixo.

Número decimal	Parte inteira	Parte decimal	Leitura
30,201	30	201	trinta inteiros e duzentos e um milésimos
23,15			
101,2			
5,09			

O sistema de numeração e os decimais

1 Mateus e Giovana estão conversando a respeito de uma reportagem que leram no jornal. Observe.

> Li em uma reportagem que, atualmente, 6 em cada 10 moradores da nossa cidade pagam aluguel.

> Podemos dizer também que 60 em cada 100 moradores de nossa cidade pagam aluguel.

- Você concorda com a afirmação de Giovana? Converse com os colegas e o professor.

2 Para verificar se o que Giovana disse está correto, podemos representar as informações usando retângulos de mesma medida divididos de duas maneiras e depois comparar essas representações. Observe.

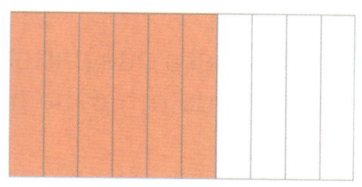

Para representar o que Mateus disse, dividimos o retângulo em 10 partes iguais e pintamos 6 partes.

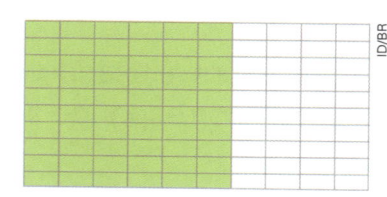

Para representar o que Giovana disse, dividimos o retângulo em 100 partes iguais e pintamos 60 partes.

Responda às questões a seguir de acordo com as representações acima.

a. Quantos décimos foram pintados de vermelho? _____

b. Quantos centésimos foram pintados de verde? _____

c. Compare a primeira coluna das duas representações. De quantos centésimos precisamos para formar um décimo? _____

d. Quantos centésimos são necessários para formar 6 décimos?

_____

e. Complete a afirmação abaixo usando os sinais < (menor que), = (igual a) ou > (maior que).

Podemos escrever que $\frac{60}{100}$ _____ $\frac{6}{10}$ ou 0,60 _____ 0,6.

3 Observe como o número 1,32 está representado.

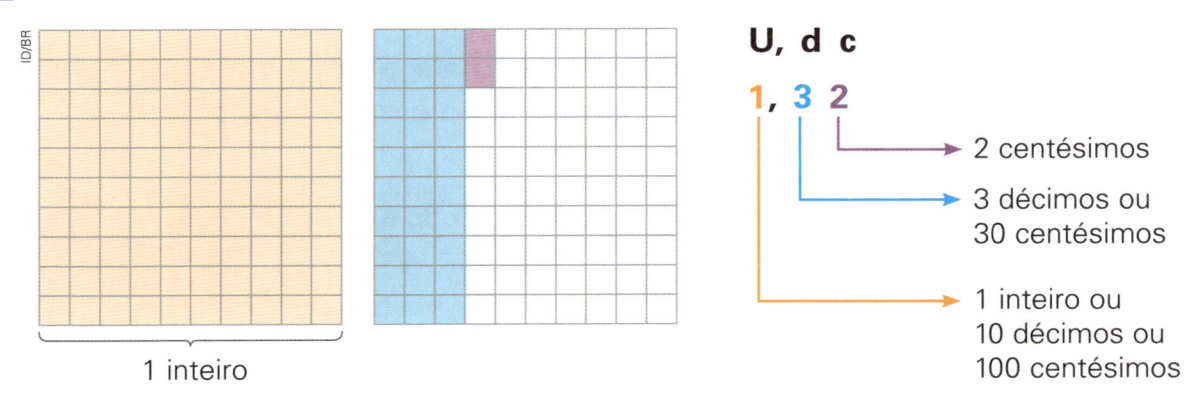

1 inteiro

U, d c
1, 3 2
→ 2 centésimos
→ 3 décimos ou 30 centésimos
→ 1 inteiro ou 10 décimos ou 100 centésimos

Lemos: um inteiro e trinta e dois centésimos ou um inteiro, três décimos e dois centésimos.

Agora, converse com os colegas e o professor sobre as afirmações abaixo. Elas são verdadeiras?

a. Juntando 10 milésimos, formamos 1 centésimo.

b. Juntando 10 centésimos, formamos 1 décimo.

c. Juntando 10 décimos, formamos 1 unidade.

4 Escreva como lemos os números abaixo de duas maneiras.

a. 9,25: _____

b. 3,672: _____

c. 1,105: _____

5 Complete o quadro a seguir decompondo os números decimais. Veja o exemplo.

Número	Decomposição
1,75	1 + 0,75 ou 1 + 0,7 + 0,05
9,45	
3,60	
2,8	

Comparando números decimais

1 Ana anotou no quadro abaixo o preço de alguns produtos em dois mercados diferentes. Em qual deles o suco é mais barato?

Produto	Supermercado A	Supermercado B
Molho de tomate	R$ 2,05	R$ 1,64
Suco	R$ 3,89	R$ 3,99
Arroz	R$ 12,02	R$ 12,70
Feijão	R$ 2,66	R$ 2,36

Para responder a essa pergunta, temos que comparar o preço do suco nos dois mercados, ou seja, temos que comparar os números decimais 3,89 e 3,99. Começamos comparando as partes inteiras. Se elas forem iguais, comparamos a parte decimal: primeiro os décimos e depois os centésimos. Observe.

$$3,89 \qquad 3,99$$

Como as partes **inteiras** são iguais, comparamos os **décimos**.

8 décimos < 9 décimos. Assim, 3,89 < 3,99.

Logo, o suco é mais barato no supermercado _____.

Agora, responda às questões.

a. Em qual supermercado o preço do arroz é maior?

_____

b. Em qual supermercado o preço do feijão é menor?

_____

c. No supermercado **A**, qual é o produto mais caro: o molho de tomate ou o feijão? _____

d. Você compraria todos os produtos no mesmo supermercado ou compraria parte no supermercado **A** e parte no supermercado **B**? Por quê? Converse com os colegas e o professor.

2 Escreva os números das fichas nas posições correspondentes na reta numérica.

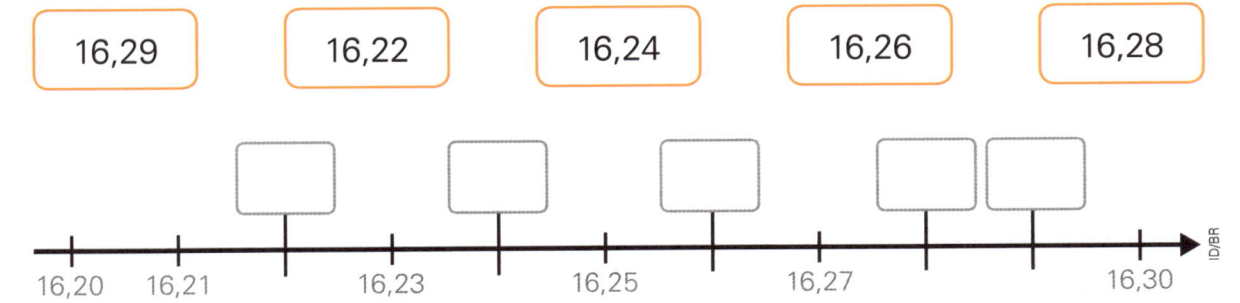

| 16,29 | 16,22 | 16,24 | 16,26 | 16,28 |

Reta numérica: 16,20 16,21 __ 16,23 __ 16,25 __ 16,27 __ __ 16,30

Agora, responda às questões a seguir.

a. O número 16,25 é maior ou menor que o número 16,21? Por quê?

_____

b. O número 16,27 é maior ou menor que o número 16,30? Por quê?

_____

3 Compare os números de cada item usando os símbolos < (menor que), = (igual a) ou > (maior que).

a. 3,37 ☐ 2,39   **d.** 5,25 ☐ 5,45   **g.** 0,081 ☐ 0,008

b. 2,54 ☐ 2,65   **e.** 10,04 ☐ 10,01   **h.** 40,162 ☐ 40,692

c. 4,2 ☐ 4,20   **f.** 122,35 ☐ 121,35 **i.** 1,07 ☐ 1,70

4 Faça o que se pede em cada item.

a. Usando apenas os algarismos 6, 3 e 2, sem repeti-los, escreva seis números diferentes com dois algarismos na parte decimal.

_____

b. Você poderia escrever outros números no item **a**? Quais? _____

c. Qual foi o maior número decimal que você escreveu no item **a**? E o menor?

_____

d. Reescreva os números que você obteve no item **a** em ordem decrescente. Use o símbolo > (maior que). _____

Vamos resolver!

1 Responda às questões a seguir.

a. Uma unidade equivale a quantos décimos? _____

b. Quantos centésimos formam uma unidade? _____

c. Uma unidade equivale a quantos milésimos? _____

d. Um milésimo é que fração de um inteiro? _____

2 Escreva os números como no exemplo a seguir.

> 6,489 = 6 + 0,4 + 0,08 + 0,009 ou 6 unidades, 4 décimos,
> 8 centésimos e 9 milésimos ou 6 unidades e 489 milésimos.

a. 2,175: _____

b. 8,321: _____

3 Observe a reta numérica e escreva qual letra corresponde a cada número a seguir.

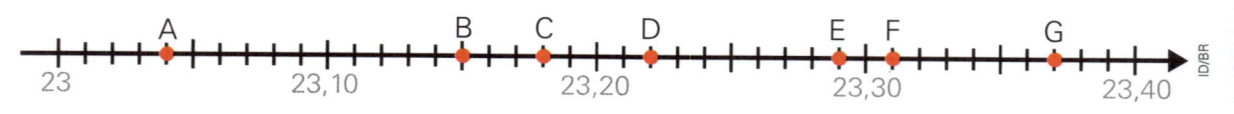

23,18: _____   23,15: _____   23,31: _____   23,22: _____

23,29: _____   23,37: _____   23,04: _____

4 Neste ano, a escola em que Priscila estuda organizou um concurso para premiar a melhor fantasia de Carnaval. Veja no quadro as notas que os jurados deram a seis alunos e faça o que se pede.

	Jurado 1	Jurado 2	Jurado 3	Total
Priscila	9,382	8,347	7,930	25,659
Carlos	8,728	8,432	9,392	26,552
Juliano	8,921	8,950	10,000	27,871
Marcelo	10,000	10,000	9,389	29,389
Raquel	9,342	9,240	9,289	27,871
Beatriz	10,000	9,273	9,390	28,663

a. Quem ficou em primeiro lugar? _____

b. Nesse concurso, dois alunos ficaram empatados. Que alunos são esses? Que nota eles obtiveram?

_____

c. Que jurado deu a maior nota à fantasia de Priscila? Que nota foi essa?

_____

d. Qual foi a menor nota que o jurado 1 deu? Para quem ele deu essa nota?

_____

e. Quais são os alunos que têm o total das notas entre 25 e 27? E entre 27 e 29? _____

f. Escreva em ordem crescente e usando o símbolo < (menor que) as notas que Priscila, Carlos e Raquel receberam dos três jurados.

- Priscila: _____

- Carlos: _____

- Raquel: _____

Adição com decimais

1 Em uma loja de roupas, Marina escolheu uma blusa e uma saia. Quanto Marina vai pagar por essa compra aproximadamente?

R$ 22,15

R$ 19,68

Para responder à pergunta acima, podemos arredondar os preços das peças que Marina escolheu e, depois, adicioná-los. Observe a representação desses preços nas retas numéricas abaixo e responda às questões a seguir.

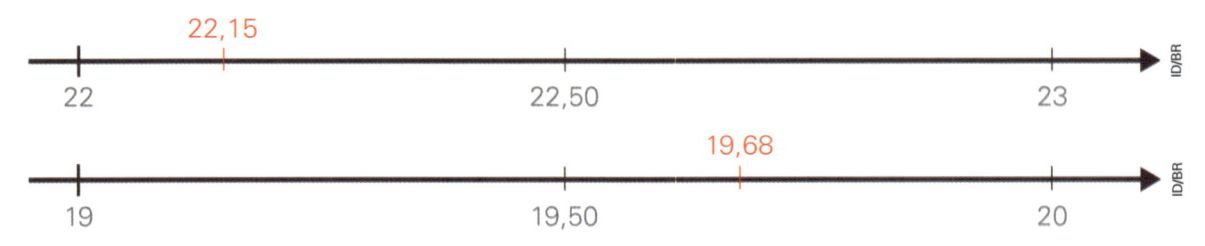

a. R$ 22,15 está mais próximo de R$ 22,00 ou de R$ 23,00? _____

b. R$ 19,68 está mais próximo de R$ 19,00 ou de R$ 20,00? _____

c. Que adição podemos fazer para calcular o resultado aproximado de R$ 22,15 + R$ 19,68? _____

d. Quanto Marina vai pagar por essa compra aproximadamente? _____

2 Em outra loja, Marina viu o mesmo modelo de blusa por R$ 23,65 e o mesmo modelo de saia por R$ 18,75. Arredonde os valores para o número inteiro mais próximo e calcule quantos reais Marina gastaria, aproximadamente, nessa outra loja.

3 Para saber quanto Marina pagaria exatamente pelas compras na primeira loja, podemos calcular 22,15 + 19,68 com o algoritmo usual. Primeiro, adicionamos a parte decimal e, depois, a parte inteira. Observe e complete.

	D	U,	d	c
			1	
	2	2,	1	5
+	1	9,	6	8
			1	3

5 centésimos mais 8 centésimos são _____ centésimos.

_____ centésimos equivalem a _____ décimo

e _____ centésimos.

	D	U,	d	c
			1	
	2	2,	1	5
+	1	9,	6	8
			8	3

1 décimo mais 1 décimo mais 6 décimos são _____ décimos.

	D	U,	d	c
	1		1	
	2	2,	1	5
+	1	9,	6	8
	1	1,	8	3

2 unidades mais 9 unidades são _____ unidades.

_____ unidades equivalem a _____ dezena e _____ unidade.

	D	U,	d	c
	1		1	
	2	2,	1	5
+	1	9,	6	8
	4	1,	8	3

1 dezena mais 2 dezenas mais 1 dezena são _____ dezenas.

Marina pagaria exatamente R$ _____ pelas compras na primeira loja.

> Na adição de números decimais, adicionamos os centésimos aos centésimos, os décimos aos décimos, as unidades às unidades, as dezenas às dezenas e assim por diante, fazendo os reagrupamentos necessários.
> Lembre-se: 10 centésimos equivalem a 1 décimo;
> 10 décimos equivalem a 1 unidade;
> 10 unidades equivalem a 1 dezena.

4 No caderno, calcule exatamente quanto Marina gastaria na segunda loja usando o algoritmo usual e complete a resposta a seguir.

Mariana gastaria exatamente R$ _____ na segunda loja.

5 Para calcular o resultado de 32,5 + 57,4, Edson decompôs os números e depois os adicionou. Veja como ele fez.

$$32,5 + 57,4 =$$
$$= 30 + 2 + 0,5 + 50 + 7 + 0,4 =$$
$$= 30 + 50 + 2 + 7 + 0,5 + 0,4 =$$
$$= 80 + 9 + 0,9 = 89,9$$

- Faça como Edson e calcule o resultado da adição 92,32 + 49,12 decompondo os números.

6 Veja como Vítor fez para calcular o resultado de 1,38 + 14,956.

Podemos acrescentar um zero na ordem dos milésimos do número 1,38 porque 8 centésimos é igual a 80 milésimos. Depois, é só calcular, fazendo as trocas necessárias.

D	U,	d	c	m
	1,	¹3	¹8	0
+1	4,	9	5	6
1	6,	3	3	6

- Agora, faça como Vítor e calcule o resultado de 1,45 + 19,907.

Subtração com decimais

1 Leia o texto abaixo.

> Ana Clara estava arrumando a caixa de costura e encontrou dois pedaços de fita: um deles de 0,63 m e o outro de 2,51 m.

Observe os números decimais que aparecem no texto e responda às questões a seguir.

a. 0,63 m está mais próximo de 0 m ou de 1 m? _____

b. 2,51 m está mais próximo de 2 m ou de 3 m? _____

c. Qual é a diferença aproximada de comprimento dos pedaços de fita que Ana Clara encontrou? _____

2 Júlio gastou R$ 46,25 comprando roupas. Para facilitar o troco, entregou ao caixa R$ 50,25. Complete a subtração no algoritmo usual abaixo, começando pela parte decimal, para calcular quanto Júlio receberá de troco.

```
  D  U,  d  c
  5  0,  2  5
- 4  6,  2  5
           0
```
← 5 centésimos menos 5 centésimos é igual a _____ centésimo.

```
  D  U,  d  c
  5  0,  2  5
- 4  6,  2  5
        0  0
```
← 2 décimos menos 2 décimos é igual a _____ décimo.

```
  D  U,  d  c
  ⁴5̸ ₁0, 2  5
-  4  6,  2  5
         4, 0  0
```
← Não conseguimos subtrair 6 unidades de 0 unidade, então trocamos 1 dezena por 10 unidades. Nesse caso, ficamos com 4 dezenas e 10 unidades. 10 unidades menos 6 unidades é igual a _____ unidades.

```
  D  U,  d  c
  ⁴5̸ ₁0, 2  5
-  4  6,  2  5
      0  4, 0  0
```
← 4 dezenas menos 4 dezenas é igual a _____ dezena.

Júlio receberá _____ de troco.

3 Bruna parou no posto para abastecer e gastou R$ 79,60 de combustível. Para pagar, ela deu uma cédula de R$ 100,00. Veja como o frentista calculou o troco que teria de entregar a Bruna.

> Para calcular 100,00 − 79,60, fiz 99,99 − 79,60. Como 99,99 é 0,01 menor que 100,00, eu adicionei 0,01 ao resultado. Logo, 100,00 − 79,60 = 20,40

C	D	U,	d	c
	9	9,	9	9
−	7	9,	6	0
	2	0,	3	9

a. Por que o frentista substituiu 100,00 por 99,99 para calcular o troco de Bruna? Converse com os colegas e o professor.

b. Agora, calcule o resultado de 200,00 − 137,85, no caderno, usando a estratégia do frentista. Em seguida, complete.

200,00 − 137,85 = _____

4 Observe como podemos calcular o resultado da subtração 47,5 − 30,4 decompondo os números e complete.

47,5 → 4 dezenas, 7 unidades e 5 décimos
30,4 → 3 dezenas, 0 unidade e 4 décimos

_____ dezena, _____ unidades e _____ décimo

Então, 47,5 − 30,4 = _____.

5 Calcule o resultado de 599,69 − 259,18 decompondo os números.

599,69 − 259,18 = _____

6 Veja como Susi fez para efetuar 312,3 − 294,429.

Acrescentamos um zero na ordem dos centésimos e um zero na ordem dos milésimos do número 312,3 porque 3 décimos é igual a 300 milésimos. Depois, é só calcular, fazendo as trocas necessárias.

C	D	U,	d	c	m
2	10	11	12	9	
3̶	1̶	2̶,	3̶	1̶0̶	10
− 2	9	4,	4	2	9
0	1	7,	8	7	1

■ Agora, faça como Susi e calcule o resultado de 145,9 − 49,623.

7 Calcule o resultado das subtrações a seguir do jeito que você preferir.

a. 233,489 − 49,584 = _____

b. 462 − 12,563 = _____

8 Calcule mentalmente:

a. 582,001 − 580,001 = _____

b. 29,4 − 29 = _____

cento e oitenta e três

Multiplicação com decimais

1 Dionísio cuida das plantas do zoológico. Ele precisa cercar um canteiro localizado na alameda dos Felinos que tem a forma de um quadrado.

Para saber quantos metros de cerca ele vai precisar para contornar todo o canteiro, Dionísio mediu um dos lados do canteiro e fez um desenho, como o mostrado ao lado.

3,2 m

a. Faça uma estimativa e calcule aproximadamente quantos metros de cerca serão necessários para contornar o canteiro.

b. Para calcular o valor exato, podemos efetuar 3,2 + 3,2 + 3,2 + 3,2. Como nessa adição as quatro parcelas são iguais a 3,2, podemos representá-la com a multiplicação 4 × 3,2. Observe como podemos efetuar essa multiplicação com o algoritmo usual e complete.

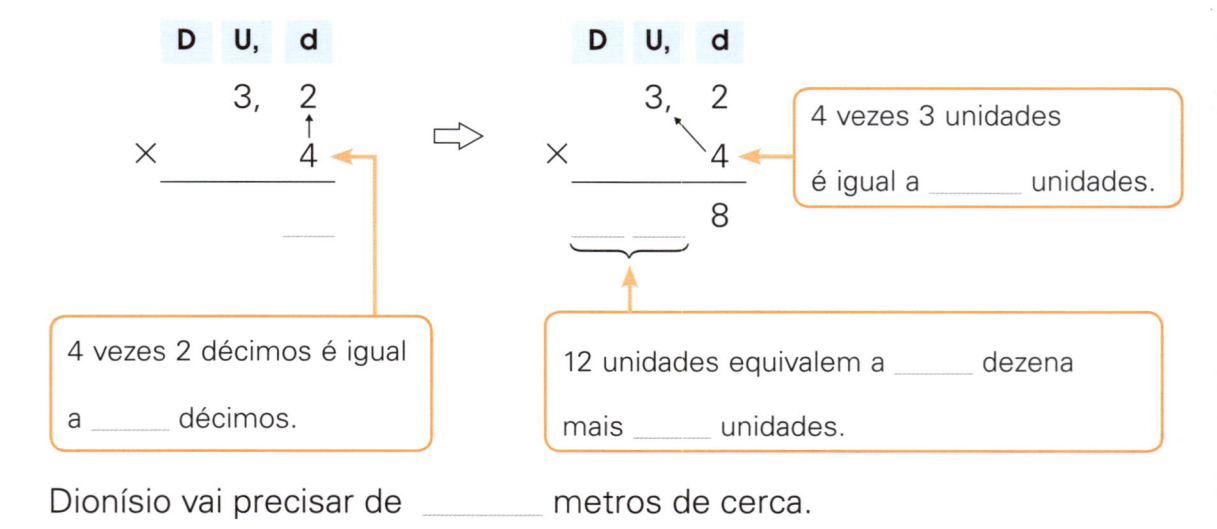

D	U,	d
	3,	2
×		4

⇒

D	U,	d
	3,	2
×		4
		8

4 vezes 3 unidades é igual a _____ unidades.

4 vezes 2 décimos é igual a _____ décimos.

12 unidades equivalem a _____ dezena mais _____ unidades.

Dionísio vai precisar de _____ metros de cerca.

184 cento e oitenta e quatro

2 Nelson foi a uma loja de construção comprar alguns metros de corrente para usar em seu estacionamento.

O metro da corrente custa R$ 8,00.

Preciso de 47,8 metros de corrente.

Quantos reais ele vai gastar comprando toda a metragem de que precisa?

Nelson vai gastar R$ _____ comprando a metragem de que precisa.

3 Veja como Cristina calculou o resultado da multiplicação abaixo.

	D	U,	d	c
	1	3,	7	6
×				7
	8	6,	3	2

Cristina cometeu um engano ao fazer esse cálculo. Escreva qual foi o engano cometido por ela. Depois, refaça no caderno essa multiplicação e descubra o resultado correto.

_____

_____

> @ Que tal fazer compras em uma feira virtual? Para realizar essa tarefa, acesse o jogo "Um dia de compras".
> Disponível em: <http://www.projetos.unijui.edu.br/formacao/____series_iniciais/matematica/um-dia-de_compras/Um_dia_de_Compras/index.html>.
> Acesso em: 19 jan. 2018.

Multiplicação com decimais por 10, por 100 e por 1 000

1 O açúcar está em promoção no supermercado. Vanessa, que é confeiteira, aproveitou a promoção e comprou 10 quilogramas. Quanto ela pagou pelos 10 quilogramas de açúcar?

PROMOÇÃO de R$ 3,26 por R$ 3,12

Para responder a essa pergunta, podemos efetuar a multiplicação 10 × 3,12.

Veja abaixo como é possível efetuar 10 × 3,12 decompondo o número 3,12 e complete.

$$3,12 = 3 + 0,1 + 0,02$$

```
   3 + 0, 1 + 0, 0 2
 ×              1↑ 0
   ─────────────────
                0, 2
```

10 vezes 2 centésimos é igual a _____ centésimos, que equivalem a _____ décimos.

```
   3 + 0, 1 + 0, 0 2
 ×            1 0
   ─────────────────
                0, 2
          ____
```

10 vezes 1 décimo é igual a _____ décimos, que equivalem a _____ unidade.

```
   3 + 0, 1 + 0, 0 2
 ×          1 0
   ─────────────────
                0, 2
        ____
     + ____
       ──────
       _____
```

10 vezes 3 unidades é igual a _____ unidades, que equivalem a _____ dezenas.

Logo, Vanessa pagou R$ _____ pelos 10 quilogramas de açúcar.

2 Calcule o resultado das multiplicações a seguir.

a. 0,1 × 10 = _____   0,1 × 100 = _____   0,1 × 1 000 = _____

b. 0,01 × 10 = _____   0,01 × 100 = _____   0,01 × 1 000 = _____

c. 0,001 × 10 = _____   0,001 × 100 = _____   0,001 × 1 000 = _____

3 Observe os fatores e o produto de cada uma das multiplicações da atividade **2**. Você nota alguma regularidade nas multiplicações de cada item? Converse com os colegas e o professor.

4 Calcule mentalmente o resultado das multiplicações abaixo.

a. 21,5 × 10 = _____

b. 54,18 × 10 = _____

c. 97,214 × 10 = _____

d. 74,8 × 100 = _____

e. 36,91 × 100 = _____

f. 81,724 × 100 = _____

g. 28,6 × 1 000 = _____

h. 91,46 × 1 000 = _____

i. 15,813 × 1 000 = _____

j. 731,064 × 1 000 = _____

Quociente decimal

1 Camila participou da 20ª Volta Ciclística da Primavera. Nessa prova, o percurso é de 2 quilômetros, e cada participante deve dar 5 voltas no parque para completar o percurso. Quantos quilômetros tem cada volta?

Podemos estimar que cada volta tem menos de 1 quilômetro, porque 2 quilômetros divididos por 5 voltas dá menos que 1 quilômetro por volta. 2 quilômetros divididos por 5 é igual a $\frac{2}{5}$ de 1 quilômetro.

Para saber o resultado exato dessa divisão, vamos utilizar o algoritmo usual da divisão. Acompanhe a explicação e complete.

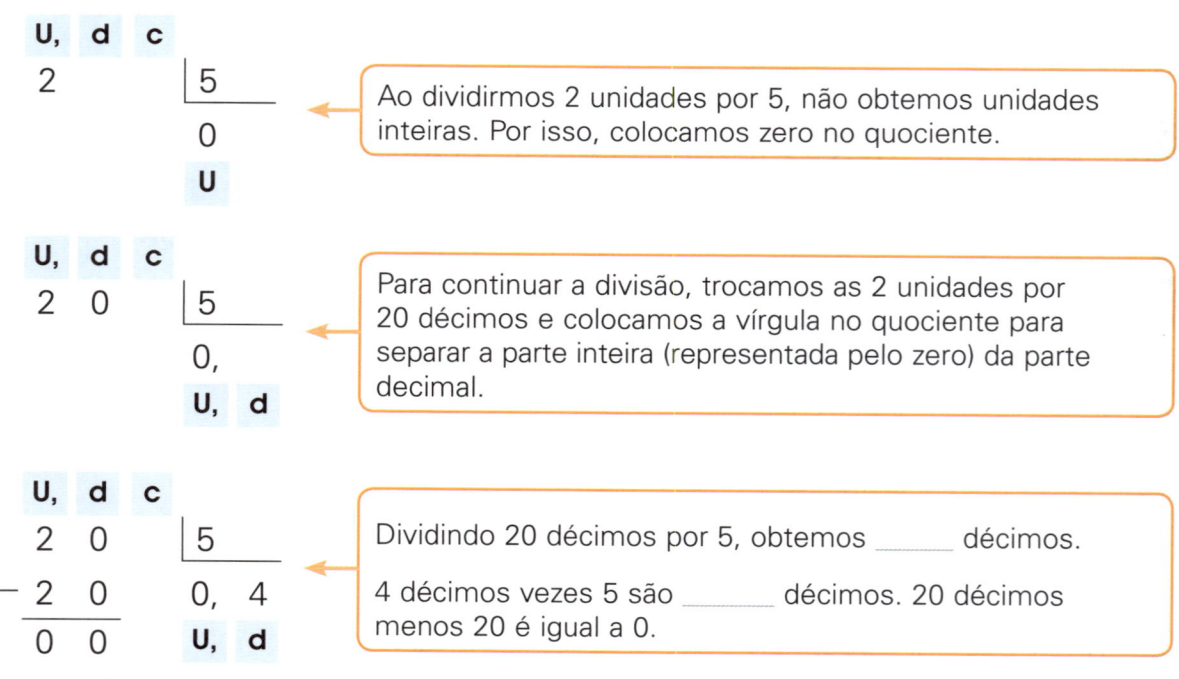

```
U, d c
 2    |5
      ─────
 0
 U
```
Ao dividirmos 2 unidades por 5, não obtemos unidades inteiras. Por isso, colocamos zero no quociente.

```
U, d c
 2  0  |5
       ─────
       0,
       U, d
```
Para continuar a divisão, trocamos as 2 unidades por 20 décimos e colocamos a vírgula no quociente para separar a parte inteira (representada pelo zero) da parte decimal.

```
 U, d c
  2  0   |5
 ─────   ─────
 -2  0    0, 4
 ─────
  0  0    U, d
```
Dividindo 20 décimos por 5, obtemos _____ décimos.
4 décimos vezes 5 são _____ décimos. 20 décimos menos 20 é igual a 0.

Então, $\frac{2}{5}$ de 1 quilômetro é igual a _____ quilômetro.

2 Observe como Letícia calculou o resultado de 9 ÷ 4.

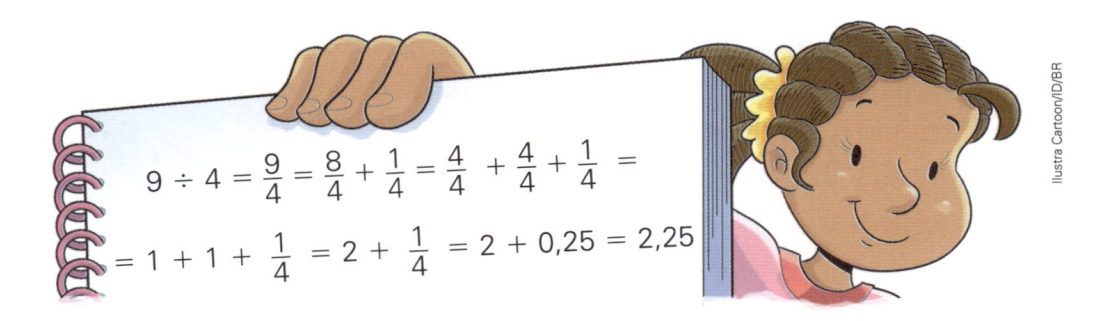

$$9 \div 4 = \frac{9}{4} = \frac{8}{4} + \frac{1}{4} = \frac{4}{4} + \frac{4}{4} + \frac{1}{4} =$$
$$= 1 + 1 + \frac{1}{4} = 2 + \frac{1}{4} = 2 + 0{,}25 = 2{,}25$$

a. Agora, calcule 9 ÷ 4 com o algoritmo usual.

b. Você chegou ao mesmo resultado que Letícia? _____

c. Agora, calcule o resultado de 33 ÷ 8 de duas maneiras.

1ª maneira: como Letícia calculou. | 2ª maneira: com o algoritmo usual.

Divisão com decimais

1 A sinalização de uma rodovia de 639,66 km será refeita e a tarefa de pintar as faixas no asfalto será dividida igualmente entre 3 equipes. Quantos quilômetros cada equipe vai pintar?

Podemos responder a essa pergunta calculando 639,66 ÷ 3. Observe como podemos fazer essa divisão com o algoritmo usual e complete.

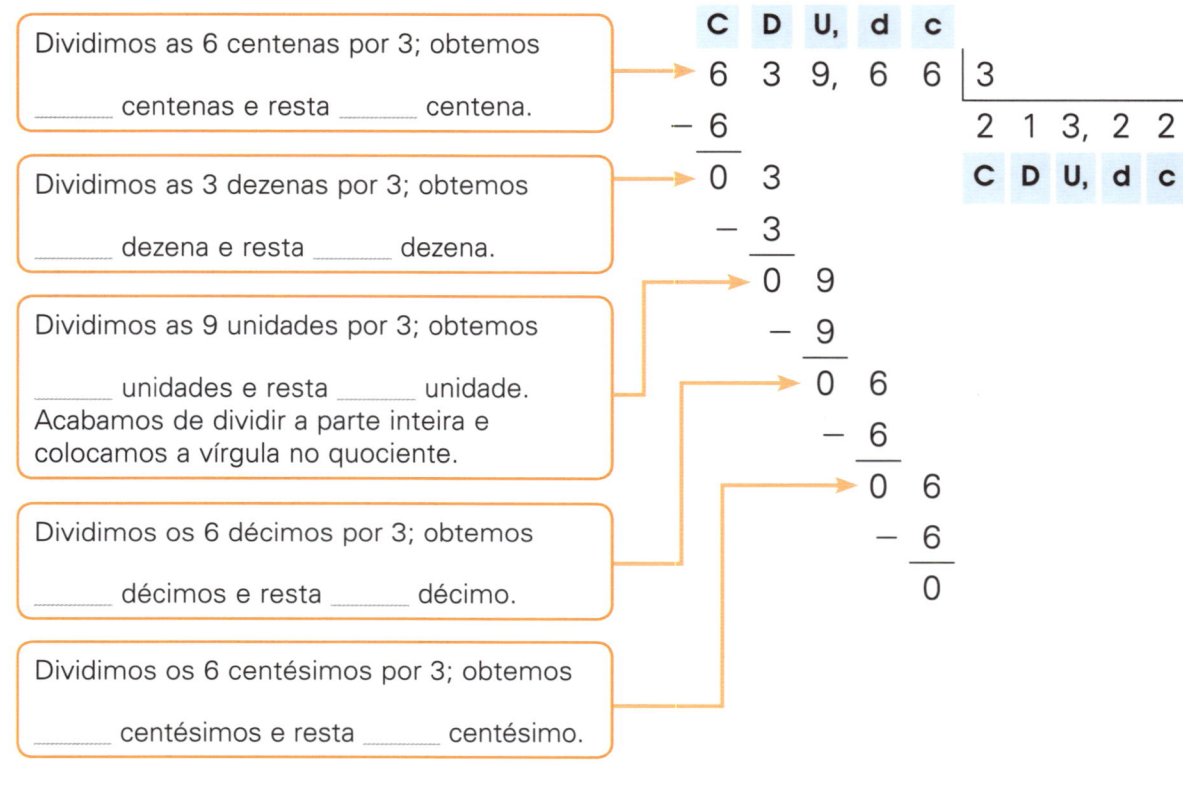

C	D	U,	d	c
6	3	9,	6	6

Quociente: 2 1 3, 2 2

C	D	U,	d	c

Dividimos as 6 centenas por 3; obtemos _____ centenas e resta _____ centena.

Dividimos as 3 dezenas por 3; obtemos _____ dezena e resta _____ dezena.

Dividimos as 9 unidades por 3; obtemos _____ unidades e resta _____ unidade. Acabamos de dividir a parte inteira e colocamos a vírgula no quociente.

Dividimos os 6 décimos por 3; obtemos _____ décimos e resta _____ décimo.

Dividimos os 6 centésimos por 3; obtemos _____ centésimos e resta _____ centésimo.

Cada equipe vai pintar _____ quilômetros.

2 Calcule o quociente das divisões abaixo usando o algoritmo usual.

a. 48,6 ÷ 6 = _____

b. 3,69 ÷ 3 = _____

c. 266,84 ÷ 2 = _____

3 Observe como Luís começou a efetuar 4,32 ÷ 6 e complete o cálculo.

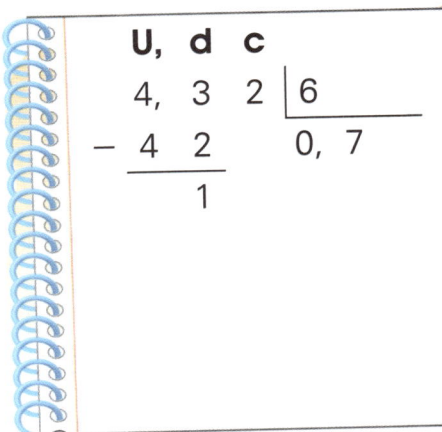

```
U,  d  c
4,  3  2 | 6
-4  2    | 0, 7
    1
```

Não dá para dividir 4 unidades por 6 e obter uma unidade inteira. Por isso, no quociente coloco o 0 nas unidades e troco 4 unidades por 40 décimos. 43 décimos divididos por 6 é igual a 7 e resta 1 décimo.

O quociente de 4,32 ÷ 6 é _____.

4 Para calcular 36,24 ÷ 3, Eduardo fez uma estimativa. Veja, ao lado, como ele pensou. Depois, faça uma estimativa para cada item e calcule o resultado exato.

36,24 está mais próximo de 36 do que de 37. Como 36 ÷ 3 = 12, o resultado de 36,24 ÷ 3 deve estar próximo de 12.

a. 1 024,32 ÷ 4

b. 4,65 ÷ 5

c. 729,27 ÷ 9

Estimativa: _____

Resultado exato: _____

Estimativa: _____

Resultado exato: _____

Estimativa: _____

Resultado exato: _____

Divisão com decimais por 10, por 100 e por 1000

1 Fernanda comprou 10 pacotes de figurinhas por R$ 25,50. Quanto custou cada pacote? Para responder a essa pergunta, podemos resolver a divisão 25,50 ÷ 10. Observe e complete.

> 2 dezenas divididas por 10 não dá dezena inteira. Então, trocamos 2 dezenas por 20 unidades e adicionamos 5 unidades. Dividimos as 25 unidades por 10, obtemos 2 unidades e restam 5 unidades.

> Antes de continuarmos a divisão, colocamos a vírgula no quociente para separar a parte inteira da parte decimal. Depois, trocamos as 5 unidades por 50 décimos e adicionamos 5 décimos. Dividimos os 55 décimos por 10, obtemos 5 décimos e restam 5 décimos.

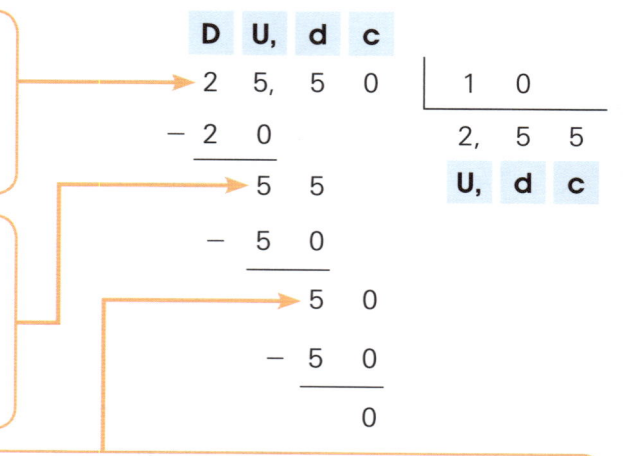

D	U,	d	c
2	5,	5	0

1	0
2,	5	5

| U, | d | c |

```
  D  U,  d  c       | 1 0
  2  5,  5  0       | 2, 5 5
- 2  0              
  ─────             
     5  5
  -  5  0
     ─────
        5  0
     -  5  0
        ─────
           0
```

> Trocamos os 5 décimos por 50 centésimos. Dividimos os 50 centésimos por 10, obtemos 5 centésimos e não resta centésimo.

Cada pacote de figurinha custou _____.

2 Complete a divisão abaixo de acordo com a explicação dos quadros.

D	U,	d	c	m
3	8,	2		

| 1 | 0 | 0 |

| U, | d | c | m |

1 3 dezenas divididas por 100 não dá dezena inteira. Então, trocamos as 3 dezenas por 30 unidades e adicionamos 8 unidades. 38 unidades divididas por 100 não dá unidade inteira. Antes de continuarmos a divisão, colocamos o zero no quociente e a vírgula para separar a parte inteira da parte decimal. Depois, trocamos as 38 unidades por 380 décimos e adicionamos 2 décimos.

2 Dividimos os 382 décimos por 100, obtemos 3 décimos e restam 82 décimos.

3 Para continuarmos a divisão, trocamos os 82 décimos por 820 centésimos. Dividimos os 820 centésimos por 100, obtemos 8 centésimos e restam 20 centésimos.

4 Trocamos os 20 centésimos por 200 milésimos. Dividimos os 200 milésimos por 100, obtemos 2 milésimos e não resta milésimo.

3 Observe como Marcos calculou 7 142 ÷ 1 000.

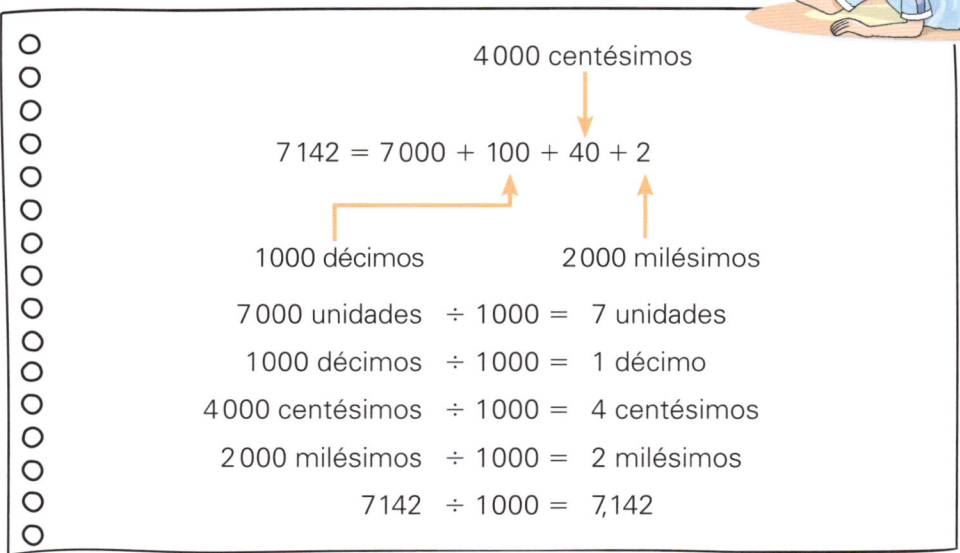

```
                              4 000 centésimos
                                    ↓
              7 142 = 7 000 + 100 + 40 + 2
                         ↑           ↑
                  1 000 décimos   2 000 milésimos

              7 000 unidades   ÷ 1 000 =   7 unidades
              1 000 décimos    ÷ 1 000 =   1 décimo
              4 000 centésimos ÷ 1 000 =   4 centésimos
              2 000 milésimos  ÷ 1 000 =   2 milésimos
                       7 142   ÷ 1 000 =   7,142
```

■ Agora, use a estratégia de Marcos e calcule 3 692 ÷ 1 000.

3 692 ÷ 1 000 = _____

4 Calcule o quociente das divisões a seguir com o auxílio de uma calculadora e anote os resultados obtidos.

a. 863,0 ÷ 10 = _____   b. 79 ÷ 10 = _____   c. 5,2 ÷ 10 = _____

863,0 ÷ 100 = _____   79 ÷ 100 = _____   5,2 ÷ 100 = _____

863,0 ÷ 1 000 = _____   79 ÷ 1 000 = _____   5,2 ÷ 1 000 = _____

5 Observe a posição da vírgula no registro dos quocientes em cada item da atividade anterior. O que você percebeu? Conte aos colegas e ao professor.

Calculadora e operações com decimais

1 Lúcia pesquisou o preço de um pacote com 500 folhas de papel em duas lojas. Na primeira loja, o pacote custa R$ 12,75; na outra loja, o mesmo pacote custa R$ 13,90.

a. Como você calcularia a diferença de preço dos produtos usando uma calculadora? Conte aos colegas e ao professor.

b. Leia o que Lúcia diz e observe, em seguida, quais teclas da calculadora podemos pressionar para calcular a diferença de preço entre esses produtos. Faça o cálculo e complete com o número que apareceu no visor de sua calculadora.

> Em alguns países, usa-se o ponto, e não a vírgula, para separar a parte inteira da parte decimal de um número. Em algumas calculadoras, também usamos o ponto em vez da vírgula para representar números decimais.

| 1 | 3 | . | 9 | – | 1 | 2 | . | 7 | 5 | = | |

c. Se um cliente comprar 2 pacotes de papel na loja em que o preço é mais baixo, quanto ele gastará? _____

2 Ao fazer duas adições em sua calculadora, Reginaldo percebeu que uma tecla não estava funcionando. Veja as teclas que ele pressionou e os números que apareceram.

| 1 | 6 | + | . | 3 | 2 | = | 1,32 |

| 2 | 8 | + | . | 6 | 5 | = | 28,5 |

■ Qual tecla não estava funcionando? _____

3 Com o auxílio de uma calculadora, efetue as operações dos quadros e registre os resultados.

Quadro 1

a. 1 × 0,5 = _____   f. 1 ÷ 2 = _____

b. 2 × 0,5 = _____   g. 2 ÷ 2 = _____

c. 3 × 0,5 = _____   h. 3 ÷ 2 = _____

d. 4 × 0,5 = _____   i. 4 ÷ 2 = _____

e. 5 × 0,5 = _____   j. 5 ÷ 2 = _____

Quadro 2

a. 1 × 0,25 = _____   f. 1 ÷ 4 = _____

b. 2 × 0,25 = _____   g. 2 ÷ 4 = _____

c. 3 × 0,25 = _____   h. 3 ÷ 4 = _____

d. 4 × 0,25 = _____   i. 4 ÷ 4 = _____

e. 5 × 0,25 = _____   j. 5 ÷ 4 = _____

4 De acordo com os quadros da atividade **3**, classifique cada afirmação abaixo em **V** (verdadeira) ou **F** (falsa).

☐ Em cada linha do quadro **1**, o resultado da multiplicação é igual ao resultado da divisão.

☐ Multiplicar um número por 0,25 é o mesmo que dividir esse número por 2.

■ Agora, reescreva a(s) afirmação(ões) falsa(s), corrigindo-a(s).

_____

_____

5 Complete as operações a seguir de modo que elas fiquem corretas. Use a calculadora para fazer os cálculos.

a. 892,41 + 1,3 = _____   c. 532,511 × 8 = _____

b. _____ − 265,54 = 39,87   d. _____ ÷ 5 = 90,58

Tratamento da informação

Pesquisa

1 As frutas contêm diversos nutrientes e são muito importantes para se ter uma alimentação saudável.

a. Faça uma pesquisa para descobrir quantas porções de frutas os meninos e as meninas da sua turma consomem por dia e registre os resultados na tabela abaixo. Não se esqueça de que cada aluno só pode escolher uma das opções e de que você também deve registrar a sua resposta.

Quantidade diária de porções de frutas consumidas pelos alunos do 5º ano

	Meninos	Meninas
Nenhuma		
Uma		
Duas		
Três		
Quatro ou mais		

Dados obtidos por _____.

b. Agora, construa um gráfico de barras duplas com os dados que você obteve no item anterior.

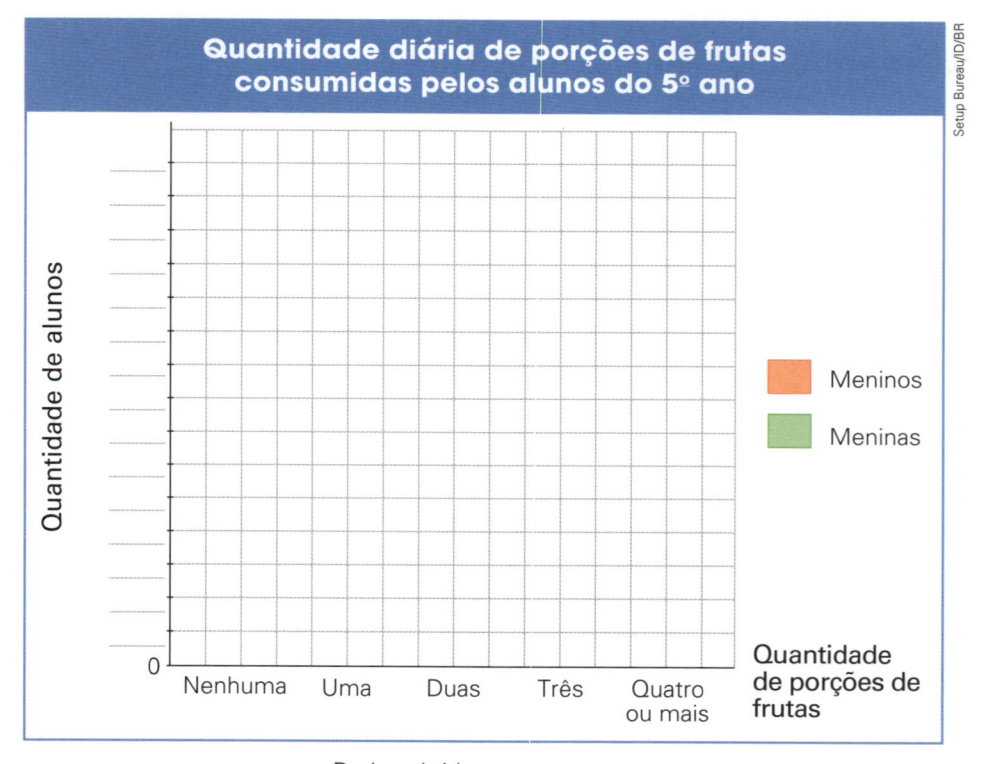

Quantidade diária de porções de frutas consumidas pelos alunos do 5º ano

(Eixo vertical: Quantidade de alunos; Eixo horizontal: Nenhuma, Uma, Duas, Três, Quatro ou mais — Quantidade de porções de frutas)

Legenda: Meninos / Meninas

Dados obtidos por _____.

2 Vamos construir o gráfico da atividade **1** usando uma planilha eletrônica? Para isso, leia e faça o que se pede em cada item a seguir.

a. Usando uma planilha eletrônica, construa uma tabela, como a mostrada abaixo, com os dados coletados na sua pesquisa.

	A	B	C	D
1	Quantidade diária de porções de frutas	Quantidade de meninos	Quantidade de meninas	
2	Nenhuma			
3	Uma			
4	Duas			
5	Três			
6	Quatro ou mais			
7				

b. Depois de completar a tabela com os dados coletados na sua pesquisa, selecione as células da planilha, como indicado abaixo.

	A	B	C	D
1	Quantidade diária de porções de frutas	Quantidade de meninos	Quantidade de meninas	
2	Nenhuma			
3	Uma			
4	Duas			
5	Três			
6	Quatro ou mais			
7				

c. Procure por um botão com um desenho parecido com o indicado abaixo. Clicando nele com os dados selecionados, você conseguirá construir seu gráfico de barras duplas.

d. Depois que seu gráfico ficar pronto, personalize-o, mudando o título, as cores das barras, etc.

3 Para finalizar seu trabalho como pesquisador, escreva no caderno um pequeno texto com suas conclusões. Seu texto deve conter, por exemplo, respostas para perguntas como:

- Quantas meninas consomem três porções de frutas por dia? E quantos meninos consomem essa mesma quantidade?
- Quem consome mais porções de frutas diariamente: os meninos ou as meninas?

4 Você acha importante a realização de pesquisas como essa? Por quê? Converse com os colegas e o professor

Jogo

Dominó das escritas numéricas

Material
- Peças do dominó da página 255.

Número de participantes
- 2 ou 4 jogadores.

Objetivo
- Utilizar todas as peças da mão.

Regras

1. Os jogadores colocam as 28 peças com a parte com as escritas numéricas voltadas para baixo e as embaralham. Cada jogador recebe 7 peças, que devem ser mantidas de modo que os adversários não possam ver a parte com as escritas numéricas. Caso sobrem peças, elas devem formar o monte para a "compra", quando necessária.

2. Inicia o jogo o participante que tiver a peça com o número **Cinco décimos** escrita nas duas partes. Caso essa peça não tenha sido entregue a nenhum dos jogadores, eles devem combinar uma maneira de decidir quem começa o jogo.

3. No sentido horário, cada jogador coloca uma peça que "se encaixe" em uma das pontas da sequência que vai se formando. Por exemplo, se em uma das pontas estiver a fração $\frac{1}{10}$, o jogador da vez pode escolher uma peça em que apareça: $\frac{1}{10}$; $\frac{10}{100}$; 0,10; 0,1 ou 10%.

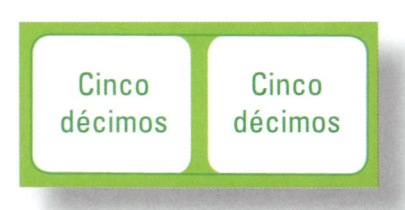

4. Se o jogador da vez não tiver uma peça que "se encaixe", ele "compra" uma do monte. Se a peça comprada não servir, o jogador passa a vez ao jogador seguinte.

5. Vence o jogador que primeiro colocar todas as suas peças no jogo. Caso não haja possibilidade de colocar todas as peças, basta contar a quantidade de peças que sobraram na mão de cada jogador. Nesse caso, vence o jogo aquele que tiver menos peças nas mãos. Em caso de empate, isto é, se a quantidade de peças restantes for igual entre os jogadores, vence o jogo aquele que tiver o maior número representado em uma das peças que restaram em suas mãos.

Depois do jogo

1 Observe o exemplo e complete o quadro abaixo com as escritas das peças do dominó.

Fração	Número decimal	Por extenso	Porcentagem
$\frac{1}{2}$ ou $\frac{5}{10}$ ou $\frac{50}{100}$	0,5 ou 0,50	Cinco décimos	50%
$\frac{1}{10}$ ou $\frac{10}{100}$	0,1 ou 0,10		
$\frac{1}{5}$		Dois décimos	20%
		Vinte e cinco centésimos	
$\frac{2}{5}$ ou $\frac{20}{50}$	0,4 ou 0,40		40%
	0,75	Setenta e cinco centésimos	
	0,6		60%

Aprender sempre

1 Complete a reta numérica a seguir com as frações correspondentes. Em seguida, faça o que se pede.

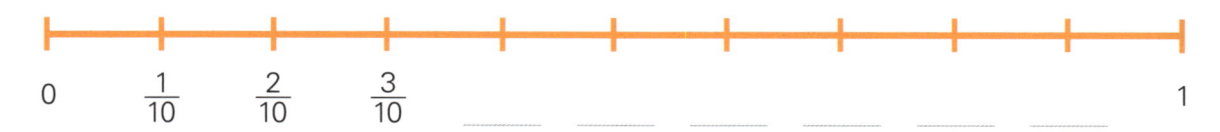

0    $\frac{1}{10}$ $\frac{2}{10}$ $\frac{3}{10}$ ___   ___   ___   ___   ___   ___   1

a. Reescreva a sequência representada na reta numérica substituindo as frações por números decimais.

0; 0,1; 0,2; 0,3; _____ ; _____ ; _____ ; _____ ; _____ ; _____ ; 1.

b. Represente $\frac{1}{5}$ como número decimal. _____

2 Lílian fez uma estimativa para calcular o resultado de 0,48 + 1,65 + 2,3. Veja como ela fez.

> 0,48 está mais próximo de 0,5; 1,65 está mais próximo de 1,5; e 2,3 está mais próximo de 2,5. Então, fiz 0,5 + 1,5 + 2,5.

0,48   1,65   2,3
0   0,5   1   1,5   2   2,5   3

0,5 + 1,5 + 2,5 =
= 2 + 2,5 = 4,5

Ela concluiu que o resultado de 1,65 + 2,3 + 0,48 é aproximadamente 4,5.

Agora, faça como Lílian e estime o resultado das adições a seguir.

a. 2,37 + 1,88 + 31,13

b. 1,11 + 7,09 + 12,82

3. Wagner, dono de uma copiadora, é muito preocupado com o consumo excessivo de papel. Quando os clientes vêm tirar cópias, ele sempre sugere tirar a cópia na frente e no verso da folha para poupar papel. Veja, ao lado, a lista de preços da copiadora de Wagner e responda aos itens a seguir.

COPIADORA A JATO
ATÉ 99 CÓPIAS – R$ 0,20 CADA
100 A 999 CÓPIAS – R$ 0,15 CADA
1000 OU MAIS CÓPIAS – R$ 0,10 CADA

a. Olívia tirou 60 cópias, e Jair tirou 200 cópias. Quanto cada um terá de pagar?

Olívia	Jair

Olívia terá de pagar R$ _____, e Jair terá de pagar _____.

b. Você também acha importante economizar papel para preservarmos as árvores? Converse com os colegas e o professor.

4. Eduardo tem uma corda de 42 metros de comprimento e quer dividi-la em 5 pedaços iguais.

a. Quantos metros cada pedaço de corda terá?

b. Se Eduardo quisesse ter dividido a corda em 10 pedaços iguais, quantos metros teria cada pedaço? _____

CAPÍTULO 8

Grandezas e medidas

Lígia foi ao mercado para comprar ingredientes para fazer tortas de maçã.

Maçã
R$ 3,52
o quilograma

Laranja
R$ 1,74
o quilograma

Melancia
R$ 3,30
o quilograma

FRIOS
3,7 °C

▶ A que horas se passa a cena ilustrada?

▶ Quanto Lígia vai pagar por 3 kg de maçãs?

▶ O que indica a marcação 3,7 °C no setor de congelados?

Medidas de comprimento

1 Observe o que Júlia está falando e complete as igualdades.

> Se dividirmos 1 metro em 10 partes iguais, cada uma dessas partes terá 1 decímetro ou 1 décimo do metro.

O **decímetro** (**dm**) é a décima parte do **metro** (**m**).

1 dm = _____ m   ou   1 m = _____ dm

> Se dividirmos 1 decímetro em 10 partes iguais, cada uma delas terá 1 centímetro ou 1 décimo do decímetro.

O **centímetro** (**cm**) é a décima parte do **decímetro** (**dm**).

1 cm = _____ dm   ou   1 dm = _____ cm

> Se dividirmos 1 centímetro em 10 partes iguais, cada uma delas terá 1 milímetro ou 1 décimo do centímetro.

O **milímetro** (**mm**) é a décima parte do **centímetro** (**cm**).

1 mm = _____ cm   ou   1 cm = _____ mm

duzentos e três 203

2 Observe o quadro abaixo e complete.

Unidade	Décimo	Centésimo	Milésimo
Metro (m)	Decímetro (dm)	Centímetro (cm)	Milímetro (mm)
1			
0,	1		
0,	0	1	
0,	0	0	1

÷ 10
÷ 10
÷ 10

Dividir 1 metro em 10 partes iguais, depois dividir cada uma dessas partes em 10 partes iguais e, então, dividir cada uma das partes resultantes em 10 partes iguais é o mesmo que dividir 1 metro em 1 000 partes iguais.

> Se dividirmos 1 metro em 1000 partes iguais, cada uma delas terá 1 milímetro.

O **milímetro (mm)** é a milésima parte do **metro (m)**.

1 mm = _____ m   ou   1 m = _____ mm

3 Responda às questões a seguir.

a. Quantos milímetros há em 2 metros? _____

b. Quantos milímetros há em 1 centímetro? _____

c. Quantos milímetros há em 3 decímetros? _____

4 Complete as igualdades.

a. 3 800 mm = _____ cm

b. 871 cm = _____ dm

c. 5,31 dm = _____ mm

d. 27,4 dm = _____ cm

e. 0,175 m = _____ mm

f. 43,9 cm = _____ m

5 Considere que o lado de cada quadradinho da malha mede 1,5 m. Qual é o comprimento, em milímetro, da linha vermelha?

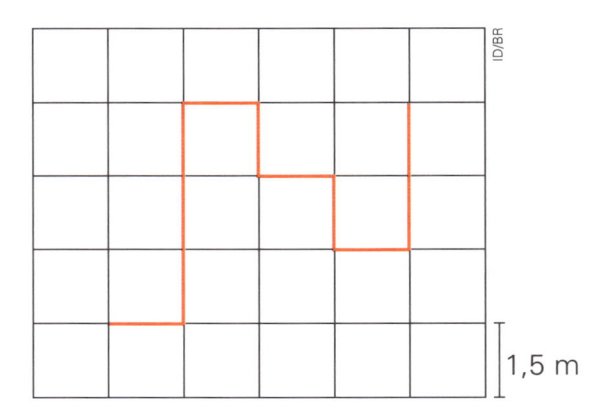

1,5 m

O comprimento da linha vermelha é de _____ milímetros.

6 Luís foi comprar alguns pedaços de tecido para a mãe dele fazer uma toalha. Observe como ele fez o pedido para a vendedora.

> Eu preciso de 3 pedaços de tecido. O pedaço verde tem 10 decímetros de comprimento, o pedaço vermelho tem 40 centímetros a menos que o pedaço verde e o pedaço azul tem 50 milímetros a menos que o pedaço vermelho.

a. Ajude a vendedora e escreva todas as medidas em centímetros.

b. Para fazer a toalha, a mãe de Luís vai usar todos os pedaços de tecido, costurando os pedaços um ao lado do outro. Quantos metros de comprimento terá a toalha que ela vai fazer?

A toalha terá _____ metros de comprimento.

7 Gabriel foi com a mãe visitar uma tia que mora a 1 quilômetro da casa deles. Observe o que Gabriel está falando.

> Já andamos 500 metros. Agora só falta metade do caminho!

a. Gabriel e a mãe saíram de casa e não passaram em nenhum outro lugar no caminho até chegar à casa da tia. Quantos metros eles andaram?

_____

b. A distância da casa de Gabriel até a casa da tia é de _____ metros, ou _____ quilômetro.

8 Leia o texto e complete.

Se dividirmos 1 quilômetro em 1000 partes iguais, cada uma delas terá 1 metro.

O **metro** (**m**) é a milésima parte do **quilômetro** (**km**).

1 m = _____ km   ou   1 km = _____ m

9 No texto abaixo, contorne as medidas de comprimento e, depois, escreva cada uma delas em metros.

A maratona é uma prova de rua em que os atletas percorrem uma distância de 42,195 km. Outra prova de rua é a marcha atlética, em que os corredores percorrem distâncias de 20 km e 50 km, sendo que essa última distância é percorrida apenas por atletas do sexo masculino.

_____

_____

_____

34ª Maratona Internacional de Porto Alegre, RS, em 2017.

10 Complete as igualdades.

a. 2 000 m = _____ km

b. 1 m = _____ km

c. $\frac{1}{2}$ km = _____ m

d. $\frac{1}{4}$ km = _____ m

e. 400 m = _____ km

f. 0,08 km = _____ m

11 Leia o texto e responda às questões.

Mauro gosta de andar de bicicleta no parque. Ele sempre percorre uma trilha que tem 500 metros de comprimento.

a. Se percorrer essa trilha 4 vezes em um dia, quantos quilômetros Mauro terá percorrido?

b. Se em um dia ele quisesse percorrer 4 quilômetros, quantas vezes ele teria de percorrer essa trilha?

c. Em um fim de semana, Mauro percorreu essa trilha 7 vezes no sábado e 5 vezes no domingo. Quantos quilômetros ele percorreu nesses dois dias?

12 Jair começou um treino de corrida. No primeiro dia, ele correu 2,15 km; no segundo, correu 3,50 km; e, no terceiro, correu 4,25 km. Quantos metros ele correu nesses 3 dias?

Medidas de massa

1 Carina comprou cinco pacotes de aveia com 200 gramas cada.

a. Quantos gramas de aveia ela comprou no total? _____

b. Os cinco pacotes juntos têm quantos quilogramas? _____

> O **grama** (**g**) corresponde à milésima parte do **quilograma** (**kg**).
> 1 g = 0,001 kg   ou   1 kg = 1000 g

2 Pedro levou o seu cão Max, que estava doente, ao veterinário. Veja o que o veterinário receitou.

> Vocês devem dar ao Max um comprimido de 500 miligramas a cada 12 horas.

■ Quantos miligramas do remédio Max deve tomar por dia?

_____

> O **miligrama** (**mg**) corresponde à milésima parte do **grama** (**g**).
> 1 mg = 0,001 g ou 1 g = 1000 mg

3 Mariana recebeu uma encomenda. Ela vai entregar 750 quilogramas de café em um dia e 250 quilogramas de café no dia seguinte.

a. Quantos quilogramas de café Mariana vai entregar nesses dois dias?

_____

b. Quantas toneladas de café Mariana vai entregar para essa encomenda?

_____

> O **quilograma** (**kg**) corresponde à milésima parte da **tonelada** (**t**).
> 1 kg = 0,001 t ou 1 t = 1000 kg

4 Complete as igualdades a seguir.

a. 1 000 g = _____ kg

b. 1 000 mg = _____ g

c. 1 kg = _____ t

d. 1 g = _____ kg

e. 50 g = _____ mg

f. $\frac{1}{2}$ t = _____ kg

g. $\frac{1}{4}$ kg = _____ g

h. $\frac{3}{4}$ kg = _____ g

i. 2 350 kg = _____ t

j. 0,03 t = _____ g

5 Leia o texto do cartaz e responda às questões.

Lançamento do dardo

Cada atleta tem três tentativas para lançar um dardo de ponta metálica de 600 g (feminino) ou 800 g (masculino).

Atleta Sara Kolak da Croácia na final da prova de lançamento de dardo feminino dos Jogos Olímpicos de 2016.

Lançamento do disco

Cada atleta tem três tentativas para lançar discos de 1 kg (feminino) ou 2 kg (masculino).

Atleta Sandra Perkivic da Croácia na final da prova de lançamento de disco feminino dos Jogos Olímpicos de 2016.

Informações obtidas em: Rio 2016. Disponível em: <https://www.olympic.org/athletics>. Acesso em: 7 nov. 2017.

a. Qual é a diferença, em quilograma, entre a massa do dardo para o masculino e a do dardo para o feminino? _____

b. Em qual das modalidades o objeto utilizado no masculino tem o dobro da massa do feminino? _____

c. Qual das medidas de massa citadas no texto está mais próxima de $\frac{1}{2}$ kg?

6 Leia o que Lucas e Paulo estão dizendo.

> Para transformar 25 gramas em miligramas, eu multiplico 25 gramas por 1 000 e obtenho 25 000 miligramas.

> Para transformar 160 miligramas em gramas, eu divido 160 miligramas por 1 000 e obtenho 0,16 gramas.

■ Classifique cada sentença abaixo em verdadeira (**V**) ou falsa (**F**). Depois, reescreva as sentenças falsas, corrigindo-as.

☐ 5 g equivalem a 5 000 mg.   ☐ 2 000 mg = 2 g

☐ 0,5 g equivale a 5 mg.   ☐ 0,255 g = 2 550 mg

_____

_____

7 Resolva os problemas a seguir.

a. A Agência Nacional de Vigilância Sanitária do Brasil (Anvisa) orienta que um adulto deve consumir, em média, 800 mg de cálcio por dia para ter uma alimentação saudável. Se Tiago ingerir 245 mg de cálcio pela manhã, quantos miligramas de cálcio ele ainda deve consumir até o final do dia para ter uma alimentação saudável?

_____

b. Em uma porção de 30 g de biscoito água e sal há 0,317 g de sódio. Em uma porção de mesma massa de biscoito maisena há 0,110 g de sódio. Quantos miligramas de sódio há na porção de biscoito água e sal a mais que na porção de biscoito maisena?

_____

8 Crie um problema que envolva diferentes unidades de medida de massa. Depois, troque de livro com um colega para que ele resolva o problema criado por você e você resolva o problema criado por ele.

_____

_____

_____

Medidas de capacidade

1 Sandra e Rafael foram ao supermercado. Sandra comprou duas garrafas de água com 500 mililitros cada uma e Rafael comprou uma garrafa de água com 1 litro.

a. Quantos litros de água Sandra comprou? _____

b. Quantos mililitros de água Rafael comprou? _____

c. Quem comprou mais água? _____

> O **mililitro** (**mL**) corresponde à milésima parte do **litro** (**L**).
> 1 mL = 0,001 L   ou   1 L = 1000 mL

2 Lara dividiu o conteúdo de um recipiente de amaciante de 1 litro em dois frascos, colocando a mesma quantidade de amaciante em cada frasco.

a. Cada frasco ficou com quantos mililitros de amaciante? _____

b. Que fração do conteúdo do recipiente de 1 litro ficou em cada frasco? _____

3 Nílson fez um litro de suco de limão para tomar com seus 3 amigos. Ele dividiu o suco igualmente em 4 copos.

a. Quantos mililitros de suco Nílson colocou em cada copo? _____

b. Que fração do suco que Nílson fez ficou em cada copo? _____

4 Renata participou de um piquenique com seus amigos. Ela e três de seus amigos ficaram responsáveis por levar as bebidas. Felipe levou 1 litro de suco de caju, Gabriela levou $\frac{1}{4}$ de litro de suco de uva, Otávio levou $\frac{1}{2}$ litro de chá e Renata levou 2 litros de água. Quantos mililitros de bebida eles levaram no total?

5 Complete as igualdades.

a. 0,4 L = _____ mL

b. 500 mL = _____ L

c. 1 mL = _____ L

d. $\frac{1}{4}$ L = _____ mL

e. $\frac{3}{4}$ L = _____ mL

f. 0,37 L = _____ mL

6 Elisa tem uma lanchonete que vende suco natural. Observe a cena abaixo e responda às questões.

Cada uma dessas jarras tem capacidade para 1 L de suco.

a. As jarras estão completamente cheias? Há mais ou menos de 1 litro de suco em cada jarra?

_____

b. Que fração de 1 litro há em cada jarra que contém suco?

_____

c. Em certo dia, Elisa preparou 1 litro de suco de laranja, 1 litro de suco de uva e 1 litro de suco de melão. Nesse dia, os clientes dela consumiram 1 litro de suco de laranja, $\frac{2}{4}$ de 1 litro de suco de uva e $\frac{3}{4}$ de 1 litro de suco de melão.

• Quantos litros de suco eles consumiram no total?

_____

• Quantos litros de suco sobraram?

_____

7 Se uma caixa-d'água comum tem, em geral, capacidade para 1000 litros de água e uma piscina olímpica tem capacidade de 2 500 000 litros, a quantas caixas-d'água equivale a capacidade de uma piscina olímpica?

_____

8 Patrícia vai misturar em um recipiente uma lata de tinta e duas latas de solvente. Observe a capacidade de cada lata e, depois, responda às questões.

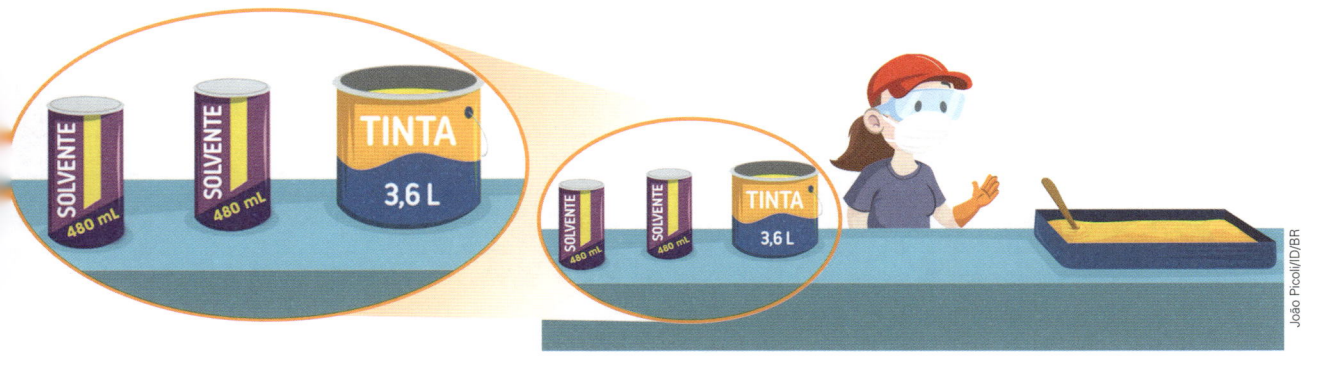

a. Quantos mililitros de solvente Patrícia vai usar na mistura? _____

b. Depois de misturar a tinta com o solvente, quantos litros terá a mistura?

_____

9 Elabore um problema que envolva diferentes unidades de medida de capacidade. Depois, troque de livro com um colega para que ele resolva o problema criado por você e você resolva o problema criado por ele.

_____
_____
_____
_____

> Você sabia que existe um instituto chamado Inmetro, que tem o objetivo de garantir que medidas como metro, quilograma, litro e outras estejam corretas? Nesse *link*, você vai conhecer um pouco mais sobre o trabalho desse instituto e a importância de garantir que as medidas estejam padronizadas.
>
> Disponível em: <http://www.ipem.pr.gov.br/modules/video/showVideo.php?video=7460>. Acesso em: 22 jan. 2018.

Medidas de temperatura

1 Luiz fez uma pesquisa no dia 2 de janeiro de 2018 para saber a previsão do tempo para os dias seguintes em Porto Alegre e em Munique. Observe a tabela que ele montou e, depois, responda às questões.

Previsão do tempo para Porto Alegre e Munique de 3/1/2018 a 7/1/2018

		3/1	4/1	5/1	6/1	7/1
Porto Alegre (Brasil)	Máxima	31 °C	33 °C	35 °C	30 °C	29 °C
	Mínima	18 °C	19 °C	22 °C	20 °C	17 °C
Munique (Alemanha)	Máxima	9 °C	8 °C	10 °C	10 °C	8 °C
	Mínima	3 °C	6 °C	2 °C	2 °C	3 °C

Dados obtidos em: AccuWeather. Disponível em: <https://www.accuweather.com/pt/browse-locations>. Acesso em: 2 jan. 2018.

a. Qual é a maior temperatura prevista no período indicado para Porto Alegre? E para Munique? _____

b. Qual é a menor temperatura prevista no período indicado para Porto Alegre? E para Munique? _____

c. Em qual dia a variação entre a temperatura máxima e a mínima foi maior em Porto Alegre? De quantos graus foi essa variação?

_____

d. Em qual dia a variação entre a temperatura máxima e a mínima foi menor em Munique? De quantos graus foi essa variação?

_____

e. Por que você acha que as temperaturas nessas duas cidades são tão diferentes? Converse com os colegas e o professor.

2 Observe o gráfico abaixo e responda às questões.

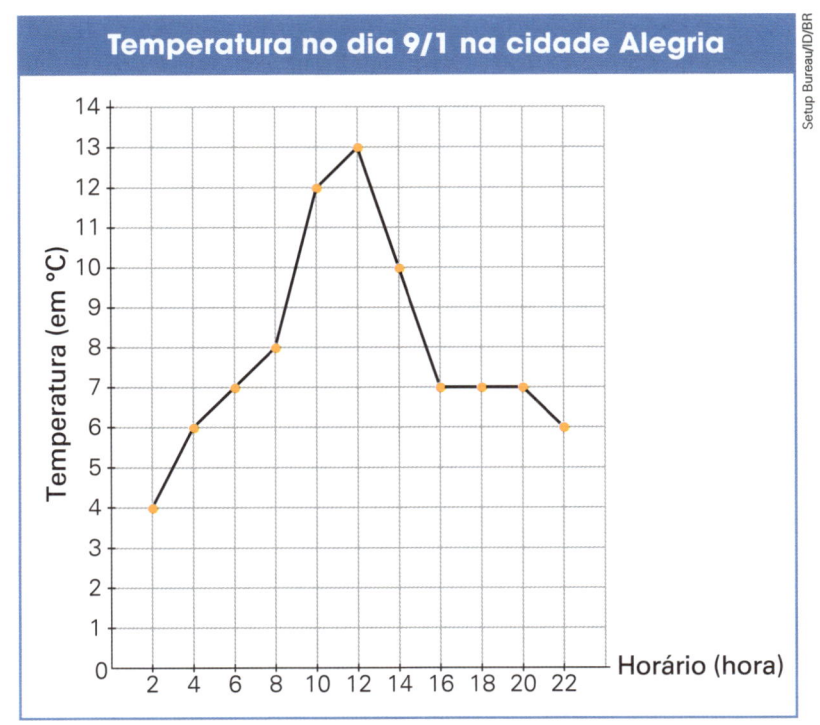

Temperatura no dia 9/1 na cidade Alegria

(gráfico: Temperatura (em °C) × Horário (hora))

Dados fornecidos pela prefeitura da cidade Alegria.

a. Em que intervalo de tempo a temperatura aumentou?

_____

b. Em que intervalos de tempo a temperatura diminuiu?

_____

c. Em que intervalo de tempo a temperatura se manteve a mesma?

_____

3 Crie um problema que envolva as medidas de temperatura apresentadas na imagem ao lado. Depois, troque de livro com um colega para que ele resolva o problema criado por você e você resolva o problema criado por ele.

Asa Branca
32 °C
NUBLADO

HOJE
		Máxima	Mínima
QUINTA-FEIRA		31 °C	23 °C
SEXTA-FEIRA		31 °C	23 °C
SÁBADO		30 °C	22 °C
DOMINGO		30 °C	22 °C
SEGUNDA-FEIRA		29 °C	20 °C

_____

_____

_____

duzentos e quinze **215**

Hora, minuto e segundo

1 Paulo faz aula de dança uma vez por semana. A aula tem duração de 1 hora e é dividida em duas partes de 30 minutos cada; uma parte para cada ritmo.

a. Quantos minutos tem a aula de dança? _____

b. Que fração da aula representa a parte de cada ritmo? _____

> 30 minutos é o mesmo que $\frac{1}{2}$ hora.

2 Na aula de hoje, a professora de Paulo quer trabalhar com quatro ritmos diferentes, então ela vai dividir a aula em quatro partes com a mesma duração.

a. Quantos minutos terá cada parte da aula? _____

b. Que fração da aula representa a parte de cada ritmo? _____

> 15 minutos é o mesmo que $\frac{1}{4}$ de hora.

3 Helena participou de uma prova de natação e terminou a prova em um minuto. A 1ª colocada chegou meio minuto antes dela.

a. Em quantos segundos Helena completou a prova? _____

b. A 1ª colocada terminou a prova em quantos segundos? _____

c. Que fração do minuto representa o tempo da 1ª colocada? _____

> 30 segundos é o mesmo que $\frac{1}{2}$ minuto.

4 Complete as igualdades abaixo.

a. $\frac{1}{4}$ h = _____ minutos

b. $\frac{2}{4}$ h = _____ minutos

c. $\frac{3}{4}$ h = _____ minutos

d. $\frac{1}{4}$ min = _____ segundos

e. $\frac{2}{4}$ min = _____ segundos

f. $\frac{3}{4}$ min = _____ segundos

5 Valéria foi visitar sua avó. Observe o horário que ela saiu de casa.

a. A que horas Valéria saiu de casa? _____

b. Agora, leia o que Valéria está falando e descubra a que horas ela chegou na casa da avó.

> Saí de casa e, depois de andar 10 minutos, encontrei meu tio no caminho. Ele me deu uma carona e demoramos meia hora para chegar na casa da vovó.

Valéria chegou na casa da avó às _____.

6 Isabela saiu de casa às 11 horas para ir ao supermercado. Ela voltou para casa uma hora e meia depois, ficou 20 minutos em casa e saiu para almoçar na casa de seu amigo Isaías. Ela demorou um quarto de hora no percurso. A que horas ela chegou na casa de Isaías?

7 Elabore um problema que envolva diferentes unidades de medida de tempo. Depois, troque de livro com um colega para que ele resolva o problema criado por você e você resolva o problema criado por ele.

duzentos e dezessete 217

Década, século e milênio

1 Jaime completou uma década de vida. Observe o que ele está falando e responda às questões.

Agora, tenho 10 anos!

> Uma **década** equivale a um período de **10 anos**.

a. Duas décadas equivalem a quantos anos? _____

b. Sete décadas equivalem a quantos anos? _____

2 Leia a frase abaixo e responda às questões.

> Um **século** equivale a um período de **100 anos**.

a. Você sabe em qual século estamos vivendo? _____

b. Um século equivale a quantas décadas? _____

c. Você conhece alguém que tenha quase um século de idade? Quem?

_____

3 Em 1971, foi criado o primeiro programa de envio e leitura de *e-mail*. Desde sua invenção, quanto tempo se passou? Veja abaixo o que cada criança respondeu.

1 século. — Rafaela

Mais que 1 século. — Jorge

Menos que 6 décadas. — Lílian

■ Qual das crianças respondeu corretamente à pergunta? _____

218 duzentos e dezoito

4 Observe as informações abaixo.

> O século 19 começou em janeiro de 1801 e terminou em dezembro de 1900.
> O século 20 começou em janeiro de 1901 e terminou em dezembro de 2000.
> O século 21 teve início em janeiro de 2001 e vai terminar em dezembro de 2100.

Escreva o século em que ocorreu cada acontecimento descrito a seguir.

a. A primeira lâmpada foi inventada em 1879. _____

b. Em 1950, o Brasil sediou pela primeira vez a Copa do Mundo de Futebol.
_____

c. Em 2016, o Brasil sediou pela primeira vez os Jogos Olímpicos. _____

5 Estamos vivendo no terceiro milênio! O terceiro milênio também começou no ano 2001, mas só vai acabar em dezembro de 3000.

> Um **milênio** equivale a um período de **1 000 anos**.

a. Um milênio equivale a quantos séculos? _____

b. Um milênio equivale a quantas décadas? _____

6 Podemos representar fatos históricos em uma reta numérica chamada linha do tempo. Luciana está fazendo uma linha do tempo com fatos que ela considera importantes em sua vida. Observe.

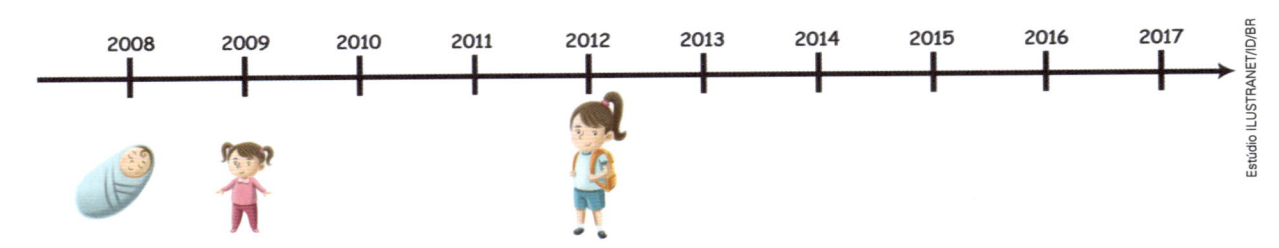

- Agora, faça como Luciana e construa uma linha do tempo em uma folha de papel avulsa registrando os fatos que você considera importantes em sua vida. Peça ajuda à sua família para recordar esses fatos e relembrar o ano em que cada um ocorreu. Depois, mostre sua linha do tempo ao professor e aos colegas.

O dinheiro

1 Veja o cartaz colocado no mercado do bairro em que Hugo mora.

■ Hugo aproveitou a oportunidade e foi a esse mercado trocar suas moedas. Ele conseguiu trocar suas moedas por uma cédula de R$ 10,00, uma de R$ 5,00 e uma de R$ 2,00. Faça um **X** no item que representa as moedas que ele levou para serem trocadas.

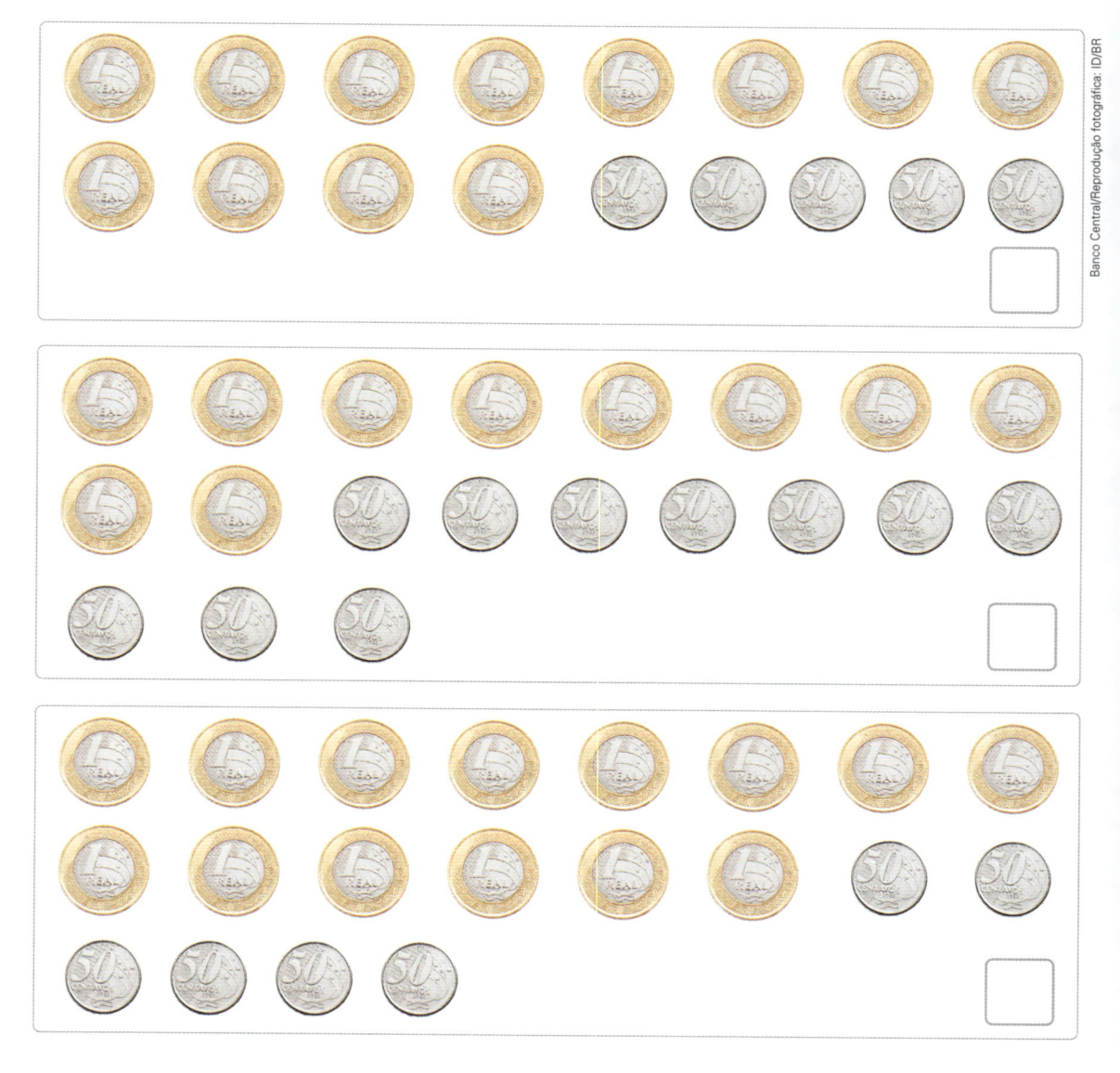

2 Veja o cardápio de uma lanchonete e responda às questões.

PÃO DE QUEIJO: R$ 3,00
ESFIRRA DE CARNE: R$ 3,50
SUCO DE LARANJA: R$ 4,50

COMBO 1
(PÃO DE QUEIJO + SUCO DE LARANJA)
R$ 7,00

COMBO 2
(ESFIRRA DE CARNE + SUCO DE LARANJA)
R$ 7,00

a. Qual é o desconto dado por essa lanchonete na compra de um pão de queijo e um suco de laranja no combo 1? _____

b. Qual é o desconto dado por essa lanchonete na compra de uma esfirra de carne e um suco de laranja no combo 2? _____

c. Natália foi com um colega a essa lanchonete. Eles pediram um combo 2 e um pão de queijo e pagaram com uma cédula de R$ 20,00. Quanto eles receberam de troco? _____

3 Observe as cenas ilustradas abaixo e responda às questões.

Vamos levar esse mesmo filha, está R$ 3,00.

Me desculpe, mas só tenho moedas de R$ 0,25 para o troco.

a. Quantas moedas de R$ 0,25 a garota recebeu de troco?

_____

b. Se a atendente do mercado tivesse à sua disposição todas as cédulas e moedas do real, de que outras maneiras ela poderia ter dado o troco para a garota? Escreva duas possibilidades.

_____

Vamos resolver!

1 Marcelo colocou água em jarras como as da imagem abaixo para servir aos seus amigos.

2 L   2 L   1 500 mL   500 mL

- Quantos litros de água Marcelo vai servir? _____

2 Durante as férias, Carlos se exercitou no parque, dando 4 voltas na pista de corrida, que tem 800 metros de comprimento. Quantos quilômetros Carlos correu por dia nessas férias?

3 No elevador de um edifício, há uma placa alertando para a quantidade de pessoas e a carga máxima que ele pode transportar em cada viagem: 12 pessoas ou 840 kg. Certo dia, entraram nesse elevador 11 pessoas, com cerca de 70,5 kg cada uma. Foi possível transportar todas essas pessoas de uma vez?

4 A mãe de Estela foi sacar dinheiro em um caixa eletrônico. Em determinado momento da operação, ela teve de escolher uma das opções mostradas na imagem abaixo.

CAIXA ELETRÔNICO
SELECIONE AS OPÇÕES DE SAQUE

1 de 50   e 2 de 20

9 de 10

4 de 20   e 1 de 10

a. Quantos reais a mãe de Estela vai retirar no caixa eletrônico?

_____

b. Esse caixa só tem cédulas de R$ 10,00, R$ 20,00 e R$ 50,00. Qual outra opção de saque ele poderia ter mostrado ao cliente?

_____
_____
_____

5 Fábio se matriculou em uma escola de música. Na segunda-feira, ele vai ter uma aula de violão seguida de uma aula de piano, cada uma com 45 minutos de duração. Depois da segunda aula, ele terá um intervalo de um quarto de hora e, em seguida, terá uma aula de canto com duração de meia hora. A primeira aula começa às 14 horas. A que horas Fábio vai sair da aula de canto?

Perímetro e área

1 Otávio vai começar o treino de futebol. Para se aquecer, ele dará uma volta completa ao redor da quadra. Observe a representação da quadra e suas medidas e responda às questões a seguir.

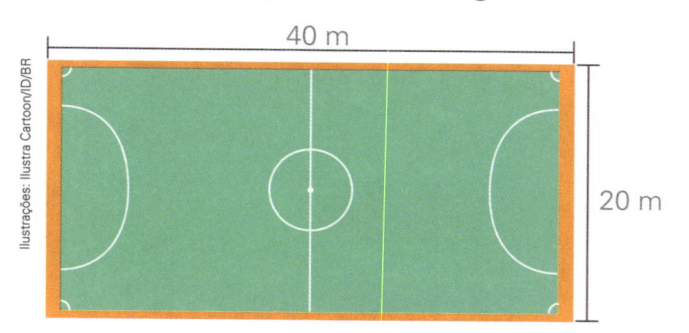

40 m
20 m

a. Quantos metros mede o maior lado da quadra? _____

b. Quantos metros mede o menor lado da quadra? _____

c. Quantos metros Otávio vai correr para se aquecer? _____

> A medida do comprimento do contorno de uma figura plana é o seu **perímetro**.

2 Rodrigo revestiu o piso da cozinha de sua casa com ladrilhos. Observe como o piso ficou depois de coberto.

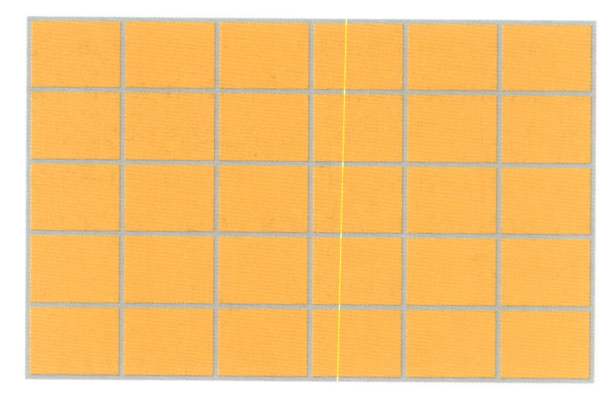

■ Quantos ladrilhos foram colocados no piso da cozinha de Rodrigo?

Quando contamos a quantidade de ladrilhos que cabem no piso da cozinha, podemos dizer que obtivemos a **medida da superfície** ou a **área** do piso da cozinha usando o ladrilho como unidade de medida.

3 A piscina de um clube tem a forma retangular. Como enfeite para uma festa, serão pendurados balões coloridos contornando toda a piscina. As medidas da piscina são 50 m de comprimento por 21 m de largura.

a. Qual é o comprimento mínimo do fio de náilon para contornar toda a piscina?

_____

b. Um rolo de fio de náilon de 200 metros será suficiente para esse trabalho? Justifique sua resposta.

_____

4 Escreva a área de cada figura considerando a unidade de medida indicada.

a.

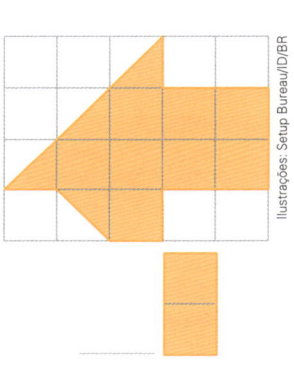

b.

c.

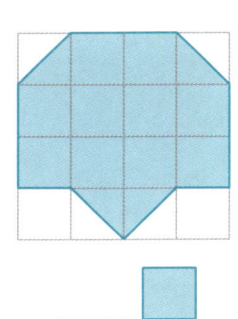

d.

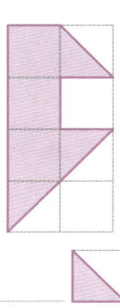

5 Meça os lados dos polígonos abaixo usando uma régua e calcule o perímetro de cada figura.

a.

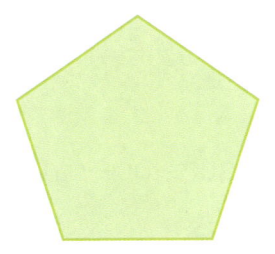

b.

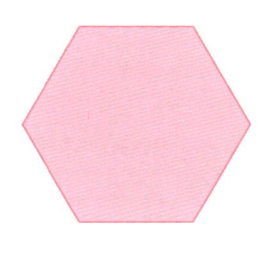

6 Considere a malha quadriculada abaixo.

a. Pinte três retângulos diferentes com perímetros de 16 cm.

b. Qual é a área, em ☐, de cada um dos retângulos que você pintou? Elas são iguais? _____

c. Agora, pinte na malha quadriculada abaixo três retângulos diferentes cuja área seja 16 ☐.

d. Qual é o perímetro de cada um dos retângulos que você pintou? Eles são iguais?

7 Nicole e Larissa têm uma escrivaninha no quarto, e a mãe delas, Marta, decidiu comprar um vidro para recobrir o tampo. Para saber a medida do vidro que deveria comprar, Marta pediu às filhas que medissem o tampo da mesa.

Larissa chegou da escola antes de Nicole e fez a seguinte medição:

Nicole chegou depois da irmã e fez outra medição:

a. Que medição Larissa fez? E Nicole?

_____

_____

b. Larissa e Nicole conversaram sobre como mediram o tampo da mesa. Nicole disse à irmã que, se a mãe delas chegasse à loja para comprar o vidro da mesa com apenas o pedaço de barbante, poderia comprar um tampo de vidro que não recobrisse a mesa, mas que, se chegasse com as folhas de papel, a mãe conseguiria. Você concorda com o que Nicole disse à irmã? Por quê?

_____

_____

_____

_____

Centímetro quadrado

1 Raquel está participando de uma peça de teatro e ficou responsável pela confecção dos folhetos de propaganda da peça.

A gráfica que Raquel escolheu cobra 5 centavos de real para cada centímetro quadrado de papel usado. Observe como ficou o folheto da peça.

a. Complete o texto abaixo.

O folheto foi dividido em 15 fileiras com _____ quadradinhos em cada uma. Assim, podemos calcular o total de quadradinhos fazendo a multiplicação _____ × _____ = _____. Como cada quadradinho tem 1 cm² de área, então cada folheto terá _____ cm² de área.

b. Agora, calcule: Quanto custará cada folheto?

Cada folheto custará R$ _____.

> Para medir superfícies, podemos usar como unidade de medida o **centímetro quadrado (cm²)**, que corresponde à área de um quadrado cujo lado mede 1 centímetro.

2 Considerando que cada lado de um quadradinho da malha quadriculada abaixo mede 1 cm, calcule a área de cada figura em centímetro quadrado.

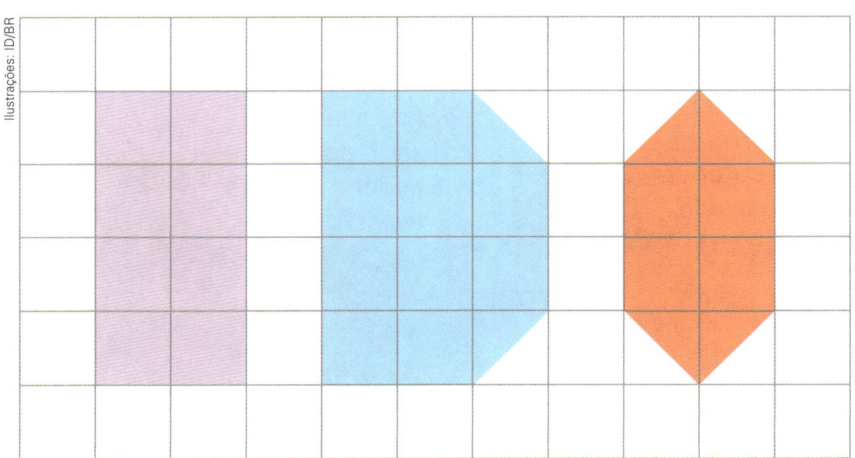

- Figura roxa: _____ cm²

- Figura azul: _____ cm²

- Figura vermelha: _____ cm²

3 Tatiana está fazendo uma colagem usando quadradinhos cujo lado mede 1 centímetro. Ela já colou quase todos os quadradinhos da borda. Observe.

a. Quantos centímetros quadrados terá a borda da colagem feita por Tatiana?

_____

b. Quantos centímetros quadrados a colagem de Tatiana terá no total?

_____

4 Observe a figura ao lado e escreva a área de cada região indicada.

Área da região vermelha: _____

Área da região verde: _____

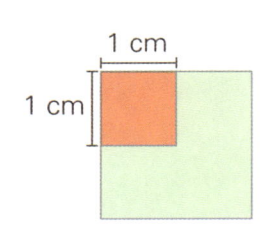

duzentos e vinte e nove **229**

Metro quadrado

1 A professora de Vítor e Leonardo pediu a todos os alunos que trouxessem folhas de jornais para medir a superfície do piso da sala. Observe.

A professora disse para recortarmos e colarmos folhas de jornal para obter um quadrado com 1 m de lado.

Pronto, agora é só deixar o piso livre para poder medir sua superfície...

... e ir ajustando nosso quadrado de jornal no piso da sala para verificar quantos desses quadrados cabem nessa superfície.

A folha que os meninos fizeram tem 1 metro quadrado de área.

> O **metro quadrado** (**m²**) é outra unidade de medida de superfície. Um metro quadrado equivale à área de um quadrado de 1 metro de lado.

Agora, converse com os colegas e o professor sobre as questões a seguir.

a. Quantos metros quadrados você estima que a superfície do piso de sua sala de aula mede?

b. Em sua opinião, quantos colegas da sua classe cabem em pé sobre uma folha de jornal de 1 metro quadrado? E quantos cabem sentados?

c. Você conhece outras situações em que a unidade de medida metro quadrado (m²) é usada? Quais?

2 A sala de aula de Vítor e Leonardo tem 7 m de comprimento e 6 m de largura. Eles querem usar folhas de jornal com formato de um quadrado de 1 m de lado para cobrir completamente o piso dessa sala. Qual é a área dessa sala em metros quadrados?

3 Ronaldo foi a uma loja de materiais de construção para comprar lajotas. Ele vai revestir a superfície do quintal da casa dele, que é retangular e tem 5 metros de largura por 8 metros de comprimento.

a. Qual é a medida da superfície do quintal de Ronaldo? _____

b. Se Ronaldo escolher a lajota mais cara, quanto ele vai gastar para revestir toda a superfície do quintal? E se ele optar pela lajota mais barata? _____

4 Além da poluição sonora, a poluição do ar também é um dos fatores que prejudicam a saúde dos moradores dos grandes centros urbanos. Pensando nisso, a prefeitura de uma cidade está construindo canteiros centrais para aumentar o verde em ruas e avenidas. Observe a representação de um desses canteiros.

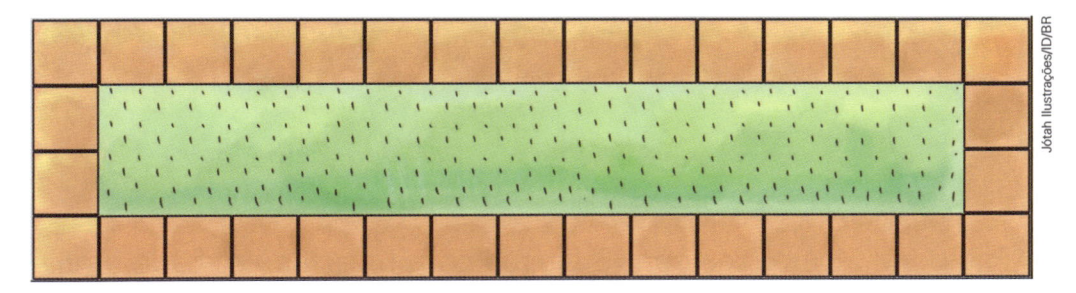

O canteiro foi contornado por lajotas de formato quadrado com 1 m de lado.

a. Qual será a medida do maior lado do canteiro? E do menor? _____

b. Qual será a área ocupada pelo canteiro? _____

c. Além de absorver o barulho do trânsito, a vegetação ajuda a manter a boa qualidade do ar. Por que é importante preservarmos as áreas verdes nas cidades? Converse com os colegas e o professor.

Ideia de volume

1 Paulo trabalha no estoque de um supermercado e tem de empilhar caixas iguais à mostrada ao lado. O fabricante recomenda que o empilhamento máximo tenha 5 camadas.

Ele começou montando uma camada de 5 fileiras com 5 caixas cada uma. Observe.

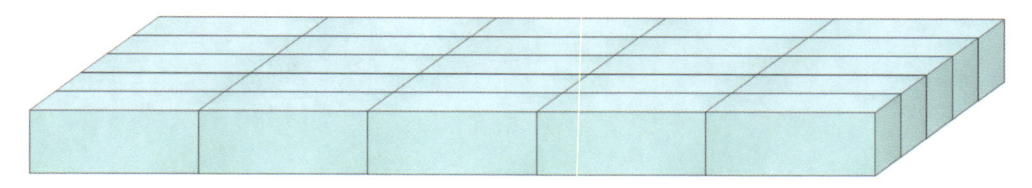

a. Agora, complete:

5 × 5 = _____

Paulo fez uma camada com _____ caixas.

b. Paulo quer continuar colocando as caixas de modo que o empilhamento tenha 5 camadas como a mostrada acima. Observe abaixo como ficou o empilhamento no final. Quantas caixas ele empilhou? Observe e complete.

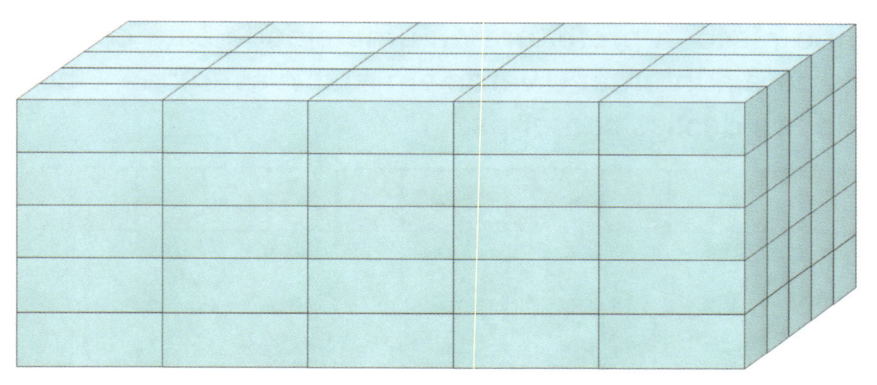

Paulo fez 5 camadas com 5 fileiras com 5 caixas em cada uma:

5 × 5 × 5 = _____

Logo, Paulo empilhou _____ caixas.

> Quando contamos a quantidade de ▭ desse empilhamento, podemos dizer que obtivemos o **volume** desse empilhamento ou a medida do espaço que ele ocupa, usando a ▭ como unidade de medida do espaço ocupado pelo empilhamento.

2 Evaldo e Ana arrecadaram pacotes de biscoitos para uma campanha de arrecadação de alimentos promovida pela escola em que eles estudam. Como os pacotes serão armazenados em caixas, Evaldo e Ana precisam saber quantos pacotes cabem em cada caixa. Observe como eles estão colocando os pacotes de biscoitos na caixa e responda às questões.

a. Evaldo e Ana fizeram uma camada de pacotes de biscoito no fundo da caixa. Quantos pacotes eles colocaram nessa camada? _____

- Escreva uma multiplicação que represente a quantidade de pacotes de uma camada . _____

b. Quantas camadas eles conseguirão empilhar na caixa? _____

c. Quantos pacotes de biscoitos cabem ao todo na caixa? _____

- Escreva uma multiplicação que represente a quantidade de pacotes que cabem ao todo na caixa. _____

d. Se eles arrecadassem 120 pacotes de biscoitos iguais a esses, quantas caixas eles precisariam para armazenar todos os pacotes? _____

3 Observe os empilhamentos representados a seguir e, considerando o 🟨 como unidade de medida, determine o volume de cada um.

a.

f.

b.

c.

g.

d.

e.

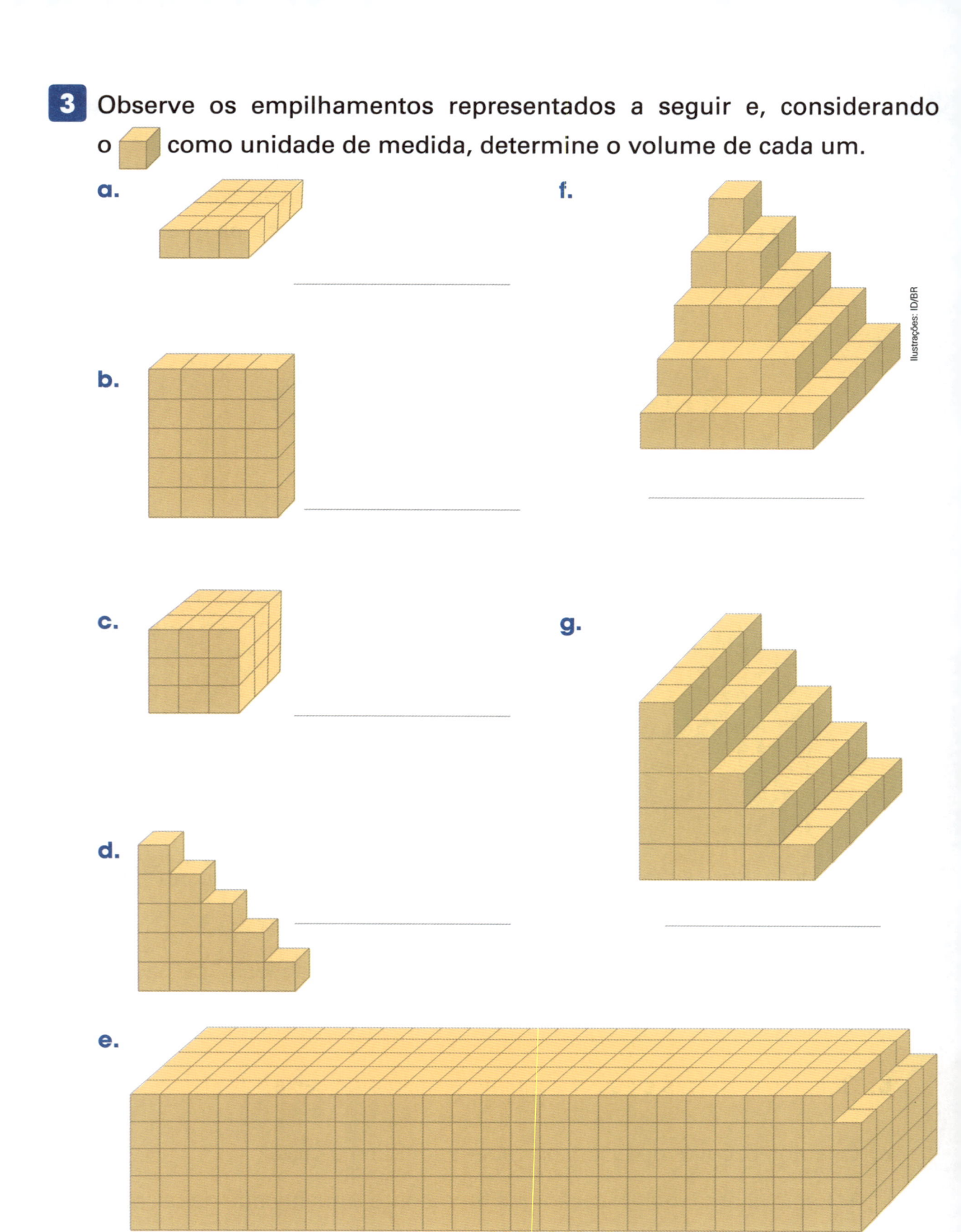

4 Como você fez para descobrir os volumes dos empilhamentos da atividade **3**? Conte aos colegas e ao professor.

5 Raul e Catarina trabalham com o transporte de materiais para jardinagem. Hoje eles precisam distribuir uma carga de sacos de terra e já estão com o caminhão carregado. Observe a ilustração e responda ao que se pede.

a. Qual é o volume do empilhamento desses sacos de terra considerando o saco de terra como unidade de medida?

___

b. Se cada saco de terra é vendido por R$ 6,50, quantos reais Raul e Catarina vão obter com a venda desse empilhamento?

___

6 Observe a figura a seguir e responda às questões.

a. De quantas caixas de clipes é o volume desse empilhamento?

___

b. É possível formar um cubo empilhando essas caixinhas de outra maneira? Como? Converse com os colegas e o professor.

duzentos e trinta e cinco **235**

Vamos resolver!

1 Pinte na malha quadriculada:

a. um quadrado com área de 4 quadradinhos;

b. um retângulo com área de 10 quadradinhos;

c. um retângulo com área de 8 quadradinhos;

d. uma figura qualquer com área de 6,5 quadradinhos.

2 Para uma festa na escola onde Taís estuda, foram providenciados vários enfeites para o pátio. Veja as medidas do pátio na representação abaixo e responda à questão a seguir.

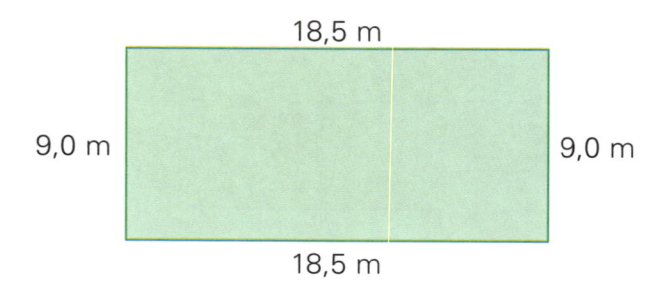

18,5 m
9,0 m
9,0 m
18,5 m

■ Quantos metros de barbante serão necessários para pendurar 2 fileiras de bandeirinhas em volta do pátio?

3 Use uma régua e determine a medida dos lados da figura a seguir, escrevendo as medidas nos lugares indicados. Depois, escreva o perímetro dessa figura.

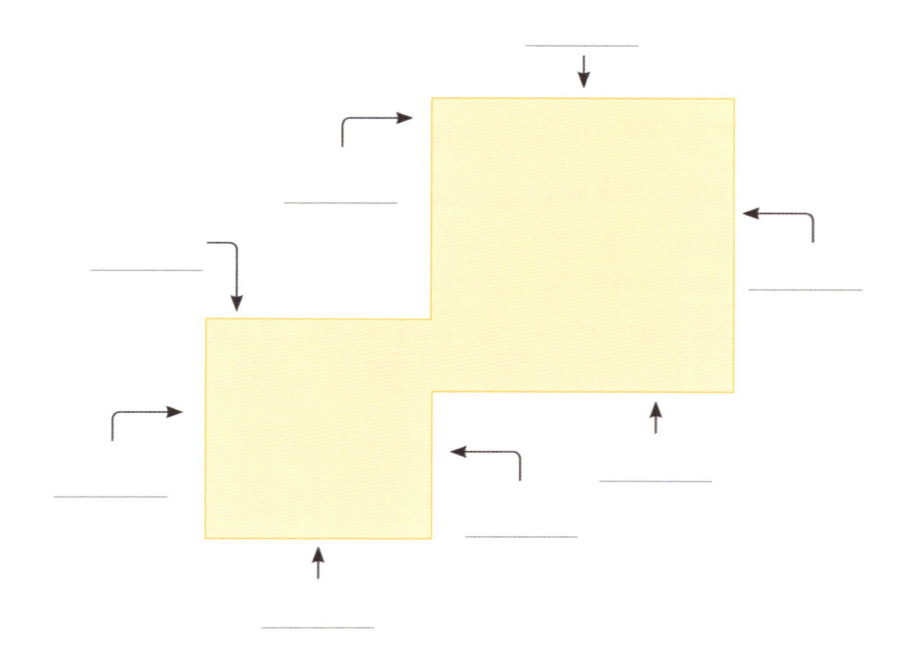

Perímetro: _____

4 O dono do circo que chegou à cidade quer aumentar a área do picadeiro. Para isso, ele fez um esboço na malha quadriculada representando o picadeiro com a nova área. Observe o esboço e responda às questões.

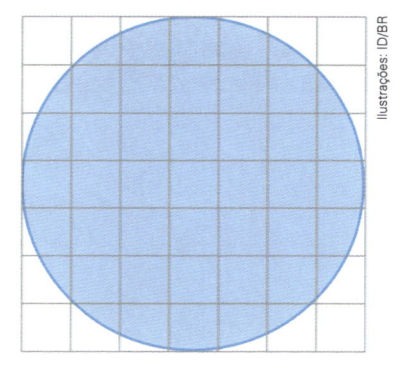

a. Como você faria para estimar a área do picadeiro que o dono do circo quer fazer? Considere cada quadradinho como unidade de medida de superfície.

b. Se cada quadradinho equivale a 1 metro quadrado, quantos metros quadrados, aproximadamente, terá o picadeiro? _____

c. Compare sua resposta com a de um colega. Vocês estimaram a mesma área?

Tratamento da informação

Pesquisas

1 Nos Jogos Olímpicos de 2016, no Rio de Janeiro, o Brasil apresentou seu melhor resultado até então e ficou com a 13ª posição no quadro de medalhas. Você sabe quantas medalhas de ouro o Brasil conquistou nessa edição dos Jogos Olímpicos? E nas anteriores? Para descobrir e analisar esses números, faça o que se pede nos itens a seguir.

a. Pesquise e registre na tabela abaixo a quantidade de medalhas de ouro que o Brasil conquistou nos Jogos Olímpicos de 1992 a 2016. Verifique se sua fonte de pesquisa é confiável e registre-a na tabela.

Medalhas de ouro do Brasil nos Jogos Olímpicos de 1992 a 2016

Ano	1992	1996	2000	2004	2008	2012	2016
Quantidade de medalhas de ouro							

Dados obtidos em: _____

b. Agora, leia o que Pedro está dizendo e complete o gráfico de linha com as informações que você obteve.

> Para registrar as quantidades de medalhas de ouro escolha uma cor e faça pontos coloridos. Depois, para facilitar a leitura do gráfico, una os pontos que você fez com uma linha reta e de cor diferente da que você usou para marcar os pontos.

Medalhas de ouro do Brasil nos Jogos Olímpicos de 1992 a 2016

(Gráfico: eixo vertical "Quantidade de medalhas de ouro" de 0 a 8; eixo horizontal "Ano" com 1992, 1996, 2000, 2004, 2008, 2012, 2016)

Dados obtidos em: _____

2 Qual seu tipo de filme favorito? E o dos seus amigos, da sua família e de outros conhecidos? Para descobrir a preferência deles em relação a esse tema, faça uma pesquisa e apresente as informações em um pictograma.

a. Pergunte a 30 pessoas diferentes qual é o tipo de filme preferido deles e registre o resultado da sua pesquisa no caderno.

b. Agora, construa um pictograma com as informações obtidas. Antes de começar, leia as dicas de Carolina.

> Use uma figura simples para fazer seu pictograma, mas que represente o tema da pesquisa.
> Eu usaria, por exemplo, a figura 🎥. Ah! Não se esqueça de completar a legenda com a figura que você escolheu.

Tipo de filme preferido

Cada _____ representa _____ pessoas.

Comédia   Aventura   Terror   Drama   Desenho   Outros   Tipo de filme

Dados fornecidos por: _____

c. Qual foi o tipo de filme mais votado? E o menos votado?

Jogo

Desenhando retângulos

Material
- Cartas das páginas 249 e 251.
- Malha quadriculada da página 253.
- Lápis de cor.

Participantes
- 2 jogadores.

Objetivo
- Desenhar corretamente o maior número de retângulos indicados nas cartas.

Regras

1. Destaquem as cartas das páginas 249 e 251.

2. Para esse jogo, será usado apenas um conjunto de 16 cartas.

3. Embaralhem as cartas e distribuam 8 para cada jogador.

4. Cada jogador deve desenhar em sua malha quadriculada os retângulos indicados nas suas 8 cartas.

5. Lembrem-se de que o lado de cada quadradinho da malha tem 1 cm e que a área de um quadradinho da malha é 1 cm².

6. O jogador que terminar primeiro de pintar os retângulos que estão indicados nas suas cartas avisa que acabou. Então, os jogadores devem conferir os retângulos um do outro. Vence aquele que tiver desenhado mais retângulos corretamente.

Depois do jogo

1 Veja uma das cartas que Manuela tem e o retângulo que ela desenhou.

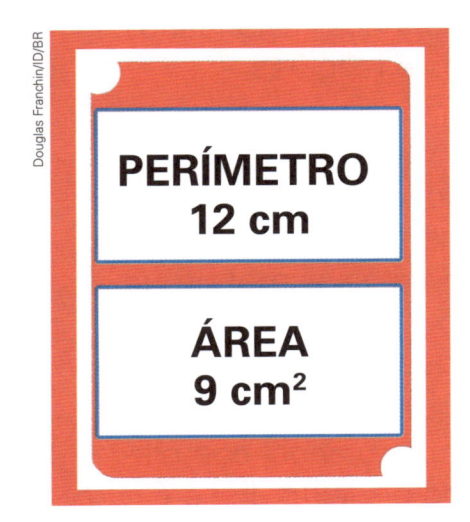

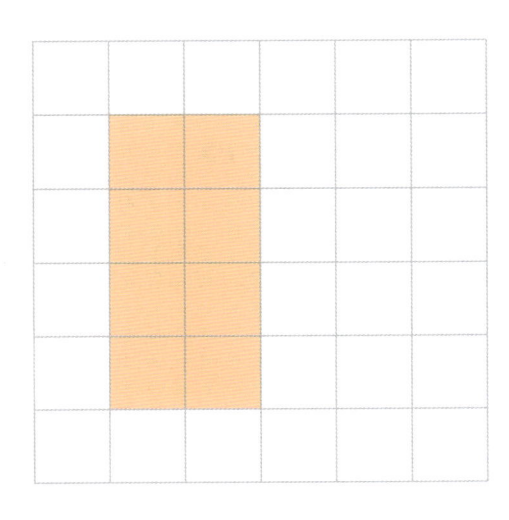

PERÍMETRO
12 cm

ÁREA
9 cm²

a. Manuela desenhou um retângulo com perímetro correto? E com área correta?

_____

b. Esse retângulo pode ser considerado na contagem final? Explique.

_____

c. Desenhe na malha abaixo o retângulo pedido na carta que Manuela tem.

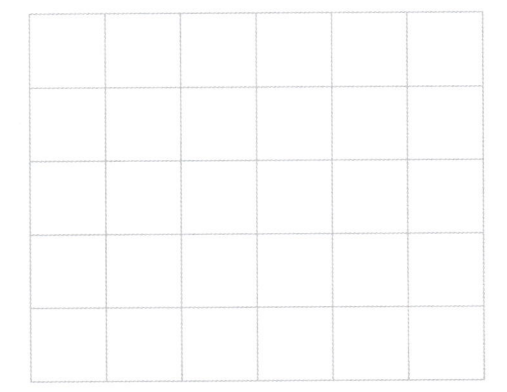

d. Qual a diferença entre os retângulos que você e Manuela desenharam?

_____

e. Se os perímetros dos retângulos forem iguais, as áreas também serão? Converse com os colegas e o professor.

Pessoas e lugares

Diferentes calendários

Você sabia que existem diferentes tipos de calendários em uso pelo mundo? Nesta seção, você vai conhecer calendários utilizados por pessoas de diferentes lugares e religiões.

Calendário gregoriano

O calendário gregoriano foi publicado oficialmente pelo papa Gregório XIII. Nesse calendário, o marco inicial é o nascimento de Jesus Cristo, figura central do cristianismo: o que aconteceu antes disso é identificado como a.C. (antes de Cristo) e o que aconteceu depois, como d.C. (depois de Cristo).

Esse calendário leva em conta o ciclo solar, de duração de 365 dias e 6 horas. Essas 6 horas, a cada quatro anos, completam mais um dia (24 horas) no ano chamado bissexto. Esse é o calendário mais utilizado no mundo e é composto de 12 meses, com duração de 28, 29, 30 ou 31 dias.

Calendário judaico

O marco inicial do calendário judaico é a saída dos hebreus do Egito, onde eram escravos. Nesse calendário, há anos com 12 meses e anos com 13 meses. Os anos com 12 meses podem ter 353, 354 ou 355 dias, enquanto os anos com 13 meses têm 383, 384 ou 385 dias.

Algumas das datas comemorativas do calendário judaico são: Rosh Hashaná, Yom Kipur e Chanucá.

Pessoas festejando o Rosh Hashaná, na Ucrânia. Foto de 2017.

Calendário islâmico

Considera-se o marco inicial do calendário islâmico a fuga do profeta Maomé, figura central do islamismo, da cidade de Meca para Medina, em 622 d.C. Ele é composto de 12 meses com duração de 29 ou 30 dias. O calendário islâmico é baseado nas fases da lua e tem 354 dias (ou 355, nos anos bissextos).

Duas datas comemorativas importantes desse calendário são o Ano-Novo islâmico e o Ramadan.

Estudantes participam do Ano-Novo islâmico, na Indonésia. Foto de 2015.

Fonte de pesquisa: Os tipos de calendários usados pelo mundo. Disponível em: <http://revistagalileu.globo.com/Cultura/noticia/2016/01/oito-tipos-de-calendarios-usados-pelo-mundo.html>. Acesso em: 23 jan. 2018.

1. Você já conhecia algum desses calendários? Qual(is)?
2. Qual dos calendários você achou mais interessante? Por quê?
3. Você sabe quais são as datas comemorativas do calendário que você usa?

Aprender sempre

1 Complete as lacunas.

a. 1,37 m equivale a _____ m e _____ cm.

b. 4,593 km equivalem a _____ km e _____ m.

c. 59,3 dm equivalem a _____ dm e _____ mm.

d. 32,542 g equivalem a _____ g e _____ mg.

e. 3,032 t equivalem a _____ t e _____ kg.

f. 4,692 L equivalem a _____ L e _____ mL.

2 Em um trecho de 1985 metros de uma calçada, foram instaladas 5 hastes, igualmente espaçadas, para pendurar lixeiras. A primeira haste foi colocada exatamente no início da calçada e a última, no final dela.

a. Faça um desenho para representar essa calçada, indicando os pontos em que cada haste foi instalada.

b. Calcule quantos metros separam uma haste da outra. _____

c. Essa distância é de quantos quilômetros, aproximadamente? _____

3 Na ida para o litoral, havia muitos carros na estrada, e João ficou algum tempo na fila do pedágio. Observe o relógio dele quando seu carro parou na fila e quando ele passou pelo pedágio e responda às questões.

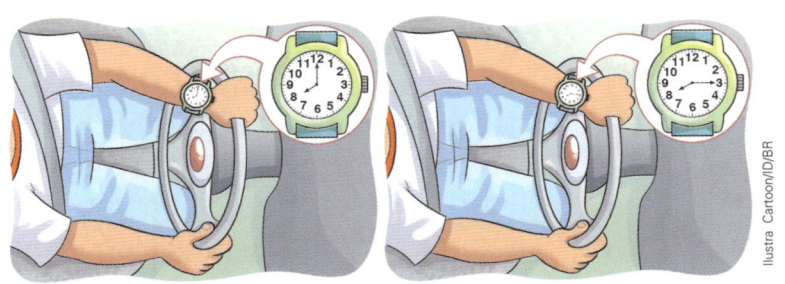

a. Que horário o relógio marcava quando João parou na fila? _____

b. A que horas João passou pelo pedágio? _____

c. Que fração de uma volta o ponteiro dos minutos completou nesse intervalo de tempo? _____

d. Quantos minutos João ficou na fila do pedágio? _____

4 Na área livre do Hotel do Sol, que é de 1 km², será construída uma nova área de lazer. Em $\frac{1}{4}$ dessa área será instalado um pesqueiro, e, no espaço restante, serão instalados quadras de esportes e um salão de festas.

a. Calcule, em metro quadrado, a área destinada ao pesqueiro e a área do espaço restante.

b. Antes de iniciar uma construção, é preciso verificar se a área em que pretendemos construir está em uma zona de proteção ambiental. Proteger o meio ambiente é um dever de todo cidadão. Converse com os colegas e o professor sobre quais atitudes podemos ter para proteger o meio ambiente.

Sugestões de leitura

A origem dos números, de Majungmul. Editora Callis.

Você sabe como as pessoas contavam quantidades antigamente? Nesse livro, você vai descobrir como algumas pessoas usavam o nariz e os olhos para representar quantidades. Além disso, você vai entender como a invenção dos números contribuiu para a comunicação entre as pessoas.

Poemas problemas, de Renata Bueno. Editora do Brasil.

Você gosta de poemas e de charadas? Use todo seu conhecimento matemático nas brincadeiras, nas charadas e nos enigmas, que, nesse livro, são apresentados em forma de poemas.

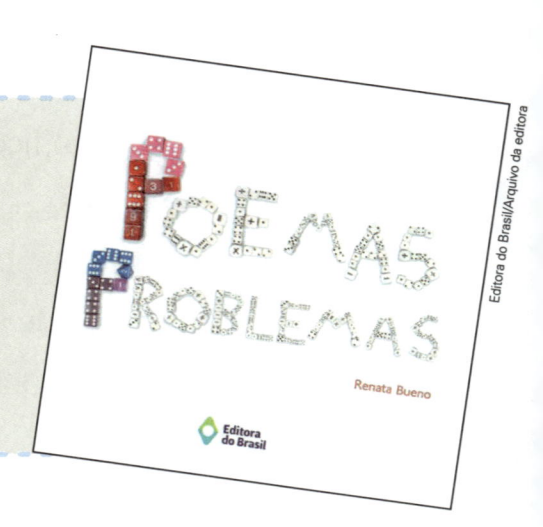

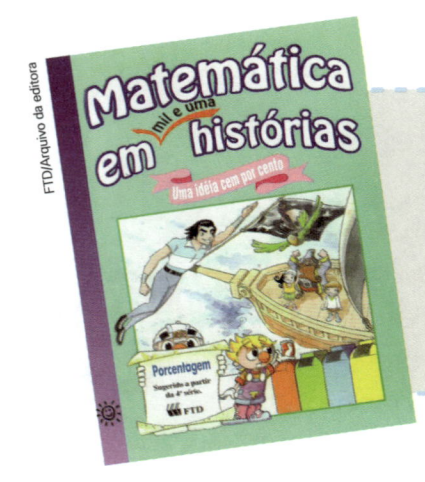

Matemática em mil e uma histórias: uma ideia cem por cento, de Martins Rodrigues Teixeira. Editora FTD.

Com esse livro, você vai embarcar em uma aventura com Neco e Teco para descobrir que o lixo pode esconder um grande tesouro.

Se você fosse uma fração, de Trisha Speed Shaskan. Editora Gaivota.

Você sabia que, se você fosse uma fração, representaria uma parte de um todo? Essas e outras curiosidades você encontra nas páginas desse livro.

Aventura decimal, de Luzia Faraco Ramos. Editora Ática.

Nesse livro, você vai acompanhar a aventura de Paulo ao descobrir a Terra do Povo Pequeno e vai ver como os números decimais o ajudaram a escapar do perigo!

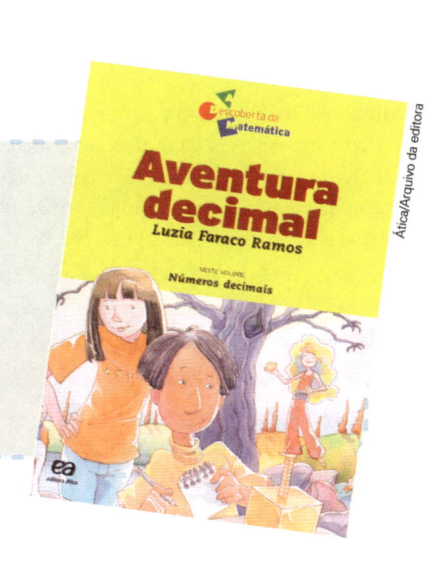

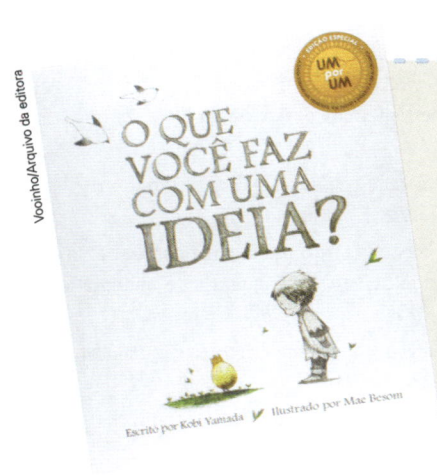

O que você faz com uma ideia?, de Kobi Yamada. Editora Vooinho.

Você já teve uma ideia para resolver um problema ou criar algo novo? As ideias podem ser esquisitas ou difíceis mas, nesse livro, você vai ver como mesmo as ideias mais malucas podem ter um lindo resultado.

Bibliografia

BAQUÉS, M. *600 juegos para educación infantil*. Barcelona: CEAC, 2007.

BELTRÁN, J. M. M. *La mediación en el proceso de aprendizaje*. Madrid: Bruño, 1994.

BORIN, J. *Jogos e resolução de problemas*: uma estratégia para as aulas de matemática. São Paulo: Caem/IME/USP, 2007.

BOYER, C. B.; MERZBACH, U. C. *História da matemática*. São Paulo: Edgar Blücher, 2012.

BRANDÃO, H.; FROESELER, M. G. V. G. *O livro dos jogos e das brincadeiras para todas as idades*. Belo Horizonte: Leitura, 1998.

BRASIL. Ministério da Educação. *Base nacional comum curricular*. Brasília: MEC, 2017.

_____. Ministério da Educação. Secretaria de Educação Fundamental. *Ensino Fundamental de nove anos*: orientações para a inclusão da criança de seis anos de idade. Brasília: MEC/SEF, 2007.

_____. Ministério da Educação e Cultura. Instituto Nacional de Estudos e Pesquisas Educacionais. *Sistema de Avaliação de Educação Básica*: matrizes curriculares de referência. Brasília: MEC/Inep/Saeb, 1999.

_____. Ministério da Educação e Cultura. Secretaria de Educação Básica. *Pacto nacional pela alfabetização na idade certa*: organização do trabalho pedagógico; construção do sistema de numeração decimal; geometria; saberes matemáticos e outros campos do saber. Brasília: MEC/SEB, 2014.

_____. Ministério da Educação e do Desporto. Secretaria de Educação Fundamental. *Referencial curricular nacional para educação infantil*. Brasília: MEC/SEF, 1998.

BUSHAW, D. et al. *Aplicações da matemática escolar*. São Paulo: Atual, 1997.

CARDOSO, V. C. *Materiais didáticos para as quatro operações*. 3. ed. São Paulo: Caem/IME/USP, 1996.

CENTURIÓN, M. *Números e operações*. São Paulo: Scipione, 1993.

CERQUETTI-ABERKANE, F.; BERDONNEAU, C. *O ensino da matemática na educação infantil*. Porto Alegre: Artmed, 1997.

COLL, C. et al. *O construtivismo na sala de aula*. São Paulo: Ática, 2006.

D'AMBROSIO, U. *Da realidade à ação*: reflexões sobre educação e matemática. Campinas: Ed. da Unicamp, 1986.

DANYLUK, O. S. *Alfabetização matemática*: as primeiras manifestações da escrita infantil. 5. ed. Porto Alegre: Sulina; Passo Fundo: UPF Editora, 2015.

DELORS, J. *Educação*: um tesouro a descobrir. São Paulo: Cortez/Unesco, 2003.

FREIRE, M. et al. *Observação, registro e reflexão*. São Paulo: Espaço Pedagógico, 1997.

IFRAH, G. *Os números*: história de uma grande invenção. 11. ed. São Paulo: Globo, 2005.

KAMII, C.; HOUSMAN, L. B. *Crianças pequenas reinventam a aritmética*: implicações da teoria de Piaget. 2. ed. Porto Alegre: Artmed, 2002.

_____; DEVRIES, R. *Jogos em grupo na educação infantil*: implicações da teoria de Piaget. Porto Alegre: Artmed, 1998.

KISHIMOTO, T. M. *O jogo e a educação infantil*. São Paulo: Pioneira, 1994.

KRULIK, S.; REYS, R. *A resolução de problemas na matemática escolar*. São Paulo: Atual, 1997.

LEITE, A. C. M. *A lógica como articuladora entre a língua materna e a linguagem matemática*. 2000. Dissertação (Mestrado em Educação Matemática) – Instituto de Geociências e Ciências Exatas, Unesp, Rio Claro.

LINDQUIST, M. M.; SHULTE, A. P. (Org.). *Aprendendo e ensinando geometria*. São Paulo: Atual, 1994.

MACHADO, N. J. *Matemática e língua materna*: análise de uma impregnação mútua. São Paulo: Cortez, 1993.

_____. *Matemática e realidade*: análise dos pressupostos filosóficos que fundamentam o ensino da matemática. São Paulo: Cortez, 1994.

OCHI, F. H. et al. *O uso de quadriculados no ensino de geometria*. 4. ed. São Paulo: Caem/IME/USP, 2003.

OPIE, I.; OPIE, P. *Children's games in street and playground*. Oxford: Clarendon Press, 1969.

PARRA, C.; SAIZ, I. (Org.). *Didática da matemática*: reflexões psicopedagógicas. Porto Alegre: Artmed, 1996.

PERRENOUD, P. *Construir as competências desde a escola*. Porto Alegre: Artmed, 1999.

_____ et al. *As competências para ensinar no século XXI*. Porto Alegre: Artmed, 2002.

PIAGET, J. *Os estágios do desenvolvimento intelectual da criança e do adolescente*. Rio de Janeiro: Forense, 1972.

POLYA, G. *A arte de resolver problemas*. São Paulo: Interciência, 1978.

SMOLE, K. C. S. et al. *Era uma vez na matemática*: uma conexão com a literatura infantil. 3. ed. São Paulo: IME/USP, 1996.

_____ et al. *Matemática de 0 a 6*, v. 1: Brincadeiras infantis nas aulas de matemática; v. 2: Resolução de problemas; v. 3: Figuras e formas. Porto Alegre: Artmed, 2000.

_____ et al. *Resolução de problemas*. Porto Alegre: Artmed, 2000.

_____; DINIZ, M. I. (Org.). *Ler, escrever e resolver problemas*: habilidades básicas para aprender matemática. Porto Alegre: Artmed, 2001.

_____; _____. *O conceito de ângulo e o ensino de geometria*. São Paulo: Caem/IME/USP, 1993.

SOCIEDADE Brasileira de Educação Matemática. *Educação Matemática em Revista*, n. 1-15, 1993-2003.

SOCIEDADE Brasileira de Matemática. *Revista do Professor de Matemática*.

SOUZA, E. R. et al. *A matemática das sete peças do tangram*. São Paulo: Caem/IME/USP, 2006.

TEBEROSKY, A.; TOLCHINSKY, L. (Org.). *Além da alfabetização*: a aprendizagem fonológica, ortográfica, textual e matemática. São Paulo: Ática, 1996.

VIGOTSKI, L. S. et al. *Linguagem, desenvolvimento e aprendizagem*. 14. ed. São Paulo: Ícone, 2016.

_____. *Pensamento e linguagem*. 4. ed. São Paulo: Martins Fontes, 2008.

ZABALA, A. *A prática educativa*. Porto Alegre: Artmed, 1998.

Destacar e jogar

Página 240 › Cartas para o jogo Desenhando retângulos

PERÍMETRO 8 cm	PERÍMETRO 14 cm	PERÍMETRO 16 cm
ÁREA 3 cm²	ÁREA 10 cm²	ÁREA 16 cm²

PERÍMETRO 10 cm	PERÍMETRO 14 cm	PERÍMETRO 12 cm
ÁREA 6 cm²	ÁREA 12 cm²	ÁREA 8 cm²

PERÍMETRO 18 cm	PERÍMETRO 20 cm
ÁREA 14 cm²	ÁREA 9 cm²

250 duzentos e cinquenta

Destacar e jogar

Página 240 › Cartas para o jogo Desenhando retângulos

PERÍMETRO 12 cm	PERÍMETRO 14 cm	PERÍMETRO 16 cm
ÁREA 5 cm²	ÁREA 6 cm²	ÁREA 12 cm²

PERÍMETRO 16 cm	PERÍMETRO 12 cm	PERÍMETRO 8 cm
ÁREA 15 cm²	ÁREA 9 cm²	ÁREA 4 cm²

PERÍMETRO 18 cm	PERÍMETRO 20 cm
ÁREA 20 cm²	ÁREA 25 cm²

DESENHANDO RETÂNGULOS

Destacar e jogar

página 240 › **Malha quadriculada para o jogo Desenhando retângulos**

duzentos e cinquenta e três

Destacar e jogar

Página 198 › **Peças para o jogo de Dominó das escritas numéricas**

$\frac{2}{5}$	Vinte e cinco centésimos	$\frac{50}{100}$	$\frac{1}{10}$	$\frac{5}{10}$	0,4	$\frac{20}{50}$
$\frac{3}{5}$	20%	$\frac{75}{100}$	0,6	20%	0,25	$\frac{75}{100}$
0,1	Cinco décimos	10%	Setenta e cinco centésimos	0,40	$\frac{25}{100}$	$\frac{10}{100}$
0,25	Cinco décimos	40%	0,75	20%	75%	$\frac{75}{100}$
Setenta e cinco centésimos	0,5	$\frac{1}{10}$	Seis décimos	0,75	$\frac{1}{5}$	$\frac{1}{4}$
20%	40%	Um décimo	$\frac{3}{5}$	$\frac{3}{5}$	$\frac{3}{5}$	Seis décimos
$\frac{1}{2}$	0,50	Quatro décimos	50%	25%	0,2	0,10
$\frac{3}{5}$	0,25	40%	Dois décimos	20%	$\frac{75}{100}$	20%

duzentos e cinquenta e cinco

duzentos e cinquenta e seis